Clásicos *de la* Fe

Obras de Charles Spurgeon

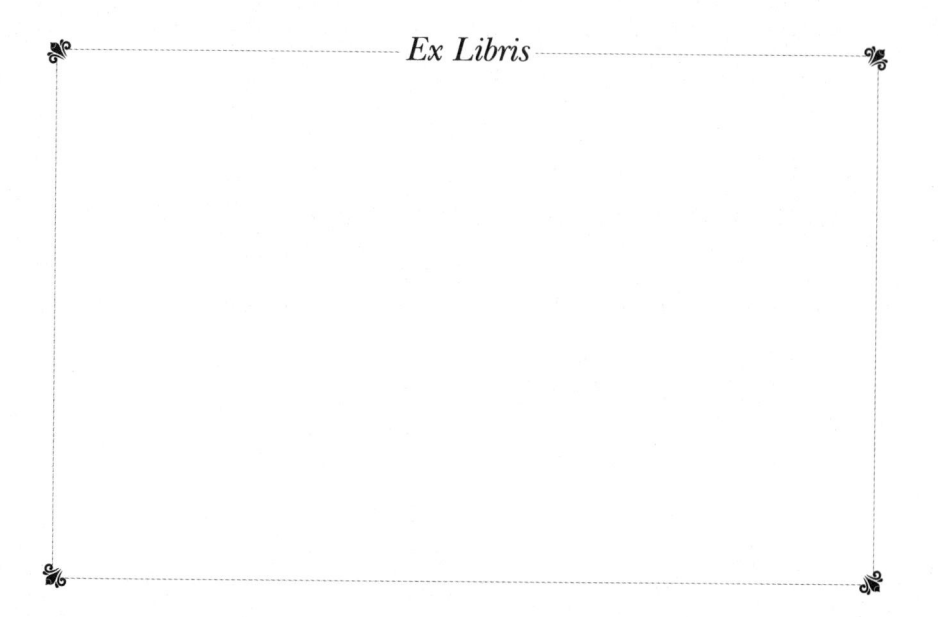

Ex Libris

Broadman & Holman

Copyright © 2020 por B&H Publishing Group
All rights reserved.

Impreso en EE. UU.

978-1-5359-8433-1

Publicado por B&H Publishing Group
Nashville, Tennessee

A menos que se indique otra cosa, las citas bíblicas se han tomado de la versión *Reina-Valera 1960*® © 1960 por Sociedades Bíblicas en América Latina; © renovado 1988 Sociedades Bíblicas Unidas. Usadas con permiso. *Reina-Valera 1960*® es una marca registrada de las Sociedades Bíblicas Unidas y puede ser usada solo bajo licencia. Las citas bíblicas marcadas LBLA se tomaron de LA BIBLIA DE LAS AMÉRICAS, © 1986, 1995, 1997 por The Lockman Foundation. Usadas con permiso. Las citas bíblicas marcadas TLA se tomaron de la Traducción en Lenguaje Actual®, © 2002, 2004 por Sociedades Bíblicas Unidas. Usadas con permiso. Las citas bíblicas marcadas RVA se tomaron de la Reina Valera Actualizada, © 1989 por Sociedades Bíblicas Unidas. Usadas con permiso.

1 2 3 4 5 • 23 22 21 20

OBRAS DE CHARLES SPURGEON
ESTE VOLUMEN CONTIENE:

Lecciones a mis estudiantes

Todo de gracia

Lecciones a mis estudiantes

Contenido

El colegio de Pastores 5
Introducción y apología 9
Lección 1: La autovigilancia del ministro 13
Lección 2: El llamado al ministerio 41
Lección 3: La oración privada del predicador 77
Lección 4: La oración pública del predicador 99
Lección 5: Los sermones, su tema 131
Lección 6: En cuanto a la elección del texto 151
Lección 7: En cuanto a la espiritualización 181
Lección 8: En cuanto a la voz. 201
Lección 9: La capacidad para el discurso impromptu 229
Lección 10: Los ataques de depresión del ministro 253

El colegio de Pastores

El colegio de Pastores se inició a pequeña escala en el año 1856. Desde esa fecha ha capacitado y ha enviado al ministerio a no menos de 350 hombres, de los cuales, después de sustracción por muerte y otras causas, alrededor de 300 permanecen en la denominación bautista, y predican el evangelio de Jesucristo. Además de esto, un número mucho mayor de hombres reciben educación nocturna gratuita, que los capacita para ser misioneros de ciudad, distribuidores de libros y de Biblias o cristianos útiles en su entorno.

La institución no recibe hombres para hacerlos predicadores, sino que se ocupa de ayudar en la capacitación adicional de los hermanos que han predicado con cierto éxito por al menos dos años. Muchos hombres de espíritu sincero y de carácter cristiano probado, se ven obstaculizados en sus esfuerzos por la falta de conocimiento. Conscientes de sus propios defectos, estos se esfuerzan por mejorar, pero sin una guía, con necesidad de libros y poco tiempo libre, les es difícil progresar. La Universidad de Pastores da la bienvenida a hombres como estos. Hombres en quienes se halla piedad, celo y que posean al Espíritu no deben temer ser rechazados en nuestras puertas a causa de la pobreza; si poseen estos dones espirituales que son esenciales para el predicador.

El colegio tiene como objetivo formar predicadores en lugar de eruditos. Desarrollar la facultad de hablar bien, ayudarlos a comprender la Palabra de Dios y fomentar el espíritu de consagración, valor y confianza en Dios, son objetivos tan importantes que ponemos todos los demás asuntos en un segundo plano. Si un estudiante aprende mil cosas, pero no puede predicar el evangelio de manera aceptable, su curso en el colegio habrá perdido el verdadero propósito. Si el interés por premios literarios y la ambición de obtener los honores clásicos ocupan su mente de tal forma que desvían su atención de la obra de su vida, entonces estos se convierten en peligros en lugar de beneficios. Ser sabio para ganar almas es la sabiduría que los ministros deben poseer.

En la Universidad de Pastores se sostienen y enseñan doctrinas definidas. Sostenemos las doctrinas de la gracia y de la antigua fe ortodoxa, y no compartimos las innumerables novedades teológicas de nuestros días, que son novedades solo en su forma externa (en esencia, son repeticiones de errores muy antiguos). Nuestra posición en asuntos doctrinales es bien conocida, y no profesamos tolerancia caritativa hacia doctrinas erradas; sin embargo, no ponemos reparo a las personas sinceras que se unen a nuestro estándar, al creer que solo en la verdad pueden encontrar la libertad verdadera.

EL COLEGIO DE PASTORES

El sustento de el colegio proviene de las ofrendas voluntarias del pueblo del Señor. No tenemos una lista de donantes, aunque muchos amigos nos envían ayuda de manera regular. Nuestra confianza es que Dios proveerá todas nuestras necesidades, y siempre lo ha hecho. El presidente jamás ha extraído un centavo de la obra para sí mismo en forma alguna; por el contrario, se deleita en dar a la obra todo lo que puede, tanto en dinero como en servicio. Por lo tanto, con más confianza apela a otros para que le ayuden a mantener la institución.

Ninguna obra puede conferir mayor beneficio a la humanidad que la capacitación de los ministros que Dios ha escogido, pues a partir de ellos surgen iglesias, escuelas y todos los organismos de la religión y la filantropía. De la misma forma que se nos ordena orar por los obreros en la mies del Señor, también estamos obligados a probar la honestidad de nuestras oraciones mediante nuestras acciones. Se necesitan por lo menos 100 libras cada semana para continuar con el trabajo.

Introducción y apología

En respuesta a muchas peticiones de aquellos ministros que en sus días de estudiante escucharon mis lecciones, yo publico una selección de estas. Sin embargo, no puedo prescindir de una apología, ya que estos discursos no estaban diseñados originalmente para ser publicados, y apenas son presentables para la crítica.

Mis lecciones en el colegio son coloquiales, familiares, anecdóticas y a menudo humorísticas; y esto es a propósito, para que se adapten a la ocasión. Al final de la semana me reúno con los estudiantes y los encuentro agotados a causa de sus estudios, y creo que lo mejor es presentarme en mis lecciones lo más alegre e interesante que pueda. Ya ellos están hartos de los clásicos, las matemáticas y la divinidad, y solo están en condiciones de recibir algo que atraiga y mantenga su atención y encienda sus corazones. Nuestro tutor reverendo, el Sr. Rogers, compara mi trabajo de los viernes con aguzar el alfiler: la conformación de la cabeza, el enderezamiento, la colocación del metal y el pulido se han realizado durante la semana, y luego el proceso concluye con un esfuerzo para dar punta y filo. Para tener éxito en esto el conferencista no debe ser aburrido, ni exigir un gran esfuerzo por parte de su audiencia.

Me siento tan cómodo con mis jóvenes hermanos como con mi propia familia, y por lo tanto hablo sin restricciones. Las mentes generosas tendrán esto en cuenta al leer estas lecciones, y espero que todos los que me favorezcan con sus críticas también consideren este enfoque.

Quizá se hagan comentarios mordaces sobre mis frecuentes referencias a mí persona, mis métodos de procedimiento y mis reminiscencias personales. Estas también fueron intencionales. He dado deliberadamente un matiz casi autobiográfico a la obra, porque mi propia experiencia, tal cual es, constituye la contribución más original que puedo ofrecer, y con mis propios alumnos, esta tiene tanto peso como cualquier otra a mi alcance. Me hubiera sido imposible citar las experiencias de otros hombres si no hubieran sido lo suficientemente valientes como para plasmarlas; y al escribir las mías, hago un intento sincero de reconocer mi deuda con mis grandes predecesores. El determinar si esto parte del egoísmo o no, lo decidirá cada lector según la dulzura o la acidez de su propia disposición. Un padre es justificado cuando cuenta a sus hijos su historia de vida y encuentra que es la manera más fácil de hacer cumplir sus máximas. Pido que la licencia que se le extiende a estos padres pueda extendérseme en esta ocasión.

INTRODUCCIÓN Y APOLOGÍA

Me habría ahorrado mucho trabajo si hubiera reservado estas lecciones para volver a impartirlas a nuevos grupos de estudiantes de primer año, y no tengo conciencia de ningún motivo para imprimirlas que no sea desear mantener vivos mis consejos en los recuerdos de aquellos que los escucharon hace años, e inculcarlos en otros que viven más allá de los recintos de nuestra aula. Esta era se ha vuelto intensamente práctica y necesita un ministerio no solo ortodoxo y espiritual, sino también natural en su exposición y con sagacidad práctica. El formalismo está enfermo de muerte; la vida es la verdadera heredera del éxito, y está llegando a su herencia. La gesticulación, las pomposidades y los cánones sociales, que una vez fueron tan efectivos en el mundo religioso, se están volviendo tan obsoletos ante los ojos de los hombres como los dioses del alto Olimpo, ante quienes en épocas pasadas los poetas afinaban sus liras y los escultores convertían con rapidez el mármol en belleza. La verdad y la vida han de vencer, y su victoria está más cercana cuando cesan de ser estorbadas con las mortajas del convencionalismo y la hipocresía. Es delicioso poner el pie a través del listón y el yeso de viejos afectos, para dar espacio a las paredes de granito de la realidad. Este ha sido un objetivo principal en mi caso, y Dios permita que este esfuerzo sea exitoso.

La obra solemne de la que el ministerio cristiano se ocupa exige todo de un hombre; y ese todo ha de ser lo mejor. Involucrarse a medias es un insulto a Dios y al hombre. El sueño debe abandonar nuestros párpados antes de que los hombres perezcan. Sin embargo, todos somos propensos a dormir, al igual que los demás, y los estudiantes, entre los demás, son capaces de hacer el papel de los ingenuos. Por lo tanto, he tratado de poner al desnudo toda mi alma, con la esperanza de no crear o fomentar entontecimiento en los demás. Que Él, en cuya mano están las iglesias y sus pastores, bendiga estas palabras a los hermanos más jóvenes en el ministerio, y si así sucede, lo consideraré más que una recompensa completa, y alabaré con gratitud al Señor.

En caso de que esta publicación tenga éxito, espero muy pronto publicar, de forma similar, una obra que contenga un catálogo completo de comentarios, y también una segunda serie de lecciones. Me sentiré agradecido por cualquier ayuda producida por la venta, porque el precio no es lucrativo, y las personas interesadas en nuestros temas no son lo bastante numerosas para asegurar una circulación amplia. Por lo tanto, es solo por la ayuda gentil de todos los amigos agradecidos que podré publicar el resto de la serie prevista.

Lección 1

La autovigilancia del ministro

Todo trabajador conoce la necesidad de mantener sus herramientas en buen estado, ya que «Si se embotare el hierro, y su filo no fuere amolado, hay que añadir entonces más fuerza…» (Ecl. 10:10). Si el trabajador pierde el filo de su hacha, sabe que tendrá que emplear más sus energías, o hará un mal trabajo. Miguel Ángel comprendía muy bien la importancia de sus herramientas, pues con sus propias manos siempre fabricaba sus propios pinceles; y con esto nos da una ilustración del Dios de la gracia, quien con especial cuidado moldea para sí a todos los ministros verdaderos. Es cierto que el Señor puede trabajar con el peor tipo de instrumento, como lo hace cuando en ocasiones utiliza predicaciones muy banales para lograr conversiones. Él puede incluso trabajar sin agentes, como lo hace cuando salva a hombres sin ningún predicador, al aplicar la Palabra directamente por Su Espíritu Santo. Pero no podemos considerar los actos absolutamente soberanos de Dios como regla para nuestras acciones. En Su soberanía, Él puede hacer lo que mejor le plazca, no obstante, debemos actuar como Sus palabras explícitas nos instruyen, y uno de los hechos que es bastante claro es que el Señor por lo general adapta los medios a los fines, de lo cual la lección sencilla es que seremos propensos a lograr más cuando estamos en la mejor condición espiritual. En otras palabras, la mayoría de las veces haremos mejor la obra de nuestro Señor cuando nuestros dones y talentos estén en buen estado, y obtendremos lo peor cuando estos se encuentren en peores condiciones. A continuación planteamos una verdad práctica que nos sirve de guía: cuando el Señor hace excepciones, estas confirman aún más la regla.

En cierto sentido, nosotros somos nuestras propias herramientas, y por lo tanto debemos mantenernos en buen estado. Si quiero predicar el evangelio, solo puedo usar mi propia voz, por lo tanto, debo entrenar mi capacidad oral. Solo puedo pensar con mi propio cerebro, y sentir con mi propio corazón; por lo tanto, tengo que educar mis facultades intelectuales y emocionales. Solo puedo llorar y agonizar por las almas en mi propia naturaleza renovada; por lo tanto, debo poner mi atención para conservar la ternura que hubo en Cristo Jesús. Sería en vano que yo surta mi biblioteca, organice sociedades o planes de proyectos si descuido la cultura de mí mismo, pues los libros, las agencias y los sistemas no son más que instrumentos de mi llamamiento santo. Mi propio espíritu, alma y cuerpo son mi maquinaria más cercana para el servicio sagrado; mis facultades espirituales y mi vida interior son mi hacha de batalla y mis armas de guerra. M'Cheyne, al escribir a un amigo del ministerio que viajaba con el fin de perfeccionarse en la lengua alemana, usó un lenguaje idéntico al nuestro: «Sé que estudiarás con esmero el alemán, pero no olvides la cultura del hombre interior; me refiero al corazón. Con cuánta diligencia el oficial de caballería mantiene su sable limpio y afilado, con el mayor cuidado lo frota hasta quitar cada mancha. Recuerda que tú eres la espada de Dios, Su instrumento; y yo confío que eres un vaso elegido por Él para llevar Su nombre. El éxito dependerá, en gran medida, de la pureza y perfección del instrumento. Dios no bendice tanto los grandes talentos como la semejanza con Jesús. Un ministro santo es un arma impresionante en la mano de Dios».

Para el heraldo del evangelio la calamidad más grave —tanto para él como para su labor— es estar espiritualmente dañado. Y sin embargo, mis hermanos, ¡con qué facilidad sucede este mal, y cuán vigilantes debemos estar para que no ocurra! Mientras viajaba un día por expreso desde Perth hasta Edimburgo, nos detuvimos de repente en seco, porque se había roto un tornillo muy pequeño en uno de los motores (cada locomotora constaba prácticamente de dos motores). Cuando comenzamos de nuevo nos vimos obligados a avanzar lentamente, pues en lugar de dos bielas solo una funcionaba. Faltaba un pequeño tornillo; ¡si el tren hubiera estado en buenas condiciones, se habría desplazado rápidamente por su camino de hierro! Pero la ausencia de esa insignificante pieza de hierro lo desajustó todo. Se dice que la presencia de moscas en los depósitos de engrase de las ruedas del vagón detuvo un tren en uno de los ferrocarriles de Estados Unidos. La analogía es perfecta: un hombre apto para ser útil en todos los demás aspectos, puede ser extremadamente estorbado por algún defecto pequeño, o incluso totalmente inutilizado.

Tal resultado se agrava al estar asociado con el evangelio, que en el sentido más elevado se adecúa para producir los resultados más grandiosos. Es algo terrible cuando el bálsamo curativo pierde su eficacia por la ineptitud del que lo administra. Todos ustedes conocen los efectos dañinos que se producen frecuentemente en el agua cuando fluye a través de tuberías de plomo; de igual modo, el evangelio mismo, al fluir a través de hombres espiritualmente insalubres, puede degradarse hasta volverse perjudicial para sus oyentes. Es de temer que la doctrina calvinista se convierta en una enseñanza muy mala cuando hombres de vidas impías la presentan, y la exhiben como si fuera un disfraz para el libertinaje. Y por otro lado, el arminianismo, con su amplio abanico de oferta de misericordia, puede causar el mayor daño a las almas de los hombres, si el tono descuidado del predicador lleva a sus oyentes a creer que pueden arrepentirse cuando les plazca, y que por lo tanto, no hay urgencia en cuanto al mensaje del evangelio. Además, cuando la gracia de un predicador es pobre, por lo general cualquier bien duradero que pueda ser el resultado de su ministerio será débil y completamente desproporcionado con respecto a lo que se podría haber esperado. A mucha siembra seguirá poca cosecha; el interés por los talentos será extremadamente pequeño. Podemos perder de vista nuestra meta, perder nuestro fin y objetivo, y malgastar nuestro tiempo, y todo por no poseer la verdadera fuerza vital dentro de nosotros mismos, o no poseerla de tal manera en la que Dios podría bendecirnos constantemente. Cuidado con los predicadores «de pacotilla».

Una de nuestras primeras preocupaciones es que nosotros mismos seamos salvos. Que un maestro del evangelio sea primero partícipe de él es una verdad simple, pero al mismo tiempo una regla de la mayor importancia. No estamos entre los que aceptan la sucesión apostólica de los jóvenes simplemente porque ellos la asumen. Si su experiencia en el colegio ha sido más vivaz que espiritual, si sus honores se han relacionado más con prácticas atléticas que con obras para Cristo, nosotros exigimos evidencias que son de una clase diferente a las que ellos pueden presentarnos. No hay una cantidad de honorarios pagados a doctores eruditos o de clásicos recibidos a cambio que nos parezca ser evidencia de un llamado de lo alto. Como primer requisito indispensable se necesita la piedad verdadera y genuina. Independientemente del «llamado» que un hombre pretenda tener, si no ha sido llamado a la santidad, en verdad no ha sido llamado al ministerio. «En primer lugar arréglate a ti mismo, y luego adorna a tu hermano», plantean los grandes teólogos. Gregory, afirma: «La mano que intenta limpiar la otra, no debe estar sucia». Si tu sal es insípida, ¿cómo puedes tú sazonar a otros?

La conversión es una condición indispensable en un ministro. Ustedes, aspirantes a nuestros púlpitos: «... Os es necesario nacer de nuevo» (Juan 3:7). Poseer este primer requisito no debe darse por sentado para ningún hombre, ya que existe una gran posibilidad de que nos equivoquemos en cuanto a si estamos convertidos o no. Créanme el llamado que dice, «procurad hacer firme vuestra vocación y elección» (2 Ped. 1:10), no es un juego. El mundo está lleno de farsantes y plagado de los que se complacen en su arrogancia carnal, que se reúnen alrededor de un ministro como buitres alrededor de un cadáver. Nuestros propios corazones son engañosos, de modo que la verdad no está en la superficie, sino que debe ser extraída desde el más profundo pozo. Debemos escudriñarnos con ansiedad y muy a fondo, para que de ninguna manera después de haber predicado a otros, vengamos a ser desechados nosotros mismos. ¡Qué horrible ser predicador del evangelio y sin embargo no estar convertido!

Que cada hombre aquí susurre a lo más profundo de su alma: «¡Qué cosa tan espantosa será para mí si ignoro el poder de la verdad para cuya proclamación me estoy preparando!». El ministerio inconverso implica las relaciones más antinaturales. Un pastor sin gracia es un ciego elegido para ser profesor de óptica, que filosofa sobre la luz y la visión, que diserta y distingue para otros tonos agradables y mezclas delicadas de colores, ¡mientras él mismo está en absoluta oscuridad! ¡Es un mudo ascendido a profesor de música; un sordo con un buen dominio de sinfonías y armonías! Es un topo que pretende enseñar a las águilas; un molusco elegido para presidir ángeles. A esta relación se podrían aplicar las metáforas más absurdas y grotescas, a no ser porque el tema es demasiado solemne. Es una posición terrible para un hombre, puesto que ha emprendido una obra para la cual está total y completamente descalificado, pero de cuyas responsabilidades, esta incapacidad no lo eximirá, porque él incurrió en ellas de forma intencionada. Cualesquiera que sean sus dones naturales, cualesquiera que sean sus facultades mentales, si no tiene vida espiritual, él está completamente descalificado para la obra espiritual; y su deber es cesar su labor ministerial hasta que haya recibido esta primera y más simple calificación para realizarla.

El ministerio inconverso ha de ser igualmente terrible en otro aspecto. Si el hombre no ha sido comisionado, ¡qué posición tan desdichada ocupa! ¿Qué puede ver en la experiencia de su gente que le dé consuelo? ¿Cómo se sentirá cuando oiga los clamores de los penitentes, o escuche sus ansiosas dudas y solemnes temores? ¡Ha de estar asombrado de pensar que sus palabras puedan satisfacer esa necesidad! La palabra de un hombre inconverso puede ser bendecida para la conversión de las almas, ya que el Señor, a pesar de repudiar al hombre, seguirá honrando Su propia verdad. ¡Qué perplejo debe quedarse ese hombre cuando se lo consulta sobre las dificultades de cristianos maduros! En la senda de la experiencia, por la que sus propios oyentes regenerados son conducidos, él debe sentirse absolutamente perdido. ¿Cómo puede escuchar sus alegrías en el lecho de muerte, o unirse a sus extasiadas congregaciones alrededor de la mesa de su Señor?

En muchos casos, los hombres jóvenes, sometidos a un oficio que no pueden soportar, han tirado la toalla antes que seguir en un negocio que les resulta fastidiosa; pero ¿dónde huirá ese hombre que es aprendiz de por vida en este llamamiento santo, y sin embargo es completamente ajeno al poder de la piedad? ¿Cómo puede cada día intentar que los hombres se acerquen a Cristo, mientras él mismo es ajeno a su amor moribundo? Oh señores, seguramente esto debe ser una esclavitud perpetua. Tal hombre debe odiar ver un púlpito tanto como un esclavo de galeras odia ver el remo.

Y cuán inservible debe ser este hombre. ¡Tiene que guiar a los viajeros por un camino que nunca ha pisado, navegar en un buque a lo largo de una costa cuyos linderos no conoce! Está llamado a instruir a otros, siendo él mismo un necio. Qué puede ser sino una nube sin lluvia, un árbol con hojas solamente. Como cuando la caravana en el desierto, sedienta y lista para morir bajo el sol, llega al muy deseado pozo, y ¡qué horror! lo encuentra sin una gota de agua. Así sucede cuando las almas con sed de Dios llegan a un ministerio sin gracia; están listas para perecer porque allí no encuentran el agua de la vida. Es mejor quitar los púlpitos, que llenarlos de hombres que no tienen conocimiento experiencial de lo que enseñan.

¡Ay! El pastor no regenerado se vuelve terriblemente engañoso. De todas las causas que producen infidelidad, los ministros impíos deben ser clasificados entre los primeros. El otro día leí que ninguna forma del mal presentaba un poder tan maravilloso de destrucción como el ministro inconverso de una parroquia, con un órgano de 1200 libras, un coro de cantantes impíos y una congregación aristocrática. El escritor opinaba que no podía haber mayor instrumento de condenación fuera del infierno que ese. Las personas van a su lugar de culto y se sientan cómodamente, y piensan que deben ser cristianas, cuando todo el tiempo su religión consiste en escuchar a un orador, que la música acaricie sus oídos y tal vez que sus ojos se diviertan con acciones agraciadas y modales actuales, lo cual en conjunto no es mejor que lo que oyen y ven en la ópera; quizás no tan bueno desde la perspectiva de la belleza estética; y ni una pizca más espiritual. Miles se están felicitando a sí mismos, e incluso bendicen a Dios por ser adoradores devotos, cuando al mismo tiempo viven en un estado no regenerado sin Cristo, con apariencia de piedad, pero negando su eficacia.

El que preside un sistema que no apunta a nada más alto que el formalismo, es mucho más un siervo del diablo que un ministro de Dios. Un predicador formal es engañoso mientras preserva su equilibrio exterior, pero sin el equilibrio conservador de la piedad, tarde o temprano su carácter moral irá en picada, y ¡en qué posición terminará al final! ¡Cómo es blasfemado Dios, y el evangelio injuriado! ¡Es terrible considerar la muerte que aguarda a tal hombre y cuál debe ser su condición eterna! El profeta describe al rey de Babilonia descendiendo al infierno y a todos los reyes y príncipes que él había destruido, y cuyas capitales había asolado, levantándose de sus sillas con gran algarabía y saludando al tirano caído con mordaz sarcasmo: «¿Llegaste a ser como nosotros?». También podemos concebir a un hombre que ha sido ministro, pero que ha vivido sin Cristo en su corazón, yendo al infierno, y todos los espíritus encarcelados que solían oírle, y todos los impíos de su parroquia que se levantan y le dicen en tono hiriente: «¿Llegaste a ser como nosotros? Médico, ¿no te has curado? ¿Eres tú el que afirmaba ser una luz brillante quien es echado en la oscuridad para siempre?». ¡Oh! ¡Si uno se pierde, que no sea así! Perderse bajo la sombra de un púlpito es terrible, pero mucho más es perecer desde el púlpito mismo.

Hay un pasaje horrible en el tratado de John Bunyan titulado *Sighs from Hell* [Suspiros desde el infierno], que a menudo resuena en mis oídos: «¿Cuántos sacerdotes ciegos, por su ignorancia, han sido el medio de destrucción de muchas almas? Su predicación no fue mejor para sus almas que el arsénico para el cuerpo. Es de temer que muchos de ellos han de responder por ciudades enteras. ¡Ah! Amigo, te digo, tú que has asumido predicar a la gente, puede ser que hayas asumido algo que no sabes qué es. ¿No te entristecerá ver que tu parroquia entera llega rugiendo después de un tiempo al infierno, y clamando: "Esto te lo agradecemos a ti; tuviste miedo de advertirnos sobre nuestros pecados, por miedo a que dejáramos de poner alimento en tu boca?". Maldito miserable, ¿no fue suficiente que, siendo un, guía ciego como lo fuiste, cayeras en el foso tú solo, sino que también nos has traído aquí contigo?».

Richard Baxter, en su libro *Pastor renovado*, entre muchos otros temas solemnes, escribe lo siguiente:

> Tengan cuidado de no estar desprovistos de la gracia salvadora de Dios que ofrecen a los demás y de no estar ajenos a la obra eficaz del evangelio que predican, no sea que mientras proclaman la necesidad de un Salvador al mundo, lo descuiden a Él en sus corazones, y pierdan el interés en Él, y en los beneficios de la salvación. Tengan

cuidado, no sea que perezcan mientras alertan a otros a tener cuidado de perecer, y que no mueran de hambre mientras preparan el alimento de otros.

Aunque hay una promesa de brillar como estrellas para aquellos que enseñan la justicia a la multitud (Dan. 12:3), esto es solo bajo el supuesto de que ellos primero aprendan justicia. Tales promesas se hacen *casteris paribus, et suppositis supponendis* [cumpliéndose todos los demás requisitos necesarios, suponiendo lo que hay que suponer]. Su propia sinceridad en la fe es sencillamente la condición de su gloria, aunque sus grandes labores ministeriales pueden ser una condición para la promesa de recibir mayor gloria. Muchos hombres han advertido a otros que no vayan a ese lugar de tormento, hacia el cual ellos mismos se apresuran. Muchos predicadores están ahora en el infierno, lugar sobre el cual ellos alertaron cientos de veces a sus oyentes en cuanto a ser sumamente cuidadosos y diligentes para escapar de él.

¿Puede una persona razonable imaginar que Dios debe salvar a los hombres por ofrecer la salvación a otros, mientras que ellos mismos la rechazaron, y por contarles a otros las verdades que ellos mismos descuidaron y mal usaron? Muchos sastres andan en harapos mientras confeccionan ropas costosas para otros, y muchos cocineros apenas se lamen los dedos cuando han preparado para otros los platos más caros.

Créanme, hermanos: Dios nunca salvó a ningún hombre por ser predicador, ni porque haya sido un predicador capaz, sino porque era un hombre justificado y santificado y, por consiguiente, fiel en la obra de su Maestro. Por lo tanto, tengan cuidado primero de ustedes mismos, para que sean lo que persuaden a otros que sean, y crean en lo que persuaden a otros a creer todos los días, y que acojan de corazón a ese Cristo y al Espíritu que ofrecen a los demás. El que les ha dicho que amen a sus prójimos como a ustedes mismos, quiso decir que ustedes mismos deben amarse y no odiarse, ni destruirse a sí mismos y a ellos.

Mis hermanos, permitan que estas importantes sentencias produzcan el efecto debido en ustedes. Ciertamente no hay necesidad de agregar más, pero permítanme orar para que ustedes se examinen a sí mismos, y así aprovechen lo que se les ha transmitido.

Una vez que ha quedado establecida esta primera cuestión de la religión verdadera, tenemos como siguiente aspecto de importancia para el ministro que su piedad sea vigorosa. No debe contentarse con ser igual al cristiano común; debe ser un creyente maduro y desarrollado, pues el ministerio de Cristo ha sido llamado con razón «la elección suprema de su elección, una iglesia escogida de la iglesia». Si fuere llamado a una posición ordinaria, y para una labor común, la gracia común tal vez podría satisfacerle, aunque aun así sería una satisfacción indolente. Pero al ser escogido para labores extraordinarias y llamado a un lugar de peligro inusual, él debería desear con ansias poseer esa fuerza superior que por sí sola es adecuada para su tarea. Su pulso de piedad vital debe latir fuerte y regularmente; sus ojos de fe deben ser brillantes; su pie de resolución debe ser firme; su mano de actividad debe ser rápida; todo su hombre interior debe estar en el más alto grado de cordura.

Se dice de los egipcios que escogían a sus sacerdotes de entre los más sabios de sus filósofos, y entonces los tenían en tan alta estima que de entre ellos seleccionaban a sus reyes. Necesitamos que los ministros de Dios sean la cúspide de todo el ejército cristiano, hombres tales que si la nación quisiera reyes no podría hacer nada mejor que elevarlos al trono. Nuestros hombres más débiles, más tímidos, más carnales y más desequilibrados no son candidatos adecuados para el púlpito. Hay algunas obras que nunca deberíamos asignar al inválido o al que posee mal formaciones. Un hombre puede no estar calificado para escalar edificios elevados, su cerebro puede ser demasiado débil, y el trabajo en las alturas podría ponerlo en gran peligro. Por todos los medios procura que se quede en el suelo y búscale una ocupación útil donde un cerebro estable no sea tan importante. Hay hermanos que tienen deficiencias espirituales semejantes: no pueden ser llamados al servicio visible y elevado, porque sus cabezas son demasiado débiles. Si se les permitiera un poco de éxito, quedarían embriagados de vanidad, un vicio muy común entre los ministros, y de todas las cosas la menos apropiada en ellos, y la que con mas certeza les asegura una caída.

Si como nación fuésemos llamados a defender nuestros hogares, no deberíamos enviar a nuestros niños y niñas con espadas y armas para enfrentar al enemigo. Tampoco debe la iglesia enviar a cada principiante desenvuelto o fanático inexperto para defender la fe. El temor del Señor debe enseñar al joven sabiduría, o estará excluido del pastorado; la gracia de Dios debe madurar su espíritu, o es mejor que se quede atrás hasta que le sea dado poder desde lo alto.

El carácter moral más elevado debe cuidarse con esmero. Hay muchas personas descalificadas para ejercer un cargo en la iglesia, quienes están suficientemente bien como simples miembros. Tengo opiniones muy severas con respecto a los hombres cristianos que han caído en pecados flagrantes. Yo me alegro de que puedan ser verdaderamente llamados a comparecer, y puedan ser —con una mezcla de esperanza y cautela— recibidos en la iglesia, pero me pregunto seriamente si un hombre que ha pecado flagrantemente deba ser restaurado al púlpito con prontitud. Como John Angell James declara: «Cuando un predicador de justicia se ha parado en el camino de los pecadores, nunca más debe abrir más sus labios en la gran congregación hasta que su arrepentimiento sea tan notable como su pecado». Que aquellos cuyas barbas fueron afeitadas por los hijos de Ammón se queden en Jericó hasta que sus barbas crezcan. Esto con frecuencia se ha utilizado como una burla a los muchachos sin barba, para quienes es evidentemente inaplicable. Más bien, es una metáfora muy precisa para los hombres deshonrados y sin carácter, sea cual sea su edad. ¡Ay! Una vez la barba de la reputación es cortada, le es difícil crecer otra vez. La inmoralidad flagrante, en la mayoría de los casos, independientemente de lo profundo que sea el arrepentimiento, es una señal fatal de que las gracias ministeriales nunca estuvieron en el carácter del hombre.

LA AUTOVIGILANCIA DEL MINISTRO

La esposa del César debe estar más allá de toda sospecha, y no debe haber malos rumores sobre inconsistencias ministeriales en el pasado, de lo contrario, habrá pocas esperanzas de ser útil. Los hombres que han caído deben ser recibidos en la iglesia como penitentes, y en el ministerio pueden ser recibidos si Dios los pone allí. Mi duda no es esta, sino en cuanto a si Dios alguna vez los puso allí, y mi creencia es que deberíamos ser muy pausados para ayudar a reestablecer en el púlpito a hombres que, una vez probados, han demostrado tener muy poca gracia para soportar la prueba crucial de la vida ministerial.

Para algunas labores solo elegimos a los fuertes, y cuando Dios nos llama al trabajo ministerial, debemos esforzarnos por obtener la gracia para que podamos ser fortalecidos en aptitud para nuestra tarea, y no ser simples novatos arrastrados por las tentaciones de Satanás, lo cual trae daño a la iglesia y nuestra propia ruina. Debemos estar equipados con toda la armadura de Dios, listos para realizar proezas de valor que no se esperan de los demás. Para nosotros la abnegación, el desinterés, la paciencia, la perseverancia y la longanimidad deben ser virtudes cotidianas. ¿Y quién es suficiente para todo esto? Necesitamos vivir muy cerca de Dios si hemos de aprobarnos en nuestra vocación.

Como ministros, ustedes deben recordar que su vida entera, en especial su vida pastoral, se verá afectada por el vigor de su piedad. Si tu celo se opaca, no orarás bien en el púlpito, orarás peor en la familia, y peor aún en el tiempo de estudio a solas. Cuando tu alma languidece, tus oyentes, sin saber cómo ni por qué, encontrarán que tus oraciones en público tienen poco sabor para ellos. Sentirán tu esterilidad, tal vez antes de que tú mismo la percibas. Luego, tus discursos revelarán tu deterioro. Puedes pronunciar palabras bien escogidas y oraciones muy bien ordenadas como antes, pero habrá una pérdida perceptible de fuerza espiritual. Harás fuertes movimientos como en otros tiempos, como lo hizo Sansón, pero notarás que tu gran fortaleza se ha ido. En la comunión diaria con tu gente, estos no tardarán en reconocer el declive total de tus gracias. Los ojos agudos verán cabellos grises aquí y allá mucho antes que tú los notes. Cuando un hombre padece una enfermedad del corazón, muchas dolencias aparecerán relacionadas con esta: el estómago, los pulmones, los intestinos, los músculos y los nervios; todos padecerán. Así mismo, cuando el corazón de un hombre se debilita en las cosas espirituales, muy pronto su vida entera sentirá la influencia mustia.

Además, como resultado de tu propia decadencia, cada uno de tus oyentes sufrirá de una forma u otra. Los más fuertes entre ellos superarán la tendencia deprimente, pero los más débiles se dañarán gravemente. En nuestro caso y el de nuestros oyentes, sucede lo mismo que con los relojes de pulsera y el reloj público: si nuestro reloj está mal, este engañará a muy pocos, pero a nosotros sí. Sin embargo, si la Guardia de Caballos o el Observatorio de Greenwich fallaran, la mitad de Londres se desorientaría respecto a la hora. Así es con el ministro, él es el reloj parroquial, y muchos se fijan en él para saber la hora. Si él está mal, entonces todos tienen problemas, en mayor o menor grado, y es responsable en gran medida de todo el pecado que ocasiona. No podemos ni siquiera pensar en esto, hermanos.

LA AUTOVIGILANCIA DEL MINISTRO

Ni siquiera por un momento nos sentiremos cómodos al considerarlo, y sin embargo hay que hacerlo para que podamos protegernos contra esto.

Debes recordar también que necesitamos una piedad muy vigorosa, porque nuestro peligro es mucho mayor que el de los demás. En general, ningún lugar es tan asediado por la tentación como el ministerio. A pesar de la idea popular de que nos encontramos en un refugio cómodo contra la tentación, no es menos cierto que nuestros peligros son más numerosos y más ensañados que los de los cristianos ordinarios. Es posible que pisemos un terreno ventajoso en cuanto a la altura, pero esa altura es peligrosa, y para muchos el ministerio ha demostrado ser una piedra de tropiezo. Si preguntas cuáles son estas tentaciones, el tiempo nos faltaría para detallarlas, pero entre ellas tenemos las más burdas y las más refinadas. Entre las primeras podemos mencionar tentaciones tales como la falta de moderación en la mesa, las tentaciones de la carne, que son incesantes con los jóvenes solteros en una posición alta entre una multitud de mujeres jóvenes que los admiran, y mil otras trampas. Hay más trampas secretas aparte de estas, de las cuales no es tan fácil escapar. De ellas, la peor es la tentación al ministerialismo, esa tendencia a leer nuestras Biblias como ministros, a orar como ministros, a hacer todo lo concerniente a nuestra religión no de forma personal, sino solo relativamente, preocupados por el ministerio. Perder la personalidad del arrepentimiento y la fe es realmente una gran pérdida. John Owen plantea: «Ningún hombre predica bien su sermón a otros si antes no lo predica a su propio corazón». Hermanos, es sumamente difícil seguir esto. Nuestra función, en lugar de beneficiar nuestra piedad, como algunos afirman, se convierte en uno de sus obstáculos más grandes debido a la maldad de nuestra naturaleza; al menos, yo lo encuentro así. ¡Cómo luchamos a brazo partido contra el formalismo, y sin embargo con qué facilidad nos acosa, como una prenda de ropa larga que se enreda en los pies del corredor y le impide realizar su carrera! Queridos hermanos, cuidado con esto y con todas las demás seducciones de su llamamiento, y si hasta ahora lo han hecho, continúen velando hasta la hora final de sus vidas.

Hemos hecho notar uno de tantos peligros, pero en realidad son legiones. El gran enemigo de las almas se encarga de remover cielo y tierra para arruinar al predicador.

«Tengan cuidado de ustedes mismos —plantea Baxter—, porque el tentador lanzará su primer y más agudo ataque sobre ustedes. Si lideran la batalla en su contra, él intentará destruirlos a no ser que Dios lo contenga. Siente por ustedes el máximo odio porque tienen el compromiso de hacerle el máximo daño. Así como él odia a Cristo más que a cualquiera de nosotros, porque Cristo es el General del campo, y el "Capitán de nuestra salvación", y hace más que todo el resto del mundo contra el reino de las tinieblas, también reconoce a los líderes bajo Su mando más que a los soldados comunes, en la misma medida y proporción. Él sabe la destrucción que puede causar entre los demás si los líderes caen ante sus ojos. Durante mucho tiempo ha probado esa manera de combatir, "ni con pequeños ni grandes", relativamente, sino con estos líderes, y de "herir a los pastores para dispersar el rebaño". Y tan grande ha sido su éxito de esta manera, que él continuará haciéndolo hasta donde pueda. Por lo tanto, hermanos, tengan cuidado pues el enemigo tiene un ojo especial para ustedes. Experimentarán sus insinuaciones más sutiles, sus incesantes propuestas y sus asaltos violentos. Por muy sabios y doctos que sean, tengan cuidado de ustedes mismos, para que no los engañe. El diablo es un erudito más grande que tú, y un contendiente más ágil; él puede "transformarse en ángel de luz" para engañar; él se acercará ti y te pondrá una zancadilla antes que te des cuenta; él jugará al malabarista contigo cuando estés desapercibido, y te engañará respecto a tu fe o inocencia, y no sabrás que la has perdido. De hecho, te hará creer que esta se multiplica o aumenta, ¡cuando en realidad se ha perdido! Tú no verás ni el anzuelo ni la cuerda, mucho menos al sutil pescador mientras te ofrece su cebo. Y sus cebos habrán de ajustarse a tu temperamento y disposición, para asegurarse de encontrar ventajas en tu interior, y hacer que tus mismos principios e inclinaciones te traicionen. Y cuando te arruine, te hará el instrumento de tu propia ruina. ¡Oh, qué victoria creerá que ha conseguido, si puede hacer que un ministro sea perezoso e infiel; si puede tentar a un ministro a caer en avaricia o en escándalo! Él se gloriará contra la iglesia, y dirá: "Estos son tus santos predicadores; vean cuál es su cabalidad y dónde los llevará". Se gloriará contra el mismo Jesucristo y dirá: "Estos son tus defensores. Puedo hacer que tus mejores siervos te injurien; puedo hacer que los mayordomos de tu casa sean infieles". Si él llegó a proferir insultos contra Dios sobre la base de una falsa conjetura, y afirmó que podría hacer que Job le maldijera en Su rostro (Job 1:12), ¿qué haría él si de hecho prevaleciera contra nosotros? Y por último te insultará en gran medida porque logró que fallaras a tu gran encomienda, que mancharas tu santa profesión y que sirvieras de esta manera a tu enemigo. No satisfagas a Satanás; no le permitas reírse a costa tuya. No permitas que te use como los filisteos a Sansón; primero para privarte de tus fuerzas y luego para quitarte los ojos y para hacerte el centro de su triunfo y burla».

Reiteramos una vez más: debemos cultivar el grado más alto de piedad porque nuestro trabajo lo requiere. La obra del ministerio cristiano se realiza en proporción exacta al vigor de nuestra naturaleza renovada. Nuestro trabajo solo se hace bien cuando estamos bien con nosotros mismos. Como es el obrero, tal será la obra. Enfrentar a los enemigos de la verdad, defender los baluartes de la fe, gobernar bien la casa de Dios, consolar a todos los que lloran, edificar a los santos, guiar a los confundidos, ganar y alimentar a las almas; estas y otras innumerables obras no son para la mente débil, sino que están reservadas para aquellos a quienes el Señor ha hecho fuertes para sí mismo. Busquen entonces fortaleza en el Fuerte, sabiduría en el Sabio, de hecho, todo en el Dios de todos.

El ministro también ha de tener cuidado de que su carácter personal sea coherente con cada aspecto de su ministerio. Todos hemos oído la historia del hombre que predicaba tan bien y vivía tan mal, que cuando subía al púlpito todo el mundo decía que nunca debía volver a bajar, y cuando estaba fuera de este, todos expresaban que nunca debía volver a subir. Que el Señor nos libre de imitar a este hombre. Que nunca seamos sacerdotes de Dios en el altar, e hijos de Belial fuera de la puerta del tabernáculo. Al contrario, que seamos, como expresaba Nazianceno de Basilio: «Trueno en nuestra doctrina y relámpago en nuestro comportamiento». No confiamos en las personas que tienen dos caras, como tampoco los hombres creen en aquellos cuyos testimonios verbales y prácticos son contradictorios. Ya que las acciones —según el proverbio— hablan más fuerte que las palabras, una vida enferma ahogará sin lugar a dudas la voz del ministerio más elocuente. Después de todo, es con nuestras manos que debemos levantar nuestro edificio más verdadero; nuestro carácter debe ser más persuasivo que nuestros discursos.

Aquí no solo te advertiría sobre los pecados de comisión, sino también sobre los pecados de omisión. Demasiados predicadores se olvidan de servir a Dios cuando están fuera del púlpito; sus vidas son tristemente inconsecuentes. Aborrezcan, queridos hermanos, la idea de ser ministros que funcionan como un reloj, que no están vivos por la gracia que mora en su interior, sino que las influencias temporales son las que les dan cuerda; hombres que son ministros por etapas, bajo el estrés del momento de ministrar, pero cesan su ministerio cuando descienden las escaleras del púlpito. Los verdaderos ministros siempre son ministros. Demasiados predicadores son como esos juguetes de arena que compramos para nuestros hijos; cuando colocas la caja boca abajo, el pequeño acróbata gira y gira hasta que la arena se agota por completo, y luego el muñeco se queda inmóvil. Asimismo, hay quienes perseveran en los ministerios de la verdad mientras exista una necesidad oficial para su labor, pero después de eso no hay paga ni salario ni sermón.

Es una cosa horrible ser un ministro inconsecuente. Se dice que nuestro Señor fue como Moisés por esta razón, pues Él «… fue varón profeta, poderoso en obra y en palabra…» (Luc. 24:19). El hombre de Dios debe imitar a su Maestro en esto: debe ser poderoso en la palabra de su doctrina y en las obras de su ejemplo, y más poderoso, si es posible, en lo segundo. Es notable que la única historia de la Iglesia que tenemos es *Los Hechos de los Apóstoles.* El Espíritu Santo no conservó sus sermones. Fueron muy buenos, considerablemente mejores que los nuestros, pero el Espíritu Santo solo dejó plasmado sus «hechos». No tenemos libros de las resoluciones de los apóstoles. Cuando llevamos a cabo nuestras reuniones de la iglesia, dejamos registro de nuestras actas y resoluciones, pero el Espíritu Santo solo plasma los «hechos». Nuestros hechos deben ser tales como para ser registrados, porque ciertamente lo serán. Debemos vivir bajo la mirada más cercana de Dios, y como en el resplandor del gran día cuando todo será revelado.

La santidad en un ministro es a la vez su necesidad principal y su mejor ornamento. La mera excelencia moral no es suficiente; debe haber una virtud superior, un carácter consecuente, ungido con el sagrado aceite de la consagración, o de lo contrario faltará aquello que nos hace más fragantes ante Dios y el hombre. El anciano John Stoughton, en su tratado titulado *Dignidad y deber del predicador*, insiste en la santidad del ministro mediante frases llenas de gran importancia:

> Si Uza tuvo que morir por tocar el arca de Dios —y fue para sostenerla cuando estaba a punto de caer—, si los hombres de Bet-semes perecieron por mirar su interior, si las mismas bestias que se acercaban al santo monte corrían peligro de muerte, entonces, ¿qué clase de personas deben ser admitidas para hablar con Dios de forma familiar, para «estar ante Él», como los ángeles, y «mirar Su rostro continuamente», «llevar el arca sobre sus hombros», «llevar su nombre delante de los gentiles», en una palabra, para ser sus embajadores? «La santidad conviene a tu casa, oh Jehová»; ¿y no sería ridículo imaginar que los vasos debían ser santos, los vestidos debían ser santos, todo debía ser santo, pero que solamente aquel sobre cuyas mismas vestiduras debía escribirse «Santidad a Jehová», pudiera ser profano? ¿Que las campanas de los caballos tuvieran una inscripción de santidad en ellas, y que Zacarías, y las campanas de los santos, las campanas de Aarón, no estuvieran consagradas? No, ellos deben ser «luces encendidas y brillantes», de lo contrario su influencia será mala. Deben «rumiar el alimento y tener pezuña hendida», de lo contrario serán inmundos; deben «usar bien la palabra de verdad», caminar de forma íntegra en su vida, y unificar así la vida y el aprendizaje. Si falta la santidad, los embajadores deshonran el país de donde provienen, y al príncipe que los envió; y este Amasa muerto, esta

doctrina muerta no vivificada con una vida correcta, echada en el camino, impide que el pueblo del Señor continúe marchando de forma entusiasta en su batalla espiritual.

La vida del predicador debe ser un imán para atraer a los hombres a Cristo, y es realmente triste cuando los aleja de Él. La santidad en los ministros es un llamamiento a viva voz a los pecadores para que se arrepientan, y cuando esta hace alianza con un entusiasmo santo, se vuelve maravillosamente atractiva. Jeremy Taylor en su enriquecido lenguaje nos plantea:

> Las palomas de Herodes nunca podrían haber invitado a tantas otras peregrinas a sus palomares, si no les hubieran colocado ungüento; pero Didymus expresó: «Haz que tus palomas posean un aroma dulce, y estas atraerán a bandadas enteras». Y si tu vida es excelente, si tus virtudes son como un ungüento precioso, pronto invitarás a aquellos a tu cargo a correr en *odorem unguentorum*, [tras tu preciado aroma]. Pero debes ser excelente, no *tanquam unus de populo*, sino *tanguam homo Dei*; debes ser un hombre de Dios, no según el modo común de los hombres, sino «según el corazón de Dios». Los hombres se esforzarán por ser como tú, si tú te esfuerzas en ser como Dios; pero cuando solo te quedas en las puertas de la virtud, con el único objetivo de mantener el pecado fuera, atraerás al redil de Cristo a las personas cuyo temor las lleva a entrar. *Ad majorem Dei gloriam* [hacer lo que más gloria da a Dios], esa es la senda por la que debes caminar; pues no hacer más de lo que los hombres comunes deben hacer es servilismo, no tanto como el afecto

de los hijos, mucho menos podrán ustedes ser padres para el pueblo, cuando no van más lejos que los hijos de Dios. Un farol oscuro, aunque tenga un débil brillo en un lado, apenas te iluminará, mucho menos dirigirá a una multitud, ni atraerá a muchos seguidores por el brillo de su llama.

Muy pintoresco también es el lenguaje de Thomas Playfere en su *Say Well, Do Well* [Habla bien, actúa bien]:

> Había un actor ridículo en la ciudad de Esmirna, quien al pronunciar «¡*O coelum*! ¡Oh cielo!», apuntó con el dedo hacia el suelo. Cuando Polemo, el hombre más grande del lugar, vio eso no pudo soportar permanecer más tiempo, y se alejó del grupo muy irritado diciendo: «Este tonto ha cometido un error garrafal con su mano; ha hablado latín falso con el dedo». Y tales son los que enseñan bien y hacen mal, que independientemente de tener el cielo en la punta de su lengua, tienen la tierra en el extremo de su dedo. Los tales no solo hablan falso latín con su lengua, sino falsa divinidad con sus manos; esos que no viven lo que predican. Pero si ellos no enmiendan su camino, el que se sienta en el cielo se reirá de ellos y los despreciará, y los sacará del escenario con un silbido.

Incluso en cosas pequeñas el ministro debe tener cuidado de que su vida sea consecuente con su ministerio. Debe prestar un cuidado especial de cumplir con su palabra. Esto debe ser observado hasta la escrupulosidad. Aquí todo cuidado es poco. La verdad no solo debe estar en nosotros, tiene que brillar desde nosotros. Un célebre doctor en divinidad de Londres, que ahora está en el cielo, no tengo duda alguna (un hombre excelente y piadoso), informó un domingo que tenía la intención de visitar a toda su congregación y expresó que para poder arreglárselas y visitarlos a ellos y a sus familias una vez en el año, él seguiría el orden que ellos ocupaban en los asientos. Una persona a quien conozco muy bien, que en aquel entonces era un hombre pobre, estuvo encantado con la idea de que el ministro iría a su casa a verlo, y alrededor de una semana o dos antes de que fuera su turno, su esposa tuvo mucho cuidado de barrer el hogar y mantenerlo en orden, y el hombre corría a casa temprano del trabajo, con la esperanza de que cada noche encontraría al doctor allí.

Esto ocurrió durante un largo tiempo. O bien el doctor olvidó su promesa, o se cansó de llevarla a cabo, o por alguna otra razón nunca fue a la casa de este pobre hombre. Como resultado el hombre perdió la confianza en todos los predicadores y expresó: «Cuidan a los ricos, pero no se preocupan por nosotros los pobres». Por muchos años, nunca se estableció en un lugar de culto, hasta que por fin llegó a Exeter Hall y permaneció como oyente de mis predicaciones durante años, hasta que Dios lo llevó a Su presencia. No fue tarea fácil hacerle creer que un ministro puede ser un hombre honrado, y que puede amar imparcialmente tanto a ricos como a pobres. Evitemos hacer tal daño, al ser muy fieles a nuestra palabra.

Debemos recordar que somos ampliamente observados. Es inusual que los hombres se atrevan a violar la ley a la vista de sus semejantes; sin embargo, en tal publicidad nosotros vivimos y nos movemos. Mil ojos de águilas nos observan; actuemos de tal manera que nunca tengamos que preocuparnos de si todo el cielo, la tierra y el infierno se unen a la lista de espectadores. Nuestra posición pública es de gran beneficio si estamos capacitados para mostrar el fruto del Espíritu en nuestras vidas. Tengan cuidado, hermanos, de no despilfarrar ese beneficio.

Mis queridos hermanos, cuando les decimos: «Cuiden su vida», queremos decir que deben ser cuidadosos incluso con los pequeños detalles de su carácter. Eviten las pequeñas deudas, la falta de puntualidad, los chismes, las pequeñas peleas y todos esos pequeños vicios que llenan de moscas el ungüento. Nosotros no debemos tolerar los excesos que han afectado negativamente la reputación de muchos. Debemos evitar con pudor las familiaridades excesivas que han puesto a otros bajo sospecha. También debemos rechazar la aspereza, la cual ha hecho aborrecibles a algunos; y la insensatez que ha hecho despreciables a otros. No podemos permitirnos correr grandes riesgos por pequeñas cosas. Debemos cuidarnos de actuar siempre según la regla: «No damos a nadie ninguna ocasión de tropiezo, para que nuestro ministerio no sea vituperado» (2 Cor. 6:3).

Con esto no se pretende que tengamos que seguir todos los caprichos o la moda de la sociedad en la que nos movemos. Como regla general, detesto las modas de la sociedad, y aborrezco los convencionalismos, y si yo pensara que lo mejor sería actuar según las leyes de la etiqueta, me sentiría satisfecho al hacerlo. No; somos hombres, no esclavos; y no hemos de renunciar a nuestra libertad varonil para ser los lacayos de aquellos que aparentan buena educación o se jactan de refinamiento. Sin embargo, hermanos, debemos huir, como lo haríamos de una víbora, de todo lo que se parezca a la vulgaridad, que es semejante al pecado.

Las reglas de Chesterfield son ridículas para nosotros, pero no el ejemplo de Cristo; y Él nunca fue grosero, bajo, descortés o indiscreto. Incluso en sus tiempos de recreación, recuerden que ustedes son ministros. Aun cuando no están en la formación, ustedes siguen siendo oficiales en el ejército de Cristo, y deben comportarse como tal. Pero si se deben cuidar de las cosas menores, ¡cuánto más cuidadosos deben ser en las grandes cuestiones de moralidad, honestidad e integridad! Aquí el ministro no puede fallar. Su vida privada tiene que mantenerse siempre en sintonía con su ministerio, o su día de perdición pronto llegará; y cuanto antes se retire mejor, porque la permanencia en su función solo deshonrará la causa de Dios y lo arruinará a él.

Hermanos, ya llegamos a los límites de una lección, y debemos concluir.

Lección 2

El llamado al ministerio

❦

Todo cristiano con la capacidad de predicar el evangelio tiene el derecho, y no solo el derecho, sino el deber de hacerlo mientras viva (Apoc. 22:17). La propagación del evangelio se encarga, no a unos pocos, sino a todos los discípulos del Señor Jesucristo. Según la medida de gracia que le ha sido confiada por el Espíritu Santo, cada hombre está obligado a ministrar en su época y generación, tanto a la iglesia como a los incrédulos. De hecho, esta cuestión va más allá de los hombres, e incluso incluye al sexo opuesto. Ya sean creyentes varones o mujeres, todos están obligados —cuando están capacitados por la gracia divina— a esforzarse al máximo por extender el conocimiento del Señor Jesús. Sin embargo, nuestro servicio no tiene que ser específicamente la predicación (de hecho, en algunos casos no lo puede ser, como por ejemplo en el caso de las mujeres, cuya enseñanza pública está expresamente prohibida (1 Cor. 14:34; 1 Tim. 2:12).

Pero si tenemos la capacidad de predicar, estamos obligados a ponerla en práctica. No obstante, en esta lección no hago alusión a la predicación ocasional ni a ninguna otra forma de ministerio común a todos los santos, sino solamente a la obra y oficio del obispado, en el cual se incluye tanto la enseñanza como el gobierno en la iglesia, y requiere que el hombre dedique toda su vida a la obra espiritual, y se aparte de toda vocación secular (2 Tim. 2:4), y da derecho al hombre a servirse de las provisiones temporales de la iglesia de Dios, ya que él renuncia a todo su tiempo, energías y esfuerzos, para el bien de aquellos sobre quienes preside (1 Cor. 9:11; 1 Tim. 5:18). Pedro se dirige a un hombre así con las siguientes palabras: «Apacentad la grey de Dios que está entre vosotros, cuidando de ella...» (1 Ped. 5:2).

Ahora, no todos en una iglesia pueden supervisar ni gobernar; algunos tendrán que ser supervisados y gobernados. Y creemos que el Espíritu Santo designa a algunos en la iglesia de Dios para actuar como supervisores, mientras que otros están dispuestos a ser protegidos para su bien. No todos son llamados a trabajar en la palabra y la doctrina, o ser ancianos, o ejercer el cargo de obispo; ni deben todos aspirar a tales obras, pues en ninguna parte de la Escritura se promete a todos los dones necesarios para esto. Pero aquellos que sienten, como el apóstol, que tienen «este ministerio» (2 Cor. 4:1), deben entregarse por completo a un compromiso de esta envergadura. Ningún hombre puede entrometerse en el redil como pastor extraño;

sino que debe poner su vista en el Pastor principal, y esperar Su señal y orden. Si un hombre ha de presentarse como embajador de Dios, debe esperar el llamado de lo alto. Si no lo hace, sino que se precipita al sagrado oficio, el Señor dirá de él y de otros como él: «... y yo no los envié ni les mandé; y ningún provecho hicieron a este pueblo, dice Jehová» (Jer. 23:32).

En el Antiguo Testamento encontramos que los mensajeros de Dios alegaban haber sido comisionados por Jehová. Isaías nos describe que uno de los serafines tocó sus labios con un carbón encendido del altar, y la voz del Señor dijo: «¿A quién enviaré, y quién irá por nosotros? [...]» (Isa. 6:8). A lo que el profeta respondió: «Heme aquí, envíame a mí». Él no fue antes de que el Señor lo visitara de forma especial y lo capacitara para su misión. «¿Y cómo predicarán si no fueren enviados? [...]» (Rom. 10:15) eran palabras aún sin pronunciar, pero su significado solemne era bien comprendido en ese momento. Jeremías describe su llamado en el capítulo 1: «Vino, pues, palabra de Jehová a mí, diciendo: Antes que te formase en el vientre te conocí, y antes que nacieses te santifiqué, te di por profeta a las naciones. Y yo dije: ¡Ah! ¡ah, Señor Jehová! He aquí, no sé hablar, porque soy niño. Y me dijo Jehová: No digas: Soy un niño; porque a todo lo que te envíe irás tú, y dirás todo lo que te mande. No temas delante de ellos, porque contigo estoy para librarte, dice Jehová. Y extendió Jehová su mano y tocó mi boca, y me dijo Jehová: He aquí he puesto mis palabras en tu boca. Mira que te he puesto en este día sobre naciones y sobre reinos, para arrancar y para destruir, para arruinar y para derribar, para edificar y para plantar» (Jer. 1:4-10).

Con algunas variaciones en su forma externa, pero con el mismo propósito, fue la comisión de Ezequiel: «Me dijo: Hijo de hombre, ponte sobre tus pies, y hablaré contigo. Y luego que me habló, entró el Espíritu en mí y me afirmó sobre mis pies, y oí al que me hablaba. Y me dijo: Hijo de hombre, yo te envío a los hijos de Israel, a gentes rebeldes que se rebelaron contra mí; ellos y sus padres se han rebelado contra mí hasta este mismo día» (Ezeq. 2:1-3). El llamado de Daniel a profetizar, aunque no se encuentra registrado, es atestiguado con creces por las visiones que se le concedieron, y el favor abundante que tuvo con el Señor, tanto en sus meditaciones solitarias como en acontecimientos públicos. No es necesario hacer un estudio de todos los demás profetas, ya que todos comenzaban con la frase: «Así dice Jehová».

En la era actual, el sacerdocio es común a todos los santos; pero profetizar, o lo que es análogo a esto, es decir, ser movido por el Espíritu Santo a entregarse de forma total a la proclamación del evangelio, es de hecho, el don y el llamamiento de solo un número comparativamente limitado, y sin lugar a dudas, estos necesitan estar tan seguros de la legitimidad de su posición como lo estuvieron los profetas. Sin embargo, ¿cómo pueden justificar su cometido, a no ser que reciban un llamado similar?

Tampoco hay necesidad de imaginar que tales llamados son una mera ilusión, y que en esta época ninguno de ellos está separado para la obra singular de enseñar y supervisar a la Iglesia, porque los mismos nombres dados a los ministros en el Nuevo Testamento implican que estos han recibido un llamado anterior a su obra. El apóstol plantea: «Así que, somos embajadores en nombre de Cristo...» (2 Cor. 5:20). Pero ¿no consiste la esencia misma del puesto de embajador en el nombramiento que hace el monarca representado?

Un embajador no enviado sería un hazmerreir. Los hombres que se atreven a presentarse como embajadores de Cristo deben sentir muy solemnemente que el Señor les ha «confiado» la palabra de la reconciliación (2 Cor. 5:18-19). Si alguien afirma que esto está restringido a los apóstoles, yo respondo que la epístola fue escrita no solo en nombre de Pablo, sino también de Timoteo, y por lo tanto incluye otro ministerio además del apostolado. En la primera epístola a los Corintios, leemos: «Así, pues, téngannos los hombres ["téngannos" incluye a Pablo y a Sóstenes] por servidores de Cristo, y administradores de los misterios de Dios» (1 Cor. 4:1). Con toda seguridad un mayordomo debe recibir su cargo de parte de su amo. No puede ser mayordomo simplemente porque elige serlo, o porque los demás lo consideran así. Si alguno de nosotros eligiera proclamarse mayordomo del marqués de Westminster y procediera a administrar su propiedad, muy rápidamente nos señalarían nuestro error de la manera más convincente. Es evidente que debe haber autoridad si un hombre ha de convertirse legalmente en obispo: «... administrador de Dios...» (Tito 1:7).

El título apocalíptico de «ángel» (Apoc. 2:1) significa mensajero; y ¿cómo serán los hombres heraldos de Cristo, a menos por Su elección y ordenación? Si se cuestiona la referencia de la palabra «ángel» al ministro, nosotros nos sentiríamos contentos de que se demuestre que puede relacionarse con cualquier otra persona. ¿A quién escribiría el Espíritu en la iglesia como representante Suyo, sino a alguien en una posición análoga a la del anciano que preside?

A Tito se le mandó a presentar pruebas contundentes de su ministerio; seguramente había algo que probar. Algunos son un «… instrumento para honra, santificado, útil al Señor, y dispuesto para toda buena obra» (2 Tim. 2:21). El Maestro tiene el derecho a elegir los instrumentos que usa. Él todavía dirá de ciertos hombres lo que expresó sobre Saulo de Tarso: «… instrumento escogido me es éste, para llevar mi nombre en presencia de los gentiles…» (Hech. 9:15).

Cuando nuestro Señor subió a lo alto, repartió dones a los hombres, y es digno de mencionar que estos dones fueron hombres apartados para diversas obras: «Y él mismo constituyó a unos, apóstoles; a otros, profetas; a otros, evangelistas; a otros, pastores y maestros» (Ef. 4:11); de lo cual es evidente que como resultado de la ascensión de nuestro Señor, ciertos individuos son puestos sobre las iglesias como pastores. Son dados por Dios, y por tanto no se elevan a sí mismos a sus puestos. Hermanos, confío en que algún día puedan hablar del rebaño sobre el cual «…el Espíritu Santo os ha puesto por obispos…» (Hech. 20:28), y ruego que cada uno de ustedes pueda decir con el apóstol a los gentiles, que su ministerio no es de los hombres ni por hombres, sino que lo recibieron del Señor (Gál. 1:1). Que en ustedes se cumpla esa antigua promesa: «Y os daré pastores según mi corazón…» (Jer. 3:15). «Y pondré sobre ellas pastores que las apacienten…» (Jer. 23:4). Que el Señor mismo cumpla a plenitud en ustedes Su propia declaración: «Sobre tus muros, oh Jerusalén, he puesto guardas; todo el día y toda la noche no callarán jamás...» (Isa. 62:6). Que puedan entresacar lo precioso de lo vil, y así sean como la boca de Dios (Jer. 15:19). Que el Señor manifieste a través de ustedes el sabor del conocimiento de Jesús en todo lugar, y los haga «... grato olor de Cristo en los que se salvan, y en los que se pierden» (2 Cor. 2:15). Al tener un tesoro inestimable en vasijas de barro, que la excelencia del poder divino descanse sobre ustedes, y así puedan a la vez glorificar a Dios y limpiarse de la sangre de todos los hombres. Del mismo modo que el Señor Jesús subió al monte y llamó a sí mismo a quienes quiso, y luego los envió a predicar (Mar. 3:13), así también Él los seleccione, los llame a lo alto para tener comunión consigo, y los envíe como Sus siervos elegidos para bendecir tanto a la Iglesia como al mundo.

¿Cómo puede un joven saber si ha recibido un llamado o no? Esa es una pregunta de peso, y deseo tratarla de la manera más solemne. ¡Oh que la guía divina me ayude al hacerlo! Al observar los ministerios infructuosos y las iglesias decadentes que nos rodean, se hace tristemente evidente que centenares de hombres han perdido el camino y han ido a parar al púlpito, donde tropezaron y cayeron. Para un hombre constituye una calamidad terrible confundir su vocación, y para la iglesia sobre la que él se impone, su error implica una aflicción del tipo más grave. Sería un tema de reflexión curioso y doloroso analizar la frecuencia con la que los hombres en plenas facultades mentales confunden el fin de su existencia, y apuntan a objetivos para los cuales nunca fueron destinados. La persona que escribió las siguientes líneas seguramente se había fijado en muchos púlpitos mal ocupados:

> Sabios, declaren ustedes si encuentran entre los animales de todo tipo, de toda condición, clase y tamaño, desde las ballenas y los elefantes hasta las moscas, una criatura que confunda su plan y se equivoque tan constantemente como el hombre. Vayan a los ejemplos e intenten: un buey no intentará volar, ni dejar su pasto en el bosque para explorar el río con los peces. Solamente el hombre actúa en oposición a su naturaleza.

Cuando pienso en todo el daño infinito que puede resultar de un error en nuestra vocación por el pastorado cristiano, me siento abrumado por el miedo, no sea que alguno de nosotros se descuide en examinar nuestras credenciales. Y yo preferiría que sintiéramos mucha duda, y nos examinemos con demasiada frecuencia, a que nos convirtamos en inoperantes en la tierra.

Existen muchos métodos exactos por los cuales un hombre puede probar su llamado al ministerio, si él desea fervientemente hacerlo. Es de suprema importancia que no entre al ministerio hasta que haya hecho una investigación seria y se haya probado a sí mismo en cuanto a este punto. Una vez que se haya asegurado de ser salvo, él debe investigar este importante asunto de su llamado al ministerio. Lo primero es vital para sí mismo como cristiano, lo segundo es igualmente vital para él como pastor. Lo mismo es un profesor sin conversión que un pastor sin llamado. En ambos casos hay un título y nada más.

EL LLAMADO AL MINISTERIO

1. La primera señal del llamado celestial es un deseo intenso y apasionado por la obra. Para que exista un llamado verdadero al ministerio, uno debe sentir un deseo irresistible y abrumador, y una sed insaciable por contar a otros lo que Dios ha hecho en nuestras propias almas. Es similar a esas ansias que tienen las aves por criar a sus hijos cuando llega la temporada, pues la madre moriría antes de abandonar su nido. Alguien que conocía íntimamente a Alleine expresó que «él sentía una codicia infinita e insaciable por la conversión de las almas». Cuando pudo haber tenido una beca en su universidad, prefirió una capellanía, porque «lo inspiraba una impaciencia de estar ocupado directamente en el trabajo ministerial». «Si lo puedes evitar no entres al ministerio», fue el consejo profundamente sabio que un teólogo ofreció a uno que procuraba su opinión. Si alguno de los estudiantes de esta sala pudiera contentarse con ser editor de periódicos, bodeguero, agricultor, médico, abogado, senador o rey, en nombre del cielo y de la tierra, ¡que siga ese camino! Él no es el hombre en quien habita el Espíritu de Dios en su plenitud, porque un hombre tan lleno de Dios estaría completamente hastiado de cualquier otro empeño que no sea aquello por lo cual palpita lo más profundo de su alma. Por otro lado, si puedes afirmar que ni por todo el oro del mundo podrías (ni te atreverías) a comprometerte con algún otro llamado que te apartara de la predicación del evangelio de Jesucristo, entonces puedes estar seguro (si las otras cosas son igualmente satisfactorias) que tienes la señal de este llamado. Debemos sentir que ¡hay de nosotros si no predicamos el evangelio! La Palabra de Dios debe ser para nosotros como

fuego en nuestros huesos; de lo contrario, si emprendemos el ministerio, seremos infelices en él, seremos incapaces de soportar los sacrificios propios de él, y seremos de poca ayuda para aquellos entre quienes ministramos. Hablo de negarse a sí mismo, y bien hago en hacerlo, porque la verdadera labor del pastor está llena de sacrificios, y sin amor por su llamado pronto sucumbirá; o bien abandonará el trabajo pesado, o lo hará descontento, agobiado por una monotonía tan fastidiosa como la de un caballo ciego en un molino.

«Hay un consuelo en la fuerza del amor; este hará soportable una cosa que, de otra forma, quebrantaría». Ceñido con ese amor, nada podrá detenerte; pero despojado de ese cinturón más que mágico del llamado irresistible, te consumirás en la miseria.

Este deseo debe estar basado en la reflexión; no debe ser un impulso repentino sin la debida consideración Debe aparecer como consecuencia de un corazón en sus mejores momentos; ha de ser el objeto de nuestras reverentes aspiraciones, el tema de nuestras oraciones más fervientes. Un deseo así debe continuar con nosotros cuando las ofertas tentadoras de riquezas y comodidad entran en conflicto con él, y permanecer como una resolución tranquila y lúcida después de que todo haya sido calculado en su valor justo, y el precio contado con detenimiento.

Cuando era niño y vivía en casa de mi abuelo en el campo, vi una compañía de cazadores vestidos con sus chaquetas rojas, cabalgando por los campos detrás de un zorro. ¡Me sentí encantado! Mi pequeño corazón saltaba de emoción; estaba listo para seguir a los perros y brincar setos y zanjas. Siempre he sentido una atracción natural por ese tipo de actividad y, cuando era niño y me preguntaban qué sería, normalmente afirmaba que iba a ser cazador. ¡Una buena profesión!, pensaba yo sinceramente. Muchos jóvenes tienen la misma idea de ser pastores que la mía de ser cazador; una mera idea pueril de que les gustaría la chaqueta y tocar el cuerno; el honor, el respeto, la tranquilidad; y quizás son los suficientemente sencillos como para pensar en las riquezas del ministerio. (¡Tienen que ser ignorantes si buscan riquezas en relación con el ministerio bautista!) La fascinación por el cargo de pastor es muy grande para las mentes débiles, y por lo tanto yo advierto con seriedad a todos los jóvenes que no confundan capricho con inspiración, ni la preferencia de un niño con un llamado del Espíritu Santo.

Tengan bien en cuenta que el deseo del que he hablado debe ser completamente desinteresado. Si un hombre puede detectar, después del más sincero autoexamen, cualquier otro motivo que la gloria de Dios y el bien de las almas en su búsqueda del obispado, es mejor que se aparte de él de inmediato; porque Jehová aborrecerá la entrada de compradores y vendedores en Su templo. La introducción de algo mercenario, incluso en el grado más pequeño, será como la mosca en el frasco de ungüento; lo estropeará todo.

Este deseo debe seguir con nosotros, debe ser una pasión que soporte la prueba de las tribulaciones, un anhelo del cual nos es imposible escapar, aunque podamos haber intentado hacerlo, de hecho que se hace más intenso con el paso de los años, hasta que se convierte en un anhelo, un ansia, un hambre por proclamar la Palabra. Este deseo intenso es algo tan noble y bello, que cada vez que lo veo brillar en el pecho de un joven, soy siempre muy cuidadoso de no desanimarlo, aunque tenga dudas sobre sus capacidades. Puede ser necesario reprimir la llama, por razones que daremos más adelante, pero siempre debe hacerse con reticencia y sabiduría. Tengo un respeto tan profundo por este «fuego en los huesos» que si yo mismo no lo sintiera, tendría que dejar el ministerio de inmediato. Si no sienten el fulgor consagrado, les ruego que vuelvan a sus hogares y sirvan a Dios en esferas apropiadas para ustedes. Pero si las brasas de enebro arden dentro, no las apaguen, a menos que otras consideraciones de gran peso les demuestren que el deseo no es un fuego de origen celestial.

2. En segundo lugar, combinado con el deseo sincero de ser pastor, debe existir cierta capacidad para enseñar, y en cierta medida las otras cualidades necesarias para la posición de instructor público. A fin de probar su llamado, un hombre debe hacer una prueba exitosa de lo anterior. Con esto no estoy diciendo que la primera vez que alguien se levante para hablar debe predicar tan bien como Robert Hall en sus días postreros. Si no predica peor que este gran hombre al principio de su carrera, no debe ser condenado. Ustedes deben saber que Robert Hall se quebrantó por completo tres veces, y clamó: «Si esto no me humilla nada lo hará». Algunos de los oradores más destacados no hablaban con gran fluidez en sus primeros días. Incluso Cícero al principio tenía una voz débil, y dificultades para expresarse. Sin embargo, un hombre no debe considerar que está llamado a predicar hasta que haya demostrado que puede hablar.

EL LLAMADO AL MINISTERIO

Dios ciertamente no creó al behemot para volar, y si el leviatán tuviera un fuerte deseo de volar con la alondra, sería una aspiración necia a todas luces, ya que no está provisto de alas. Si un hombre es llamado a predicar, será dotado con cierto grado de capacidad para hablar, la cual cultivará y aumentará. Si el don de la expresión no está allí en cierta medida desde un principio, es probable que nunca se desarrolle.

He oído hablar de un caballero que tenía un deseo muy intenso de predicar. Este le insistió tanto a su pastor, que después de muchas negativas, obtuvo la oportunidad de predicar un sermón de prueba. Esa oportunidad fue el final de su importunidad, pues al anunciar su texto principal se encontró desprovisto de toda idea, excepto una, que trasmitió con mucha emoción, y luego bajó del púlpito. Expresó: «Mis hermanos, si alguno de ustedes piensa que es fácil predicar, le aconsejo que suba acá y verá que toda presunción se irá».

La prueba de tus capacidades pondrá de manifiesto tu deficiencia, si no posees la habilidad necesaria. No conozco nada mejor. Debemos probarnos adecuadamente en este asunto, o no podremos saber con certeza si Dios nos ha llamado o no. Y durante la prueba a menudo debemos preguntarnos si en general podemos esperar edificar a otros con tales discursos.

Sin embargo, debemos hacer mucho más que ponernos a prueba según nuestra propia conciencia y juicio, porque somos malos jueces. Existe cierta clase de hermanos que poseen gran facilidad para descubrir que han recibido ayuda de manera maravillosa y divina en sus discursos; ¡yo les envidiaría su gloriosa libertad y su autocomplacencia si hubiera alguna razón para ello! Desafortunadamente, yo tengo que lamentar y llorar muy a menudo por mis fracasos y deficiencias como orador. No podemos depender mucho de nuestra propia opinión, más bien tenemos mucho que aprender de personas sensatas y espirituales.

Todavía existe una buena costumbre en muchas de nuestras iglesias rurales (la cual de ninguna manera debe ser una ley obligatoria para todas las personas) que consiste en que el joven aspirante al ministerio predique ante la iglesia. Esta casi nunca es una prueba muy placentera para el joven aspirante y, en muchos casos, difícilmente será un ejercicio muy edificante para la congregación; pero aun así, puede ser una disciplina muy saludable, y evita la exposición pública de una ignorancia abrumadora. Se debe conceder gran importancia al juicio de hombres y mujeres que viven cerca de Dios, y en la mayoría de los casos su veredicto no estará equivocado. Sin embargo, este fallo no es definitivo ni tampoco infalible, y ha de estimarse solamente en proporción a la inteligencia y la piedad de los consultados. Recuerdo muy bien cómo una señora cristiana muy piadosa (de las más grandes que he conocido) me disuadió para que no fuera predicador. Me esforcé por estimar el valor de su opinión con sinceridad y paciencia, pero el juicio de personas con una mayor experiencia lo superó. Los jóvenes dudosos harán bien en llevar consigo a sus amigos más sabios cuando salgan a exponer la Palabra en la capilla rural o en la sala de reunión del pueblo. He observado (y nuestro venerable amigo, el Sr. Rogers, ha notado lo mismo) que ustedes, los estudiantes, como un cuerpo, rara vez se equivocan al emitir un juicio entre sí.

Casi nunca ha existido un caso donde la opinión general de todo el colegio sobre un hermano haya sido errónea. Los hombres no son tan incapaces de formarse una opinión de los demás como a veces se supone. Al reunirse como lo hacen en clases, en la reunión de oración, en las conversaciones y en los diferentes compromisos religiosos, ustedes se evalúan unos a otros; y un hombre sabio no echará a un lado el veredicto de la casa.

No quiero concluir este punto sin antes agregar que la mera capacidad de edificar y la aptitud para enseñar no son suficientes; otros talentos deben completar el carácter pastoral. El juicio razonable y la experiencia sólida deben instruirte; los buenos modales y una afectuosidad amorosa deben moverte; la firmeza y el valor deben ser manifiestos; y la ternura y la simpatía no deben faltar. Los dones administrativos para gobernar serán tan necesarios como los dones para la enseñanza. Debes estar apto para dirigir, preparado para soportar, y capaz de perseverar. En la gracia, debes llevarle un buen trecho al resto de la gente, capaz de ser su padre y consejero. Lee atentamente los requisitos de un obispo, dados en 1 Timoteo 3:2-7, y en Tito 1:6-9. Si tales dones y gracias no están en ti, y de forma abundante, puede ser que tengas éxito como evangelista, pero como pastor no llegarás a nada.

3. Con el fin de seguir probando el llamado de un hombre, después de haber ejercitado un tanto sus dones, tal como ya he hablado, deben verse algunas conversiones como resultado de sus esfuerzos, o el hombre deberá concluir que ha cometido un error, y por lo tanto, ha de regresar a su actividad anterior de la mejor manera posible. No es de esperar que en el primer

esfuerzo en público, o incluso en el vigésimo, tengamos éxito, y un hombre podría pasarse la vida sometiendo a prueba su predicación (si se siente llamado a hacerlo), pero me parece que como hombre separado para el ministerio, su comisión no tendrá el sello hasta que sea usado para ganar almas al conocimiento de Jesús. Como obrero, debe continuar trabajando ya sea que tenga éxito o no, pero como ministro no puede estar seguro de su vocación hasta que los resultados sean evidentes. ¡Cómo saltó de alegría mi corazón cuando oí las noticias de mi primer convertido! No podía estar satisfecho con una iglesia llena, y las expresiones amables de amigos; ansiaba oír que los corazones eran quebrantados, que se veían lágrimas fluir de los ojos de los penitentes. Cómo me regocijé, como alguien que halla un gran botín, por la mujer de un pobre trabajador que confesó que sintió la culpa del pecado y había encontrado al Salvador al escuchar mi predicación del domingo por la tarde. Tengo en mi mente ahora mismo la choza en la que vivía; créanme, siempre me parece atractiva. Recuerdo bien cuando fue recibida en la iglesia, y su muerte, y su partida al hogar en el cielo. Ella fue el primer sello de mi ministerio, y se los aseguro, un sello muy precioso. No hay madre que haya estado más llena de felicidad al ver a su hijo primogénito. Entonces podría haber entonado el cántico de la virgen María, pues mi alma magnificó al Señor por recordar mi bajeza y otorgarme el gran honor de hacer una obra por la que todas las generaciones me llamarán bendita, pues así consideré la conversión de un alma. Debe haber algunas conversiones en tus obras esporádicas antes de que puedas creer que la predicación es la obra de tu vida. Recuerden las palabras del Señor por medio del profeta Jeremías, porque son muy directas y deben alarmar a todos los predicadores infructuosos: «No envié yo aquellos profetas, pero ellos corrían; yo no les hablé, mas ellos profetizaban. Pero si ellos hubieran estado en mi secreto, habrían hecho oír mis palabras a mi pueblo, y lo habrían hecho volver de su mal camino, y de la maldad de sus obras» (Jer. 23:21-22). Yo me maravillo de cómo los hombres siguen tranquilos en la predicación año tras año sin conversiones. ¿No tienen entrañas de compasión por los demás? ¿No tienen sentido de responsabilidad sobre sí mismos? ¿Se atreven, por una idea vana y falsa de la soberanía divina, a echar la culpa a su Maestro? ¿O creen ellos que Pablo planta y Apolo riega, y que Dios no da ningún crecimiento? Vanos son sus talentos, su filosofía, su retórica, e incluso su ortodoxia, sin las señales que siguen. ¿Cómo pueden ser enviados por Dios si no traen ningún hombre a Dios? Profetas sin poder en sus palabras, sembradores cuya semilla se marchita, pescadores que no pescan, soldados que no hieren a nadie, ¿son estos hombres de Dios? Seguramente era mejor ser barrendero o limpiar chimeneas que permanecer en el ministerio como un árbol completamente estéril. La ocupación más humilde beneficia a la humanidad de alguna manera, pero el miserable que ocupa un púlpito y nunca glorifica a su Dios mediante conversiones es un vacío, una mancha, una monstruosidad, un engaño. No vale la sal que se come, mucho menos su pan. Y si escribe a un periódico para quejarse de su poco salario, entonces su conciencia, si tiene alguna, podría bien responder: «Y el que tienes no te lo mereces».

Pueden venir tiempos de sequía; incluso años de escasez pueden consumir los primeros años de abundancia, pero todavía habrá fruto en lo general, y fruto para la gloria de Dios. Mientras tanto, esa esterilidad transitoria llenará el alma de una angustia indecible. Hermanos, si el Señor no les da celo alguno por las almas, sigan con el yunque de herrero o la cuchara de albañil, pero eviten el púlpito, si es que valoran la paz del corazón y su salvación futura.

4. Sin embargo, es necesario ir un paso más allá de todo esto en nuestra investigación. La voluntad del Señor con respecto a los pastores se da a conocer a través del juicio en oración de Su iglesia. Como prueba de tu vocación es necesario que el pueblo de Dios acepte tu predicación. Por lo general, Dios abre las puertas de la proclamación para aquellos a quienes Él llama para hablar en Su nombre. La impaciencia abriría la puerta de un empujón, o la derribaría, pero la fe espera en el Señor, y a su debido tiempo su oportunidad llega. Con la llegada de la oportunidad, entonces viene nuestra prueba. Al pararnos a predicar, la asamblea juzgará nuestro espíritu, y si es condenado, o si, como regla general, la iglesia no es edificada, la conclusión no puede ser discutida, no somos enviados de Dios.

Las señales y las marcas de un verdadero obispo se establecen en la Palabra para guía de la iglesia, y si al seguir esta guía los hermanos no ven en nosotros los requisitos y no nos eligen para el cargo, está bien claro que por muy bien que podamos evangelizar, el puesto de pastor no es para nosotros.

Las iglesias no son infaliblemente sabias, ni todas juzgan en el poder del Espíritu Santo, sino que muchas de ellas juzgan según la carne. Sin embargo, sobre un tema tan personal como mis propios dones y gracias, yo prefiero aceptar la opinión de un grupo del pueblo del Señor antes que la mía. En cualquier caso, ya sea que valoren el veredicto de la iglesia o no, una cosa es cierta: ninguno de ustedes puede ser pastor sin el consentimiento amoroso del rebaño, y por lo tanto esto será para ustedes un indicador práctico, aunque no sea correcto. Si tu llamado del Señor es real, no callarás por mucho tiempo. Tan seguro como el hombre desea su momento, igualmente el momento desea a su hombre. La Iglesia de Dios necesita siempre ministros vivos; para ella un hombre siempre es más preciado que el oro de Ofir. Los funcionarios profesionales tienen carencias y padecen hambre, pero los ungidos del Señor no tienen que estar vacantes, porque hay oídos prestos que los conocen por su discurso y corazones dispuestos a darles la bienvenida a su lugar designado. Estén aptos para su trabajo, y nunca estarán sin trabajo. No corran de aquí para allá haciéndose invitaciones a ustedes mismos para predicar; preocúpense más por su capacidad que por su oportunidad, y tomen más en serio su caminar con Dios que cualquiera de las dos cosas anteriores. Las ovejas conocerán al pastor enviado por Dios; el portero del redil te abrirá, y el rebaño conocerá tu voz.

Cuando di esta lección por primera vez, no había leído la admirable carta de John Newton a un amigo sobre este tema. Esta coincide tanto con mis propias ideas, que aunque corra el riesgo de ser considerado un plagiario, lo cual ciertamente no soy en este caso, les leeré la carta:

Tu caso me recuerda el mío. Mis primeros deseos por el ministerio fueron acompañados de grandes incertidumbres y dificultades, y los juicios diversos y opuestos de mis amigos acrecentaron la perplejidad de mi propia mente. El consejo que tengo para ofrecer es el resultado de la experiencia dolorosa y el ejercicio, y tal vez por esta razón te sea aceptable. Ruego a nuestro Señor de la gracia que lo haga útil.

Yo estuve afligido mucho tiempo, como tú lo estás, en cuanto a lo que era o no un llamado apropiado al ministerio. Ahora me parece un asunto fácil de resolver; pero quizás no será así para ti, hasta que el Señor te lo esclarezca en tu situación particular. No tengo espacio para decir tanto como pudiera. En resumen, creo que el llamado incluye principalmente tres cosas:

1. Un deseo ardiente y sincero de ser usado en este servicio. Yo entiendo que el hombre a quien el Espíritu de Dios mueve para esta obra, la preferirá, si es posible, a miles de monedas de oro y plata, de modo que, aunque a veces se sienta intimidado por su importancia y dificultad, al compararla con su gran insuficiencia personal (ya que se debe suponer que un llamado de este tipo, si en verdad viene de Dios, estará acompañado de humildad y humillación), no puede renunciar a él. Considero que es una buena regla investigar en este punto, si el deseo de predicar es tan ferviente cuando estamos en nuestros mejores momentos espirituales, como cuando estamos más humillados en el polvo buscando al Señor. Si es así, es una buena señal. Pero si como sucede a veces, una persona es

muy ferviente para predicar a otros, cuando su propia alma tiene poca hambre y sed de gracia, entonces es de temer que su celo provenga más bien de un principio egoísta que del Espíritu de Dios.

2. Además de este ardiente deseo y disposición para predicar, a su debido tiempo debe aparecer alguna suficiencia competente en cuanto a dones, conocimiento y capacidad de expresión. Ciertamente, si el Señor envía a un hombre a enseñar a otros, Él le proveerá los medios. Creo que muchos han tenido la buena intención de prepararse como predicadores, sin embargo al hacerlo fueron más allá o sobrepasaron su llamado. La diferencia principal entre un ministro y un cristiano ordinario parece consistir en esos dones ministeriales que les son impartidos, no para su propio beneficio, sino para la edificación de los demás. Sin embargo, yo digo que estos han de aparecer a su debido tiempo; no es de esperar que lleguen de forma instantánea, sino gradualmente, al utilizar los medios adecuados. Estos dones son necesarios para el desempeño del ministerio, pero no como prerrequisitos que justifiquen nuestro deseo por el ministerio. En tu caso, eres joven y tienes tiempo por delante; por lo tanto, creo que no es necesario que te compliques con la pregunta de si ya tienes estos dones. Es suficiente si tienes un deseo estable, y estás dispuesto, por medio de la oración y la diligencia, a esperar por ellos en el Señor, pues aún no los necesitas.

3. Lo que finalmente evidencia un llamado adecuado es que se abra la puerta de la providencia y se junten de

forma gradual las circunstancias que señalan los medios, el tiempo y el lugar de entrar efectivamente en la obra. Y hasta que esta coincidencia llegue, no debes esperar verte completamente libre de dudas en tu propia mente. El principal cuidado que debes tener en este punto es no apresurarte demasiado para aferrarte a lo primero que aparezca. Si la voluntad del Señor es llevarte a Su ministerio, Él ya ha designado tu lugar y tu servicio, y aunque ahora no lo sepas, lo sabrás a su debido tiempo. Si tuvieras los talentos de un ángel, no podrías lograr ningún bien con ellos hasta que Su hora llegue, y hasta que Él te guíe al pueblo que determinó bendecir con tus medios. Aquí es muy difícil contenernos dentro de los límites de la prudencia, cuando nuestro celo es ferviente (por un sentido del amor de Cristo en nuestros corazones, y una tierna compasión por los pobres pecadores), este nos incita a salir demasiado pronto. Pero el que cree, esperará. Estuve unos cinco años cohibido de esta manera; a veces pensaba que tenía que predicar, aunque fuera en las calles. Escuché todo lo que parecía verosímil, y muchas cosas que no eran así. Pero el Señor en Su gracia, y como quien dice, insensiblemente, rodeó mi camino de espinas. De lo contrario, de habérseme permitido guiarme por mi propio espíritu, hubiera anulado la posibilidad de haber sido llevado a un ámbito de utilidad, como a Él le complació llevarme en Su tiempo correcto. Y ahora puedo ver con claridad que en el momento en que yo quise salir al ministerio (aunque con buenas intenciones; al menos eso creo), yo me había sobreestimado a mí mismo, y no poseía el juicio y la experiencia espirituales que son requisitos para un servicio tan grande.

Esto podría ser suficiente, pero continuaremos con el mismo tema, pues ahora les detallo un poco de mi experiencia al tratar con aspirantes al ministerio. Tengo que cumplir constantemente el deber que corresponde al tribunal de Cromwell. Tengo que formar una opinión sobre la conveniencia de ayudar a ciertos hombres en sus intentos de convertirse en pastores. Este es un deber de mucha responsabilidad, y que requiere un cuidado especial. Por supuesto, mi tarea no es juzgar si un hombre debe entrar en el ministerio o no, sino que mi examen se limita a contestar si esta institución lo ayudará o lo dejará a merced de sus propios recursos. Algunos de nuestros vecinos caritativos nos acusan de tener aquí «una fábrica de pastores», pero la acusación es totalmente falsa. Nunca hemos intentado fabricar un ministro, y de hecho fracasaríamos si lo hiciéramos; en la universidad solo recibimos a aquellos que ya profesan ser ministros. Si me llamaran «asesino de pastores» estarían más cerca de la verdad, pues una gran cantidad de principiantes han recibido su golpe de gracia de mi parte; y al reflexionar sobre lo que he hecho, tengo mi conciencia completamente tranquila. Siempre ha sido una tarea difícil para mí desalentar a un joven hermano lleno de esperanzas que ha solicitado su ingreso a la universidad.

Mi corazón siempre se ha inclinado hacia el lado más bondadoso, pero el deber para con las iglesias me ha obligado a juzgar con todo discernimiento. Después de escuchar lo que el candidato tiene que decir, de haber leído sus testimonios y analizado sus respuestas a las preguntas, cuando siento el convencimiento de que el Señor no lo ha llamado, me he visto obligado a decírselo.

Algunos casos son típicos de todos. Hay hermanos jóvenes que hacen la solicitud con un deseo sincero de entrar en el ministerio, pero es dolorosamente evidente que el motivo principal es un deseo ambicioso de brillar entre los hombres. Desde un punto de vista común, estos hombres debían ser elogiados por su aspiración, no obstante el púlpito nunca debe ser la escalera por la cual la ambición ha de ascender. Si tales hombres hubieran entrado en el ejército, jamás se habrían quedado satisfechos hasta alcanzar el rango superior, pues están decididos a abrirse camino. Hasta ahora todo esto está bien y es muy loable; pero han abrazado la idea de que si entraran al ministerio serían muy distinguidos; han sentido su genio en ciernes, y se han estimado como más grandes que las personas ordinarias, y por lo tanto, han mirado el ministerio como plataforma sobre la cual exhibir sus presuntas capacidades. Siempre que veo esto, me he sentido obligado a dejar que el hombre «siga por su propia cuenta», como dicen los escoceses; pues creo que tales espíritus nunca llegan a nada si entran en el servicio del Señor. Consideramos que no tenemos nada de que gloriarnos, y si lo tuviéramos, el peor lugar en el que podríamos exhibirlo sería un púlpito, porque allí somos llevados diariamente para sentir nuestra insignificancia y pequeñez.

En cuanto a los hombres que desde su conversión han revelado una gran debilidad de mente y que son fácilmente llevados a abrazar doctrinas extrañas, o a rodearse de malas compañías y a caer en pecados flagrantes, nunca siento en mi corazón animarlos a entrar en el ministerio; que tomen por profesión lo que ellos puedan ser. Si verdaderamente se arrepienten, hay que dejar que se mantengan en la retaguardia. Inestables como el agua, ellos no van a brillar.

También, aquellos que no pueden soportar las dificultades, sino que son de tipo de la orden de los niños inexpertos, yo los remito a otra parte. Necesitamos soldados, no fantoches; obreros serios, no ociosos refinados. A los hombres que no han hecho nada hasta el momento en que solicitan entrar a la universidad, se les dice que deben mostrar su valía antes de ser reconocidos públicamente como caballeros. Los amantes fervientes de las almas no esperan a ser entrenados; ellos sirven a su Señor en el acto.

Me llaman la atención ciertos hombres buenos, que se distinguen al mismo tiempo por una vehemencia y celo enormes, y por una ausencia manifiesta de inteligencia. Son hermanos que hablan por horas y horas de nada, que podrían dar taconazos y puñetazos a la Biblia y no sacar nada de ella. Ellos ponen todo su empeño, todas sus fuerzas; trabajan hasta el agotamiento extremo, pero sin resultado alguno. Hay fanáticos que no son capaces de concebir o pronunciar cinco ideas consecutivas, de muy estrecha capacidad y presunción muy amplia. Estos pueden dar golpes con el puño, y gritar con delirio y rabia, y aun llorar, pero todo el ruido proviene del hueco del tambor. Yo considero que estos hermanos serán iguales con educación o sin ella, y por lo tanto he rechazado generalmente sus solicitudes.

Otra clase extremadamente grande de hombres ni siquiera saben por qué procuran el púlpito. No pueden enseñar y no aprenden; no obstante, anhelan ser ministros. Al igual que el hombre que durmió en el Parnaso y desde entonces se creyó poeta, han tenido la insolencia de lanzar un sermón sobre una audiencia, y ahora lo único que les satisface es predicar. Tienen tanta prisa por dejar las prendas de costura, que harán un desgarrón en la iglesia de la que son miembros para llevar a cabo su propósito. El mostrador les resulta desagradable, y codician la almohadilla del púlpito; están hastiados de balanzas y pesas, por lo que necesitan probar sus manos en las balanzas del santuario. Tales hombres, cual las olas furiosas del mar, suelen mostrar su propia vergüenza como la blanca espuma, y nosotros nos sentimos felices cuando les decimos adiós.

Las enfermedades físicas plantean una interrogante sobre el llamado de algunos hombres excelentes. No juzgaría a los hombres por sus rasgos, pero su físico general es un criterio de no poca importancia. El pecho estrecho no indica a un hombre formado para el discurso público. A ustedes les puede parecer extraño, pero tengo toda seguridad que cuando un hombre tiene el pecho contraído, sin distancia entre los hombros, esto significa que el sabio Creador no lo hizo con la intención para que predique habitualmente. Si hubiera querido que hablara, Él le habría dado anchura del pecho en cierta medida, lo suficiente como para producir una cantidad razonable de fuerza pulmonar. Cuando el Señor quiere que una criatura corra, Él le da las piernas ágiles; y si quiere que otra criatura predique, le dará pulmones adecuados. Un hermano que tiene que hacer una pausa en medio de una frase y esforzarse para tomar aire, debería preguntarse si no hay alguna otra ocupación para la cual esté más apto. A un hombre que tenga que esforzarse mucho para pronunciar una oración, difícilmente se le podrá pedir «Clama a voz en cuello, no te detengas...» (Isa. 58:1). Existen excepciones, pero ¿no hay peso en la regla general? Los hermanos con defectos bucales y articulación imperfecta no suelen ser llamados a predicar el evangelio. Lo mismo se aplica a los hermanos sin paladar o con imperfecciones en este.

Hace poco tiempo recibimos una solicitud de un joven que tenía una especie de acción rotatoria en su mandíbula que resultaba muy penoso al espectador. Su pastor lo recomendó como un joven muy santo, que había sido el instrumento para traer algunos a Cristo, y expresó su esperanza de que yo lo recibiera; pero no lo vi conveniente. Aunque me ofrecieran todo el oro de Tarsis como recompensa, no podría haberlo mirado predicar sin reírme, y con toda probabilidad nueve de cada diez de sus oyentes habrían sido más propensos a hacerlo que yo. He tenido que pasar por el dolor de rechazar a un hombre con una lengua grande que llenaba su boca y le causaba problemas para articular, a otro sin dientes, a otro que tartamudeaba, a otro que no podía pronunciar todo el alfabeto, y lo he hecho sobre la base de que Dios no les había dado esos aparatos físicos, que son, como plantea el libro de oraciones, «generalmente necesarios».

He conocido a diez, veinte, cien hermanos que han afirmado estar seguros, muy seguros de que fueron llamados al ministerio, pero esta seguridad se basaba en el hecho de haber fracasado en todo lo demás. Este es un tipo de historia modelo:

—Señor, me pusieron en un bufete de abogados, pero nunca pude soportar el confinamiento, y no me gustaba el estudio de las leyes; la Providencia detuvo con claridad mi camino, porque me quedé sin trabajo.

—¿Y qué hizo entonces?

—Bueno, señor, me persuadieron a abrir una tienda de comestibles.

—¿Y pudo prosperar?

—Bueno, no pienso que fui hecho para el comercio, y el Señor ciertamente me cerró el camino porque fracasé y estuve en grandes dificultades. Luego hice mis intentos en el negocio de seguros de vida, y traté de abrir una escuela, además de vender té; pero mi camino está cercado, y algo dentro de mí me hace sentir que debo ser ministro.

Mi respuesta generalmente es:

—Sí, ya veo; usted ha fracasado en todo lo demás, y por lo tanto cree que el Señor le ha otorgado dones especialmente para Su servicio. Pero temo que ha olvidado que el ministerio necesita al mejor de los hombres, y no a los que no pueden hacer nada más.

A un hombre que como pastor alcance el éxito, probablemente le iría igual de bien ya sea como bodeguero, o abogado, o cualquier otra cosa. Un ministro realmente valioso podría sobresalir en cualquier cosa. Casi nada es imposible para un hombre que puede mantener a una congregación unida durante años y ser el instrumento de su edificación durante cientos de sabbats consecutivos. Este debe poseer ciertas capacidades, y de ninguna manera será un necio o un «bueno para nada». Jesucristo se merece que los mejores hombres prediquen de Su cruz, y no los cabezas huecas y los perezosos.

Un joven caballero, con cuya presencia fui honrado en una ocasión, plasmó en mi mente la fotografía de su exquisito egocentrismo. Ese mismo rostro suyo parecía la portada de todo un volumen de presunción y engaño. Un domingo por la mañana me envió un aviso a mi oficina donde expresaba que debía verme de inmediato. Su audacia lo hizo pasar, y cuando estuvo delante de mí, señaló:

—Señor, quiero entrar en su universidad, y me gustaría ingresar en este momento.

Yo respondí:

—Bueno, señor, me temo que no tenemos lugar para usted en este momento, pero su caso será considerado.

—Pero mi caso es muy extraordinario, señor; probablemente nunca antes ha recibido una solicitud como la mía.

—Muy bien, ya lo veremos; el secretario le entregará uno de los formularios para la solicitud, y usted puede verme el lunes.

Regresó el lunes y trajo consigo las preguntas, que contestó de una manera extraordinaria. En cuanto a los libros, afirmaba haber leído toda la literatura antigua y moderna, y después de dar una inmensa lista añadió:

—Esto no es más que una selección; he leído muchísimo sobre todos los temas.

En cuanto a su predicación, él podía presentar los mejores testimonios, pero pensaba que apenas serían necesarios, ya que una entrevista personal me convencería en el acto de su capacidad. Su sorpresa fue grande cuando le expresé:

—Señor, estoy obligado a decirle que no puedo recibirlo.

—¿Por qué no, señor?

—Se lo diré claramente. Usted es tan increíblemente inteligente que yo no lo podría insultar al recibirlo en nuestra universidad, donde solo tenemos hombres más bien corrientes; el presidente, los tutores y los estudiantes son todos hombres de logros discretos, y usted tendría que condescender demasiado al estar entre nosotros.

Me miró muy severamente, y dijo con dignidad:

—¿Quiere usted decir, que por tener un genio poco común, y una mente gigantesca, rara vez vista, se me deniega la admisión en la universidad?

—Sí, por esa misma razón —respondí, con toda la calma que pude, teniendo en cuenta el temor abrumador que su genio inspiraba.

—Entonces, señor, usted debe permitirme una prueba de mis habilidades de predicación. Seleccione el texto que desee, o sugiera cualquier tema que le plazca, y aquí, en esta misma habitación hablaré sobre él, o predicaré de ese tema sin pensarlo mucho, y usted se sorprenderá.

—No, gracias, prefiero no tener la molestia de escucharle.

—¿Molestia señor? Le aseguro que sería el mayor placer posible que usted tendría.

Le dije que podría ser, pero me sentía indigno del privilegio; y luego tuve que hacerle una larga despedida. El caballero me era desconocido en aquel momento, pero desde entonces ha figurado en el tribunal correccional como alguien que se pasó de listo.

De vez en cuando hemos tenido solicitudes que tal vez los sorprendería; desde hombres que evidentemente tienen suficiente fluidez, y que responden muy bien todas nuestras preguntas, excepto las relativas a la doctrina, a las que de forma repetida nos dan la siguiente respuesta: «El señor fulano de tal está dispuesto a recibir las doctrinas de la universidad, cualesquiera que sean». En todos estos casos nunca reflexionamos ni por un momento; le damos la negativa instantánea. Lo menciono, porque esto ilustra nuestra convicción de que los hombres que no tienen conocimientos ni creencias definidas, no son llamados al ministerio. Cuando los jóvenes plantean que no han tomado una decisión sobre la teología, estos deben regresar a la escuela dominical hasta que la tomen. El hecho de que un hombre que llegue arrastrando los pies a un colegio, fingiendo que tiene su mente abierta a cualquier forma de verdad, y que es muy receptivo, pero no ha decidido en su mente cosas tales como si Dios tiene una elección de gracia, o si Él ama a Su pueblo hasta el final, me parece una monstruosidad perfecta. «No un neófito» afirma el apóstol (1 Tim. 3:6); sin embargo, un hombre que no se ha decidido en temas como este, es flagrante y declaradamente un neófito, y debe ser relegado al catecismo hasta que haya aprendido las primeras verdades del evangelio.

Caballeros, después de todo, tendremos que probar nuestro llamado mediante la prueba práctica de nuestro ministerio venidero, y será lamentable que comencemos nuestra carrera sin el examen debido, porque de ser así, tal vez tengamos que dejarla con deshonra. Por lo general, la experiencia es nuestra prueba más segura, y si Dios nos sostiene de año en año, y nos da Su bendición; no necesitamos hacer otra prueba de nuestra vocación. La obra de nuestro ministerio probará nuestra aptitud moral y espiritual, y esta es la más confiable de todas las pruebas. Alguna vez escuché a alguien hablar de un plan que Matthew Wilks adoptó para examinar a un joven que deseaba ser misionero. Lo que me parece relevante a mi juicio, aunque no a mi gusto, es la esencia de la prueba, no los detalles.

El joven deseaba ir a la India como misionero enviado por la Sociedad Misionera de Londres. El Sr. Wilks fue designado para considerar su aptitud para la tarea. Le escribió al joven y le dijo que fuera a verlo a las seis de la mañana del siguiente día. El hermano vivía a muchos kilómetros de distancia, sin embargo llegó a la casa a las seis en punto de la mañana. El Sr. Wilks no entró en la habitación hasta horas después. El hermano esperó extrañado, pero pacientemente. Al fin, el Sr. Wilks llegó y se dirigió al candidato con sus habituales notas nasales:

—Bueno, joven, ¿quieres ser misionero?
—Sí, señor.
—¿Amas al Señor Jesucristo?
—Sí, señor, espero que sí.
—¿Y has recibido alguna educación?
—Sí, señor, un poco.
—Bueno, ahora, te probaremos.
—¿Puedes deletrear la palabra «gato»?

El joven pareció confundido, y apenas pudo responder a una pregunta tan absurda. Evidentemente, su mente se detuvo entre la indignación y la sumisión, pero en un momento respondió con firmeza:

—G-a-t-o, gato.

—Muy bien —dijo el Sr. Wilks—. Ahora, ¿puedes deletrear la palabra «perro»? —Nuestro joven mártir vaciló, pero el Sr. Wilks prosiguió de forma muy serena—: ¡Oh, no seas tímido! Deletreaste la otra palabra tan bien que yo pensé que serías capaz de deletrear esta. Por alto que sea el logro, no es tan elevado, pero lo que puedas hacer, hazlo sin ruborizarse.

El joven Job respondió:

—P-e-r-r-o, perro.

—Bien, eso es correcto; ¡Veo que no tendrás problemas con el deletreo! Y ahora vamos con la aritmética; ¿cuánto es dos más dos?

El paciente joven dio la respuesta correcta y luego fue despedido.

En la reunión del comité, Matthew Wilks expresó: «Recomiendo cordialmente a ese joven. He examinado debidamente sus testimonios y carácter, y además de eso, le hice una extraña prueba personal que pocos podrían soportar. Probé su abnegación, él se levantó por la mañana temprano; probé su temperamento, y probé su humildad; pudo deletrear las palabras "gato" y "perro" y también asegurar que "dos más dos es cuatro", y como misionero lo hará sumamente bien».

Ahora bien, lo que se dice que este veterano señor hizo con tan mal gusto, podemos hacerlo con mucha propiedad con nosotros mismos. Debemos examinar si somos capaces de soportar las amenazas, el cansancio, las calumnias, las burlas y las privaciones; y si podemos resistir ser la escoria del mundo, y ser tratados como nada por amor a Cristo. Si podemos soportar todo esto, entonces presentamos algunos de esos puntos que indican la posesión de esas cualidades excepcionales que se deben reunir en un verdadero siervo del Señor Jesucristo.

Me pregunto seriamente si cuando estemos lejos en alta mar, algunos de nosotros encontraremos que nuestros barcos son tan navegables como pensamos. Oh hermanos míos, cerciórense de asegurar bien el barco mientras dure la calma, y trabajen diligentemente en ajustarse ustedes mismos para esta sublime vocación. Tendrán pruebas suficientes, y ¡ay de ustedes si no salen armados de pies a cabeza con la armadura para enfrentarlas! Tendrán que correr con los jinetes; no permitan que los lacayos los agoten en sus estudios preliminares. El diablo está en el mundo, y con él hay muchos. Pruébense a sí mismos, y que el Señor los prepare para el crisol y el horno que seguramente los aguardan. Puede que su tribulación no sea tan grave como la de Pablo y sus compañeros, pero deben estar preparados para una prueba igualmente dura.

Permítanme leerles las memorables palabras del apóstol e invitarlos a orar mientras las oyen, para que el Espíritu Santo los fortalezca para todo lo que está delante de ustedes:

> «No damos a nadie ninguna ocasión de tropiezo, para que nuestro ministerio no sea vituperado; antes bien, nos recomendamos en todo como ministros de Dios, en mucha

paciencia, en tribulaciones, en necesidades, en angustias; en azotes, en cárceles, en tumultos, en trabajos, en desvelos, en ayunos; en pureza, en ciencia, en longanimidad, en bondad, en el Espíritu Santo, en amor sincero, en palabra de verdad, en poder de Dios, con armas de justicia a diestra y a siniestra; por honra y por deshonra, por mala fama y por buena fama; como engañadores, pero veraces; como desconocidos, pero bien conocidos; como moribundos, mas he aquí vivimos; como castigados, mas no muertos; como entristecidos, mas siempre gozosos; como pobres, mas enriqueciendo a muchos; como no teniendo nada, mas poseyéndolo todo» (2 Cor. 6:3-10).

Lección 3

La oración privada del predicador

Por supuesto, el predicador se distingue entre los demás como un hombre de oración. El ora como un cristiano ordinario; de lo contrario, sería un hipócrita. El ora más que el cristiano ordinario; de otra manera, estaría descalificado para la responsabilidad que ha asumido. Bernard plantea: «Sería algo horrible que un hombre ocupe el cargo más alto y su alma esté en la posición más baja; en el primer puesto y en lo último de la vida».

Por encima de todas sus otras funciones, la preeminencia de la responsabilidad del pastor emite un halo de luz, y si es fiel a su Maestro, él se distinguirá por un espíritu de oración en todas ellas. Como ciudadano, su país se beneficia de su intercesión;

como vecino aquellos bajo su sombra son recordados en súplica. Él ora como esposo y como padre; se esfuerza por hacer que los devocionales familiares sean un modelo para su rebaño; y si el fuego en el altar de Dios ha ido menguando en cualquier otro lugar, este es bien atendido en la casa del siervo elegido del Señor, pues él se ocupa de que el sacrificio de la mañana y de la tarde santifiquen su morada. Pero hay algunas de sus oraciones que tienen que ver con su cargo, y nuestro plan en estas lecciones es dedicar más tiempo a hablar de ellas. El pastor presenta súplicas peculiares como ministro, y se acerca a Dios con este fin, por encima de todo lo concerniente a sus otras funciones.

Yo asumo que, como ministro, él siempre está orando. Cada vez que su mente se dirige al trabajo, ya sea que esté en él directa o indirectamente, sus labios pronuncian una petición, y elevan sus santos deseos como flechas bien dirigidas a los cielos. No siempre se encuentra en el acto de la oración, pero vive en ese espíritu. Si ha puesto su corazón en el trabajo, no puede comer o beber, o recrearse, o ir a la cama, o levantarse en la mañana, sin sentir un deseo fervoroso y constante, un peso de ansiedad, y una dependencia sencilla en Dios; por lo tanto, en una forma u otra, él continúa en oración. Si existe algún hombre debajo del cielo que está obligado a poner en práctica el precepto de «orad sin cesar» (1 Tes. 5:17), sin duda ese es el ministro cristiano. Él tiene tentaciones peculiares, tribulaciones especiales, dificultades singulares y deberes notables; tiene que tratar con Dios en relaciones horribles, y con los hombres en intereses misteriosos. Por lo tanto, él necesita mucha más gracia que los hombres ordinarios, y como él sabe esto, constantemente es guiado a pedir fuerza al Fuerte, y a expresar: «Alzaré mis ojos a los montes; ¿de dónde vendrá mi socorro? (Sal. 121:1).

Alleine escribió una vez a un estimado amigo:

> Aunque propenso a ser inconstante y a romper rápidamente las amarras, soy como un pájaro fuera del nido; nunca estoy tranquilo hasta que me encuentro en mi antiguo camino de comunión con Dios, cual la aguja de la brújula que no se detiene hasta girar hacia el norte. Por la gracia de Dios puedo decir con la iglesia: «Con mi alma te he deseado en la noche y con el espíritu dentro de mí te he buscado temprano». Mi corazón se encuentra en la mañana y en la tarde con Dios; el objetivo y deleite de mi vida es buscarlo a Él.

Hombres de Dios, así debe ser el curso general de sus vidas. Si ustedes como ministros no son hombres de oración, entonces son dignos de lástima. Si en el futuro son llamados a mantener pastorados, grandes o pequeños, y se vuelven negligentes en su devoción privada, no solo ustedes serán dignos de lástima, sino también su gente, y además, cargarán con la culpa, y vendrá el día en que serán avergonzados y confundidos.

Puede que sea innecesario recomendarles los gratos beneficios de la devoción privada, pero no puedo dejar de hacerlo. Para ustedes, como embajadores de Dios, el trono de la misericordia posee una virtud incalculable. Cuanto más familiarizados estén con la corte de los cielos, mejor será su desempeño del encargo celestial. Entre todas las influencias formativas que harán que Dios honre a un hombre en el ministerio, no conozco ninguna más poderosa que su propia familiaridad con el trono de la misericordia. Todo beneficio que un estudiante puede sacar de sus estudios en un colegio, resulta burdo y superficial comparado con el exquisito refinamiento espiritual que se obtiene por la comunión con Dios. Mientras el ministro aún sin forma gira sobre la rueda de la preparación, la oración constituye la herramienta del gran alfarero para moldear el vaso. Todas nuestras bibliotecas y estudios son nada comparados con nuestros aposentos de oración. Crecemos, nos fortalecemos, y vencemos en la oración privada.

Las oraciones serán sus ayudantes más capaces mientras sus sermones todavía están sobre el yunque. Mientras otros hombres, como Esaú, salen a cazar en busca de su porción, ustedes, con la ayuda de la oración, encontrarán la sabrosa carne cerca de sus casas, y dirán en verdad lo que Jacob dijo falsamente: «[…] Porque Jehová tu Dios hizo que la encontrase delante de mí» (Gén. 27:20). Si pueden mojar la pluma en el tintero de sus corazones, en súplica sincera al Señor, escribirán bien; y si de rodillas a las puertas del cielo pueden recopilar sus temas de predicación, ustedes no dejarán de hablar bien. La oración, como un ejercicio mental, traerá muchos temas a la mente, y de esta forma les ayudará en la selección de un tema, mientras que, como elevada actividad espiritual, sus ojos interiores serán aclarados de modo que puedan ver la verdad a la luz de Dios. Los textos a menudo no querrán revelar sus tesoros hasta que los abran con la llave de la oración. ¡Cuán maravillosos fueron los libros abiertos a Daniel cuando estaba en súplica! ¡Cuánto aprendió Pedro en la azotea! En verdad,

«… aceite puro de olivas machacadas, para el alumbrado…». Sin embargo, su vida de oración era aún mayor. De hecho, no podía descuidar la comunión con Dios antes de entrar en la congregación. Necesitaba bañarse en el amor de Dios. Su ministerio consistía principalmente en una revelación de puntos de vista que primero habían santificado su propia alma; la salud de su alma era absolutamente necesaria para el vigor y poder de su ministración. Con él, el comienzo de toda labor consistía de forma invariable en la preparación de su propia alma. Las paredes de su aposento eran testigos de su oración y de sus lágrimas, así como de sus clamores.

La oración te ayudará de manera extraordinaria al predicar tu sermón; de hecho, nada puede prepararte tan gloriosamente para predicar como cuando recién bajas del monte de la comunión con Dios para hablar con los hombres. Ninguno es tan capaz de exhortar a los hombres como aquel que ha estado luchando con Dios por ellos.

De Alleine se plantea que: «Él derramaba su corazón en la oración y en la predicación. Sus súplicas y sus exhortaciones eran tan afectuosas, tan llenas de entusiasmo, de vida y vigor santos, que dominaban a sus oyentes; él se deshacía ante ellos, de modo que deshelaba y apaciguaba, y a veces derretía los corazones más duros». Ningún derretimiento sagrado de corazones podría haber ocurrido si su mente no hubiera sido previamente expuesta a los rayos tropicales del sol de la justicia mediante una comunión privada con el Señor resucitado. Una predicación verdaderamente emotiva, en la que no hay afectación, sino mucho afecto, solo puede ser resultado de la oración. No hay retórica como la del corazón, ni escuela para aprenderla que no sea al pie de la cruz. Sería mejor nunca haber aprendido una regla de oratoria humana, si lo comparas con ser lleno del poder del amor celestial; es muchísimo mejor que tengas la unción apostólica que dominar a Quintiliano, Cicerón y Aristóteles. La oración no te hará elocuente según el estándar humano, pero te hará verdaderamente así, porque hablarás con el corazón, ¿y no es ese el significado de la palabra «elocuencia»? Hará descender fuego del cielo sobre tu sacrificio, y así probará que es aceptado por el Señor.

Del mismo modo que raudales frescos de pensamiento con frecuencia brotarán durante la preparación en respuesta a la oración, así sucederá al presentar el mensaje. La mayoría de los predicadores que dependen del Espíritu de Dios les dirán que sus pensamientos más frescos y mejores no son aquellos que fueron premeditados, sino las ideas que llegan volando hasta ellos como sobre alas de ángeles, tesoros inesperados traídos repentinamente por manos celestiales, semillas de las flores del paraíso, arrastradas por el aire desde las montañas de mirra. A menudo, cuando me he sentido trabado, tanto en pensamiento como al expresarme, el gemido secreto de mi corazón me ha traído alivio, y he gozado de una libertad mayor de lo habitual. Pero ¿cómo nos atreveremos a orar en la batalla si nunca hemos clamado al Señor mientras nos abrochamos el arnés? El recuerdo de sus batallas de oración en casa consuela al predicador encadenado cuando está en el púlpito. Dios no nos abandonará a menos que nosotros lo hayamos abandonado a Él. Hermanos, ustedes encontrarán que la oración les asegurará fuerzas conforme a la necesidad del día. Así como lenguas de fuego vinieron sobre los apóstoles cuando ellos estaban velando y orando, del mismo modo estas vendrán sobre ustedes. Cuando tal vez hayan fracasado, descubrirán que son levantados de repente, como por el poder de un serafín. Ruedas de fuego serán atadas a esos carruajes que habían comenzado a moverse con dificultad, y corceles angélicos en un momento serán enganchados a sus carrozas ardientes hasta que suban a los cielos como Elías, en un éxtasis de flameante inspiración. Después del sermón, ¿cómo un predicador concienzudo daría rienda suelta a sus sentimientos y encontraría consuelo para su alma si se le negara el acceso al trono de la misericordia? Cuando nos encontramos elevados al más alto grado de emoción, ¿cómo podemos aliviar nuestras almas sino en persistentes rogativas? O cuando estamos desanimados por temor al fracaso, ¿cómo seremos consolados si no elevamos nuestro clamor ante nuestro Dios? ¿Cuántas veces nos viramos de un lado a otro a medianoche en nuestras camas debido a las faltas conscientes en nuestro testimonio? ¡Cuántas veces hemos deseado volver al púlpito para decir nuevamente con más vehemencia lo que hemos pronunciado de una manera tan fría! ¿Cómo podríamos hallar descanso para nuestros espíritus sino mediante la confesión de pecado y el ruego apasionado de que nuestra debilidad o necedad no logre obstaculizar en modo alguno al Espíritu de Dios? No es posible derramar en una asamblea pública todo el amor que sentimos en el corazón por nuestro rebaño. Al igual que José, el afectuoso ministro buscará dónde llorar. Por libremente que él se exprese, sus emociones quedarán encerradas en el púlpito, y solo en la oración privada podrá liberar las corrientes y dejarlas correr. Si no podemos prevalecer con los hombres para Dios, al menos procuraremos prevalecer con Dios para los hombres. No podemos salvarlos, ni siquiera persuadirlos de que sean salvos; pero al menos podemos lamentar su necedad y suplicar la intervención del Señor. Como Jeremías, podemos hacer nuestra la determinación: «Mas si no oyereis esto, en secreto llorará mi alma a causa de vuestra soberbia; y llorando amargamente se desharán mis ojos en lágrimas...» (Jer. 13:17). Ante tales súplicas conmovedoras, el corazón del Señor nunca puede ser indiferente; a su debido tiempo, el intercesor lloroso se convertirá en feliz ganador de almas. Existe una clara conexión entre la agonía persistente y el éxito verdadero, así como entre el trabajo de parto y el nacimiento, la siembra en temor y la cosecha en gozo.

«¿Cómo es que tu semilla nace tan pronto?». Preguntó un jardinero a otro. «Porque la imbuyo en la tierra», fue la respuesta. Debemos imbuir todas nuestras enseñanzas en lágrimas, «cuando nadie más que Dios esté cerca», y su crecimiento nos sorprenderá y deleitará. ¿Podría alguien sorprenderse por el éxito de Brainerd, cuando su diario contiene notas como estas?:

> Día del Señor, 25 de abril. Esta mañana pasé alrededor de dos horas en deberes sagrados, y me fue permitido agonizar por las almas inmortales más que de costumbre. Aunque era temprano en la mañana, y el sol apenas brillaba, mi cuerpo estaba empapado en sudor.

LA ORACIÓN PRIVADA DEL PREDICADOR

El secreto del poder de Lutero consistía en lo mismo. Teodoro afirmó de él: «Lo escuché en oración, pero, ¡Dios mío, con qué vida y espíritu oraba! Lo hacía con tanta reverencia como si estuviera hablando con Dios, pero con tanta confianza como si estuviera hablando con su amigo».

Hermanos, permítanme suplicarles que sean hombres de oración. Puede que nunca posean grandes talentos, pero se las arreglarán bien sin ellos si abundan en intercesión. Si ustedes no oran por lo que han sembrado, la soberanía de Dios posiblemente determine dar una bendición, pero no tienen derecho a esperarla, y si llega, esta no traerá consuelo a sus corazones. Ayer leía un libro del difunto padre Faber, del oratorio de Brompton, una mezcla maravillosa de verdad y error, donde relata una leyenda en este sentido:

> Un predicador, por cuyos sermones muchísimos hombres se convertían, recibió una revelación del cielo de que ninguna de aquellas conversiones se debía a su talento o elocuencia, sino a las oraciones de un laico analfabeto que se sentaba en los escalones del púlpito, y oraba todo el tiempo por el éxito del sermón. Puede que esto nos suceda en el día en que todo sea revelado. Es posible que descubramos, después de haber trabajado larga y agotadoramente en la predicación, que todo el honor pertenece a otro constructor, cuyas oraciones fueron oro, plata y piedras preciosas, mientras que nuestro sermón, aparte de la oración, no fue más que heno y rastrojo. Cuando terminemos de predicar, si somos verdaderos ministros de Dios, no debemos parar de orar,

porque toda la iglesia, con muchas lenguas, clamará en oración en el lenguaje de los macedonios: «Ven y ayúdanos». Si a ustedes les es permitido prevalecer en oración, tendrán muchas peticiones que hacer por otras personas que vendrán en masa y les pedirán estar en sus intercesiones. De esta forma se encontrarán comisionados con peticiones de amigos y oyentes a presentar frente al trono de la misericordia. Algo así me sucede siempre a mí, y siento que es un placer recibir tales peticiones para presentarlas ante mi Señor.

Nunca deben faltarles temas de oración, incluso si nadie se los sugiere. Miren a su congregación. Siempre hay gente enferma entre ellos, y muchos más que están enfermos del alma. Algunos no son salvos, otros están buscando y no pueden encontrar. Muchos están desanimados, y unos cuantos creyentes se están apartando o sufren. Las lágrimas de las viudas y los suspiros de los huérfanos han de ser introducidos en nuestros frascos y derramados delante del Señor. Si eres un verdadero ministro de Dios, te pondrás de pie como sacerdote ante el Señor, portando espiritualmente el efod y el pectoral en el que llevas los nombres de los hijos de Israel, suplicando por ellos dentro del velo. He conocido a hermanos que han mantenido una lista de personas por las que se sentían inclinados a orar, y estoy seguro de que esas notas a menudo les recordaba lo que de otro modo hubiera podido escapar de sus mentes.

Tampoco deben absorberse por completo en la congregación; la nación y el mundo reclamarán su parte. El

LA ORACIÓN PRIVADA DEL PREDICADOR

hombre poderoso en la oración puede ser una muralla de fuego alrededor de su país, así como su ángel de la guarda y su escudo. Todos hemos oído decir que los enemigos de la causa protestante temían las oraciones de Knox más que a ejércitos de 10 000 hombres. El famoso Welch fue también un gran intercesor por su país; solía decir que se preguntaba cómo un cristiano podía acostarse en su cama toda la noche y no levantarse para orar. Cuando su mujer, por temor a que se resfriara, lo siguió hasta el cuarto al que se había retirado, lo oyó suplicar en frases entrecortadas: «Señor, ¿no me concederás Escocia?». Oh, que podamos luchar de esta forma a medianoche, y clamar: «Señor, ¿no nos concederás las almas de nuestros oyentes?».

El ministro que no ora sinceramente por su labor, de seguro será un hombre vano y presumido que actúa como si fuera autosuficiente y, por lo tanto, no necesita acudir a Dios. Sin embargo, ¡qué orgullo infundado concebir que nuestra predicación puede ser tan poderosa en sí misma que pueda sacar a los hombres de sus pecados y llevarlos a Dios sin la obra del Espíritu Santo! Si somos verdaderamente humildes, no nos aventuraremos a pelear hasta que el Señor de los ejércitos nos haya revestido de todo poder y nos haya dicho: «Ve con esta tu fuerza». El predicador que descuida mucho la oración debe ser muy descuidado con su ministerio. No puede haber comprendido su llamado. No puede haber calculado el valor de un alma, ni el significado de la eternidad. Debe ser un simple funcionario, tentado a estar en el púlpito porque le hace mucha falta el pan que le pertenece al sacerdote, o un hipócrita abominable que ama la alabanza de los hombres y no le importa la alabanza de Dios. Seguramente se convertirá en un simple orador superficial, que recibe mejor aprobación donde la gracia se valora menos y donde más se admiran los espectáculos vanos. No puede ser uno de los que aran profundamente y recogen cosechas abundantes. Es un mero vagabundo, no un obrero. Como predicador tiene nombre de que vive y está muerto. Él cojea en su vida como el hombre cojo de los Proverbios, cuyas piernas no eran iguales, porque su oración es más corta que su predicación.

Me temo que en este tema la mayoría de nosotros necesita una autoevaluación. Si algún hombre aquí como estudiante se atreve a decir que ora tanto como debería, yo seriamente cuestionaría su declaración; y si hay un ministro, un diácono o un anciano presente que pueda decir que cree estar ocupado con Dios en oración como debería estarlo, conocerlo sería un placer para mí. Solo puedo decir que si él es capaz de atribuirse esta excelencia, me deja muy atrás, pues yo no puedo hacer tal afirmación. Ojalá pudiera, y hago esta confesión con no poca vergüenza y confusión, pero estoy obligado a hacerlo. Si no somos más negligentes que otros, esto no constituye un consuelo, pues las deficiencias de los demás no son excusas para nosotros. ¿Cuántos de nosotros podríamos compararnos con el Sr. Joseph Alleine, a quien ya he mencionado antes? Su esposa escribe:

> Cuando estaba saludable, se levantaba constantemente a las cuatro de la mañana o antes, y se sentía muy preocupado si

escuchaba a los herreros o a otros artesanos trabajar en sus oficios antes de que él comenzara en comunión con Dios, y a menudo me decía: «¡Cómo me avergüenza este ruido! ¿No merece mi Maestro más que el de ellos?». Desde las cuatro hasta las ocho permanecía en oración, en contemplación santa y cantaba salmos, en lo cual se deleitaba mucho y hacía esa práctica diaria tanto solo como en familia. A veces suspendía la rutina de los compromisos parroquiales y dedicaba días enteros a estos ejercicios secretos. Con el fin de hacerlo, procuraba estar solo en alguna casa vacía, o bien en algún lugar retirado en el valle abierto, donde abundaba la oración y la meditación en Dios y en el cielo.

¿Podríamos leer la descripción que Jonathan Edwards hace de David Brainerd sin sonrojarnos? Edwards afirma de él:

> Su vida muestra el camino correcto hacia el éxito en las obras del ministerio. Lo procuraba como un soldado resuelto procura la victoria en un asedio o batalla, o como un atleta que corre por un gran premio. Inspirado por el amor a Cristo y a las almas, ¡cómo trabajaba siempre fervientemente, no solo en palabra y doctrina, en público y en privado, sino en oraciones día y noche, luchando con Dios en secreto y sufriendo dolores de parto con gemidos y agonías indecibles hasta que Cristo era formado en los corazones de la gente a la que fue enviado! ¡Cuánto anhelaba una bendición en su ministerio, y cuidaba las almas como uno que debía dar cuentas! ¡Cómo salía en la fuerza del Señor Dios, buscando y dependiendo de la influencia especial del Espíritu para que

lo ayudara y le diera el éxito! ¿Y cuál fue al final el resultado feliz, después de largas esperas y muchas situaciones oscuras y desalentadoras? Como un verdadero hijo de Jacob, él perseveró en la lucha durante toda la oscuridad de la noche, hasta que el día llegó.

También el diario de Henry Martyn podría avergonzarnos; en él encontramos apuntes como estos:

> 24 de septiembre: Me fue permitido llevar a cabo la determinación con la que me fui a la cama anoche de dedicar este día a la oración y al ayuno. En mi primera oración por librarme de los pensamientos mundanos, dependiendo del poder y las promesas de Dios para concentrar mi alma mientras oraba, Él me ayudó y pude disfrutar el abstenerme del mundo durante casi una hora. Luego leí la historia de Abraham, para ver cómo Dios se había revelado de manera familiar a los hombres mortales de antaño. Después, en oración por mi propia santificación, mi alma respiró libre y ardientemente la santidad de Dios, y esta fue la mejor parte del día.

Podríamos quizás sentirnos más identificados con él por su lamento después del primer año de ministerio, el cual «juzgó que había dedicado demasiado tiempo a los ministerios públicos, y demasiado poco a la comunión privada con Dios». Apenas podemos imaginar cuántas bendiciones hemos perdido por falta de oración, y ninguno de nosotros puede saber cuán pobres somos en comparación con lo que podríamos haber sido si hubiéramos vivido habitualmente más cerca de Dios en oración. Los arrepentimientos y las conjeturas vanas son inútiles, pero una determinación seria de modificar será de mucha más utilidad. No solo debemos orar más, sino que tenemos la obligación de hacerlo. La realidad es que el secreto de todo éxito ministerial radica en la perseverancia frente al trono de la misericordia.

Una bendición brillante que la oración privada trae al ministerio es algo indescriptible e inimitable, que es más fácil entender que nombrar: es un rocío del Señor, una presencia divina que tú reconocerás inmediatamente cuando digo que es «la unción del Santo». ¿Qué es? Me pregunto cuánto tiempo podríamos devanarnos los sesos antes de poder expresar claramente en palabras lo que significa predicar con la unción; pero el que predica conoce su presencia, y el que oye pronto detecta su ausencia. Samaria, en hambruna, tipifica un discurso sin unción; Jerusalén, en sus fiestas con animales engordados puede representar un sermón enriquecido con ella. Todo el mundo sabe cuál es la frescura de la mañana cuando las perlas orientales abundan en cada hoja de hierba, pero ¿quién puede describirla y mucho menos producirla por sí mismo? Tal es el misterio de la unción espiritual; lo conocemos, pero no podemos explicar a los demás lo que es. Falsificarlo es algo tan fácil como insensato, como lo hacen algunos que usan expresiones que pretenden anunciar un amor ferviente, pero lo que indican más a menudo es un sentimentalismo enfermizo. Frases como «¡Querido Señor!» «¡Dulce Jesús!» «¡Precioso Cristo!», brotaban de ellos al por mayor, hasta que sentimos náuseas. Estas expresiones de familiaridad pueden haber sido no solo tolerables, sino incluso hermosas cuando brotaron por primera vez de un santo de Dios, hablando como si hubiese salido de la excelente gloria, pero cuando se repiten a la ligera, no solo son intolerables, sino también indecentes; por no decir profanas. Algunos han intentado imitar la unción con tonos y gemidos antinaturales, poniendo en blanco los ojos y levantando sus manos de una manera ridícula. El tono y el ritmo de M'Cheyne se escucha constantemente de los escoceses; preferimos por mucho su espíritu a su gesticulación, y toda mera gesticulación desprovista de poder es una carne fétida sin vida alguna, desagradable, engañosa.

Ciertos hermanos intentan lograr la inspiración a través del esfuerzo excesivo y fuertes gritos, pero esta no llega. Hemos sabido de algunos que detienen el discurso y exclaman: «Dios los bendiga», y otros gesticulan salvajemente, y se clavan las uñas en las palmas de sus manos como si estuvieran en convulsiones de fervor celestial. ¡Bah! Todo huele a puro teatro. Querer producir fervor en los oyentes mediante su simulación por parte del predicador es un engaño repugnante que los hombres honestos deben despreciar. Richard Cecil, apunta: «Afectar los sentimientos de otros es repugnante y fácil de detectar; pero sentir uno mismo es el camino más fácil para llegar a los corazones de los demás».

La unción es algo que no se puede fabricar, y sus falsificaciones son más que despreciables; sin embargo, ella como tal es inestimable, y constituye una necesidad imprescindible para edificar a los creyentes y llevar a los pecadores a Jesús.

LA ORACIÓN PRIVADA DEL PREDICADOR

Este secreto es confiado al que en secreto busca a Dios; sobre él reposa el rocío del Señor, a su alrededor se encuentra la fragancia que alegra el corazón. Si la unción que llevamos no proviene del Señor de los ejércitos, somos engañadores, y puesto que solo en oración podemos obtenerla, continuemos en súplica de forma inmediata, constante, fervorosa. Que tu vellón repose sobre la era de la oración hasta que se humedezca con el rocío del cielo. No vayas a ministrar en el templo hasta que no te hayas lavado en la fuente. No piensen en ser mensajeros de gracia para los demás hasta que ustedes mismos no hayan visto al Dios de la gracia, y hayan recibido la palabra de Su boca.

El tiempo que se pasa con el alma postrada en silencio ante el Señor dota al hombre del máximo vigor. La Palabra afirma: «Entonces el rey David entró y se sentó delante del Señor...» (2 Sam. 7:18, LBLA). Es algo grandioso ocupar estos asientos sagrados; aquí la mente es receptiva, como una flor abierta que recibe los rayos de sol, o la placa fotográfica sensible que acepta la imagen ante ella. El silencio, el cual algunos hombres no pueden soportar porque revela su pobreza interior, es como un palacio de cedro para los sabios, pues a lo largo de sus santificados atrios el Rey en su belleza se digna a caminar. «¡Silencio sagrado! ¡Tú, compuerta del corazón más profundo, linaje de tipo celestial; escarcha de la boca, y deshielo de la mente!». Por preciado que sea el don de la expresión, la práctica del silencio en algunos aspectos le sobrepasa.

¿Me consideran un cuáquero? Bueno, que así sea. Aquí estoy muy de acuerdo con George Fox, porque estoy persuadido de que la mayoría de nosotros pensamos demasiado en la predica, que después de todo no es sino el caparazón del pensamiento. Contemplación tranquila, adoración en silencio, éxtasis sin palabras —todo esto es mío cuando mis mejores joyas están delante de mí—. Hermanos, no priven a su corazón de las alegrías del mar profundo; no se pierdan las profundidades de la vida, al quedarse balbuceando entre las conchas rotas y el oleaje espumoso de la orilla.

Yo les recomiendo solemnemente que una vez que se encuentren establecidos en el ministerio, tengan temporadas extraordinarias de devoción. Si sus oraciones ordinarias ya no mantienen la frescura y el vigor de sus almas, y sienten que están menguando, apártense durante una semana, o incluso un mes si es posible. Tenemos vacaciones ocasionales; ¿por qué no tener días santos frecuentes? Oímos que nuestros hermanos más acaudalados encuentran tiempo para viajar a Jerusalén; ¿no podríamos ahorrar tiempo para un viaje menos difícil y mucho más provechoso a la ciudad celestial?

Isaac Ambrose, quien fuera pastor en Preston, y que escribió ese libro famoso *Looking Unto Jesus* [Mirar a Jesús], siempre apartaba un mes del año para aislarse en una choza en los bosques en Garstang. No es de extrañar que fuera un teólogo con tal poder cuando era capaz de pasar regularmente tanto tiempo en el monte con Dios.

He notado que los romanistas (los católicos) están acostumbrados a garantizar lo que ellos llaman «retiros», donde un número de sacerdotes se retiran por un tiempo en perfecto silencio, con el fin de pasar todo el tiempo en ayuno y oración, para llenar sus almas de pasión. Podemos aprender de nuestros adversarios. Sería muy bueno que de vez en cuando un grupo de hermanos verdaderamente espirituales pasaran juntos un día o dos en verdadera y ardiente agonía de oración. Los pastores solos podrían gozar de mucha más libertad que en un grupo mixto. Los momentos de humillación y súplica por toda la iglesia también nos beneficiarán si participamos en ellos con entusiasmo. ¡Nuestros tiempos de ayuno y oración en el Tabernáculo han sido verdaderos días festivos! Nunca ha estado más abierta la puerta del cielo; nuestros corazones nunca han estado más cerca de la gloria principal. Espero con mucho entusiasmo nuestro mes de devoción especial, así como los marineros anhelan pisar tierra. Incluso si nuestro ministerio público fuera puesto a un lado a fin de concedernos espacio para un tiempo especial de oración, esto representaría un beneficio para nuestras iglesias. Un viaje a los ríos de oro de la comunión y la meditación sería bien recompensado mediante un cargamento de sentimientos santificados y pensamientos sublimes. Si en nuestra soledad pasamos tiempo con Dios, nuestro silencio podría ser mejor que nuestras voces. Algo grandioso hizo el viejo Jerónimo cuando dejó a un lado todos sus compromisos apremiantes con el fin de llevar a cabo un propósito para el cual se sentía llamado desde el cielo. Tenía una congregación grande, tan grande como cualquiera de nosotros debería desear. No obstante, él dijo a su gente: «Ahora es necesario traducir el Nuevo Testamento, deben buscar otro pastor. La traducción debe hacerse; me iré al desierto, y no volveré hasta que mi tarea haya terminado».

Y se marchó con sus manuscritos; oró y trabajó, y produjo una obra: la Vulgata latina, que durará mientras el mundo permanezca; en conjunto constituye una maravillosa traducción de la Sagrada Escritura. Del mismo modo que el retiro para la erudición y la oración produjo una obra inmortal como esta, si en ocasiones le dijéramos a nuestra gente, cuando nos sintamos motivados a hacerlo: «Queridos amigos, realmente debemos irnos un poco de tiempo para refrescar nuestras almas en la soledad», nuestro beneficio pronto se pondría de manifiesto; y si no escribiéramos Vulgatas latinas, aún así debemos realizar un trabajo inmortal que resistirá el fuego.

Lección 4

La oración pública del predicador

En ocasiones, los episcopales han hecho alarde de que los fieles van a sus iglesias a orar y a adorar a Dios, mientras que los disidentes se reúnen simplemente para escuchar sermones. A esto respondemos que, aunque puede haber algunos profesores que padecen de este mal, no ocurre así con el pueblo de Dios que está entre nosotros, y estas son las únicas personas que siempre tendrán una verdadera devoción en cualquier iglesia. Nuestras congregaciones se reúnen para adorar a Dios, y afirmamos, sin tener la menor duda, que en nuestros cultos inconformistas ordinarios se ofrece tanta oración verdadera y aceptable como en los mejores y más pomposos cultos de la Iglesia de Inglaterra.

Por otra parte, si esta observación pretende sugerir que escuchar sermones no es adorar a Dios, se basa en un grave error, pues escuchar el evangelio es ciertamente una de las partes más nobles de la adoración al Altísimo. Cuando se realiza correctamente, es un ejercicio mental en el que todas las facultades del hombre espiritual forman parte del acto devocional. Escuchar la Palabra con reverencia ejercita nuestra humildad, fortalece nuestra fe, nos llena de gozo, nos hace arder de amor, inspira nuestro fervor y nos eleva al cielo. Los sermones han sido a menudo una especie de escalera de Jacob en la que hemos visto a los ángeles de Dios ascendiendo y descendiendo, y al mismo Dios del pacto en la parte superior de la misma. A menudo hemos sentido cuando Dios ha hablado a nuestras almas por medio de Sus siervos: «Esto no es otra cosa que la casa de Dios y la misma puerta del cielo». Hemos exaltado el nombre del Señor y lo hemos alabado con todo nuestro corazón mientras Él nos ha hablado por Su Espíritu, el cual ha dado a los hombres.

Por lo tanto, no existe esa gran diferencia —que algunos quisieran que admitiéramos— entre la predicación y la oración; pues una parte del culto se entrelaza suavemente con la otra, y con frecuencia el sermón inspira la oración y los himnos. La verdadera predicación es una adoración aceptable de Dios mediante la manifestación de Sus atributos divinos: el testimonio de Su evangelio, que lo glorifica preeminentemente, y escuchar con obediencia la verdad revelada son una forma aceptable de adoración al Altísimo, y tal vez, una de las más espirituales que la mente humana puede realizar.

LA ORACIÓN PÚBLICA DEL PREDICADOR

Sin embargo, como nos dice el antiguo poeta romano, es conveniente aprender de nuestros enemigos y, por lo tanto, es posible que nuestros oponentes en la liturgia nos hayan señalado lo que en algunos casos es un punto débil de nuestros cultos públicos. Es posible que no en todos los casos nuestros ejercicios estén moldeados según la mejor forma, o presentados de la manera más encomiable. Hay templos donde las plegarias no son ni tan devotas ni tan fervorosas como quisiéramos; en otros lugares, el fervor está tan ligado a la ignorancia y la devoción tan estropeada por un discurso rimbombante que ningún creyente inteligente puede asistir al culto con placer. Orar en el Espíritu Santo no es algo generalizado entre nosotros; ni todos oran con el entendimiento y con el corazón. Hay margen para la mejora, y en algunos lugares hay necesidad de ello.

Amados hermanos, permítanme entonces que les advierta de todo corazón que no malogren sus cultos con sus oraciones. Tomen la firme determinación de que todo lo que se relacione con el santuario sea de la mejor calidad. Tengan la certeza de que la oración libre es la más bíblica, y debe ser la forma más excelente de plegaria pública. Si pierden la fe en lo que están haciendo, nunca lo harán bien; por lo tanto, fijen en su mente que ante el Señor están adorando de una forma que está garantizada por la Palabra de Dios y aceptada por Él. La expresión «oraciones leídas», a la que ahora estamos tan acostumbrados, no aparece en la Sagrada Escritura, tan rica como es en palabras para transmitir el pensamiento religioso; y la frase no está allí porque es algo que no existía.

¿En qué parte de los escritos de los apóstoles encontramos la simple idea de una liturgia? En las asambleas de los primeros cristianos la oración no estaba restringida a palabras formales. Tertuliano escribe: «Oramos sin monitores porque oramos desde el corazón». Justino Mártir dice del ministro que presidía los cultos que este oraba «según su capacidad». Sería difícil determinar cuándo y dónde comenzaron las liturgias; su introducción fue gradual y, como creemos, coincidió con el declive de la pureza en la iglesia. La introducción de ellas entre los inconformistas marcaría la era de nuestro descenso y caída. Me siento tentado a detenerme en este punto, pero no es el tema que estamos tratando, y por lo tanto lo paso, solo quiero señalarles que el doctor John Owen trata el asunto de las liturgias con mucha habilidad, a quien harían bien en consultar.

Nuestro objetivo es demostrar la superioridad de la oración espontánea e improvisada al hacerla más espiritual y fervorosa que la devoción litúrgica. Es una gran pena que quien escucha se vea obligado a hacer la observación de que nuestro ministro predica mucho mejor de lo que ora. Esto no sigue el modelo de nuestro Señor, que habló como ningún hombre lo había hecho; y en cuanto a Sus oraciones, estas impresionaron tanto a Sus discípulos que dijeron: «Señor, enséñanos a orar» (Luc. 11:1). Todas nuestras facultades deben concentrar su energía, y todo nuestro ser debe alcanzar el máximo de vigor en la oración pública, mientras el Espíritu Santo bautiza el alma y el espíritu con Su sagrada influencia. Pero un discurso descuidado, incoherente y sin vida, en forma de oración, realizado para llenar un cierto espacio en el culto, es aburrido para el hombre

LA ORACIÓN PÚBLICA DEL PREDICADOR

y abominable para Dios. Si la oración libre hubiera sido siempre de carácter superior, nunca se habría pensado en una liturgia, y hoy, la oración formal no tiene mejor disculpa que la debilidad de las devociones espontáneas e improvisadas. El secreto es que no somos tan devotos de corazón como deberíamos serlo. Es necesario tener una comunión habitual con Dios, de lo contrario nuestras oraciones públicas serán insustanciales o formales. Si no se derrite el glaciar en lo alto de los barrancos de la montaña, no habrá riachuelos que desciendan para alegrar la llanura.

La oración privada es la base de nuestros ejercicios más públicos; tampoco podemos ser negligentes con ella, pues corremos el riesgo de fracasar cuando oremos ante el pueblo. Nuestras oraciones nunca deben ser serviles; deben remontar vuelo y ascender. Necesitamos un estado de ánimo celestial. Nuestras oraciones al trono de la gracia deben ser solemnes y humildes, no frívolas y ruidosas, o formales y descuidadas. La forma coloquial de expresión está fuera de lugar delante del Señor; debemos inclinarnos con reverencia y con profundo temor. Podemos hablar francamente con Dios, pero aun así, Él está en el cielo y nosotros en la tierra, y por lo tanto debemos evitar la presunción. Al orar estamos propiamente ante el trono del Infinito, y al igual que el cortesano en el palacio del rey, que utiliza una manera diferente de la que tiene con sus compañeros, así debemos actuar nosotros.

Hemos notado que en las iglesias de Holanda, tan pronto como el ministro comienza a predicar todos se ponen el sombrero, pero en el instante en que comienza a orar todos se lo quitan; esta era la costumbre en las antiguas congregaciones puritanas de Inglaterra, y por mucho tiempo permaneció así entre los bautistas. Usaban sus sombreros durante aquellas partes del culto que ellos consideraban que no eran adoración directa, pero descubrían sus cabezas en cuanto había un acercamiento directo a Dios, ya fuera en el canto o en la oración. Creo que esta práctica es impropia, y la razón que la justifica es errónea. He insistido en que la diferencia entre la oración y escuchar el sermón no es grande, y estoy seguro de que nadie intentaría volver a esa antigua costumbre o a la opinión que la originó. Pero aún hay una diferencia, y ya que en la oración estamos hablando directamente con Dios, más que buscando la edificación de nuestros semejantes, debemos quitarnos el calzado pues el lugar que pisamos es santo. Que solo el Señor sea el objeto de sus oraciones. Cuídense de tener como fin al auditorio; cuídense de ser retóricos para complacer a los oyentes.

La oración no debe transformarse en un sermón indirecto. Es casi una blasfemia hacer de la devoción un momento para la ostentación. Las oraciones pulidas son generalmente malas oraciones. En presencia del Señor de los ejércitos, es un pecado sacar a relucir el oropel y las galas de un discurso ostentoso con la intención de ganar aplausos de los demás mortales. Los hipócritas que se atreven a hacer esto tienen su recompensa, pero esta da pavor. Una severa sentencia de condenación cayó sobre un ministro cuando expresó lisonjeramente que su oración era la más elocuente de cuantas se habían ofrecido a una congregación de Boston. Podemos aspirar a incitar los anhelos y las aspiraciones de aquellos que nos escuchan en la oración; pero cada palabra y pensamiento debe estar enfocado en Dios, y solo de ese modo estimularlos según sea necesario para llevarlos, junto a sus necesidades, ante el Señor.

Recuerden a la gente en sus oraciones, pero no moldeen sus súplicas para ganar su estima. Eleven su mirada; miren al cielo con ambos ojos. Eviten toda vulgaridad en la oración. Debo reconocer que he oído algunas de estas, pero sería poco provechoso mencionarlas; sobre todo cuando cada día se hace más raro escucharlas. Ahora rara vez encontramos en la oración las vulgaridades que antes eran tan comunes en los cultos de oración de los metodistas; probablemente mucho más comunes según lo que se decía que en la realidad. Cuando lo hacen de corazón, las personas de poca cultura deben orar a su manera, y puede que a menudo su lenguaje le resulte chocante al perfeccionista e incluso a los devotos; pero en este caso se debe ser comprensivo, y si el espíritu es evidentemente sincero, podemos perdonar las expresiones faltas de gracia. En cierta ocasión, en un culto de oración, escuché a un hombre humilde orar así: «Señor, vela por estos jóvenes durante la festividad, pues como sabes, Señor, sus enemigos los acechan como el gato acecha al ratón». Algunos ridiculizaron la expresión, pero a mí me pareció natural y expresiva, teniendo en cuenta la persona que la utilizó. Una enseñanza sencilla y amable, y una o dos indicaciones prevendrán generalmente la repetición de cualquier cosa objetable en tales casos, pero nosotros, que ocupamos el púlpito, debemos tener el cuidado de ser absolutamente claros.

El biógrafo de Jacob Gruber, ese notable predicador metodista estadounidense, menciona como ejemplo de su ingenio que después de haber oído a un joven ministro calvinista atacar su credo violentamente, se le pidió que concluyera con una oración, y entre varias peticiones oró para que el Señor bendijera al joven que había estado predicando y le concediera mucha gracia «para que su corazón se tornara tan suave como su cabeza». No hablaré del mal gusto de este escarnio público sobre otro ministro, pero cualquier hombre sensato comprenderá que el trono del Altísimo no es lugar para pronunciar tales ocurrencias vulgares. Muy probablemente el joven orador merecía un castigo por su falta de amor al prójimo, pero el de mayor edad pecó diez veces más por su falta de reverencia. Para el Rey de reyes son las palabras escogidas, y no las contaminadas por lenguas vulgares.

Otra falta que también debe evitarse en la oración es una superabundancia profana y repugnante de palabras atrayentes. Expresiones tales como «amado Señor», «bendito Señor» y «adorable Señor», cuando se repiten una y otra vez de forma vana, están entre las peores manchas. Debo confesar que no sentiría repugnancia al escuchar la expresión «querido Jesús» si proviene de los labios de un Rutherford, de un Hawker o un Herbert; pero cuando oigo expresiones afectuosas y familiares que se convierten en un cliché en boca de personas que no se distinguen por su espiritualidad, deseo que de alguna manera puedan comprender mejor la verdadera relación existente entre el hombre y Dios. De tanto usarla, la palabra «amado» se ha vuelto tan común y tan pequeña, y en algunos casos se siente tan ridícula y artificial, que llenar nuestras oraciones con ella no es edificante.

La principal objeción que tenemos es la repetición constante de la palabra «Señor», que ocurre en las primeras oraciones que pronuncian los jóvenes convertidos y aun en las de los estudiantes. Las expresiones «¡Oh Señor! ¡Oh Señor! ¡Oh Señor!» nos entristecen cuando las oímos constantemente repetidas. «No tomarás el nombre de Jehová tu Dios en vano» (Ex. 20:7) es un gran mandamiento, y aunque la ley puede ser quebrantada involuntariamente, su violación sigue siendo un pecado, y muy grave por cierto. El nombre de Dios no debe ser un relleno para compensar nuestra falta de palabras. Tengan cuidado de usar con la mayor reverencia el nombre del infinito Jehová. Los judíos, en sus escritos sagrados, o dejan un espacio para la palabra «Jehová», o bien escriben la palabra «Adonai», porque consideran que ese santo nombre es demasiado sagrado para el uso común. No es necesario ser tan supersticiosos, pero sería apropiado que fuéramos escrupulosamente reverentes.

También puede prescindirse del uso excesivo de la interjección «¡oh!», y de otras similares; los jóvenes oradores a menudo cometen esta falta. Eviten ese tipo de oraciones que pudieran catalogarse (aunque el lenguaje no nos ha dado muchos términos para nombrarlas) como una especie de exigencia perentoria a Dios. Es agradable escuchar a un hombre que lucha con Dios y expresa: «No te dejaré ir a menos que me bendigas», pero eso debe decirse con mansedumbre, y no con un espíritu intimidante, como si pudiéramos ordenar y exigir bendiciones del Señor de todo. Recuerden, sigue siendo un hombre el que lucha, aunque le esté permitido luchar con el eterno YO SOY. Después del sagrado conflicto de aquella noche, Jacob quedó lastimado en su muslo, para hacerle ver que Dios es aterrador y que la victoria que alcanzó no era el resultado de una fuerza que tuviera en sí mismo. Se nos enseña a expresar: «Padre nuestro», pero aun así es: «Padre nuestro que estás en los cielos» (Mat. 6:9). Puede haber familiaridad, pero una familiaridad santa; puede haber audacia, pero la audacia que brota de la gracia y es la obra del Espíritu, no la audacia del rebelde que levanta su rostro insolente ante su rey ofendido, sino la audacia del niño que teme porque ama y ama porque teme. Nunca adopten un estilo presuntuoso ni se dirijan impertinentemente a Dios; no se le debe asediar como a un antagonista, sino suplicarle como nuestro Señor y Dios. Seamos mansos y humildes de espíritu, y así oremos.

Oren cuando digan que van a orar, y no hablen de ello. Los hombres de negocios afirman: «Un lugar para cada cosa y cada cosa en su lugar». Prediquen en el sermón y oren en la oración. En la oración, los discursos sobre nuestra necesidad de ayuda no son oraciones. ¿Por qué no se va inmediatamente a la oración? ¿Por qué andar con rodeos y hablar de lo que deben y quieren hacer, en lugar de simplemente ponerse a trabajar en el nombre de Dios y hacerlo? Diríjanse a la intercesión con fervor sincero, y pongan su rostro hacia el Señor. Pidan por la satisfacción de las necesidades grandes y constantes de la iglesia y no dejen de insistir, con fervor devoto, en las exigencias especiales del tiempo presente y del auditorio. Hagan mención de los enfermos, los pobres, los moribundos, los paganos, los judíos y de todo tipo de persona olvidada, pues son una preocupación en sus corazones.

Oren por su gente teniendo en cuenta que entre ellos hay santos y pecadores, no solo santos. Mencionen a los jóvenes y a los ancianos; al que está atento y al descuidado; al devoto y al que cae en la apostasía. Nunca se desvíen ni a diestra ni a siniestra, en cambio, sigan el camino de la oración verdadera. Que sus confesiones del pecado y sus acciones de gracias sean verdaderas y directas; y hagan sus peticiones manifestando su fe en Dios y su certeza respecto a la eficacia de la oración. Digo esto porque muchos oran de una manera tan formal que lleva a los observadores a concluir que la oración es algo muy decente, pero después de todo, tiene resultados prácticos muy limitados y dudosos. Oren como los que han tenido la ocasión de probar a Dios, y en consecuencia vienen con confianza a renovar sus súplicas; y recuerden no dejar de orar a Dios durante la oración, y nunca desviarse para hablar o predicar, y mucho menos, como hacen algunos, para reprender y quejarse.

Como norma, siempre que sean llamados a predicar, conduzcan la oración ustedes mismos, y si se les tiene en alta estima en el ministerio, como espero que sea, eviten con mucha cortesía, pero con igual firmeza, la práctica de elegir a personas para que ofrezcan la oración con la idea de honrarlas dándoles algo que hacer. Nuestras devociones públicas nunca se deben degradar y convertirse en oportunidades para hacer cumplidos. De vez en cuando he oído oraciones y cantos llamados «los cultos preliminares», como si fueran solo un prefacio del sermón; espero que esto sea raro entre nosotros, si fuera común sería una gran desgracia. Me esfuerzo invariablemente por dirigir todo el culto por mi propio bien, y pienso que también por el de la congregación. No creo que «cualquiera pueda dirigir la oración». No, señores, es mi profunda convicción de que la oración es una de las partes más importantes, útiles y honrosas del culto, y que se debe considerar aún más que el sermón. No debemos pedir a nadie que dirija la oración, y después elegir al hermano más capaz para predicar. Puede ocurrir que por un problema de salud, o en una ocasión específica, pueda ser un alivio para el ministro que tenga a alguien que ore por él; pero si el Señor les ha hecho amar su trabajo, no delegarán frecuente ni fácilmente esta parte en otra persona. Si en algún momento delegan esta función, que sea en una persona en cuya espiritualidad y preparación presente tengan la más absoluta confianza; pero seleccionar a un hermano que no tiene la capacidad necesaria para que dirija las devociones es vergonzoso. «¿Serviremos al cielo con menos respeto del que prodigamos a nuestros ordinarios seres?». Designen al hombre más capaz para orar, y dejen que primero se afecte el sermón antes que el acercamiento al cielo. Que se sirva al Infinito Jehová con lo mejor de nosotros; que la plegaria dirigida a la Divina Majestad se analice cuidadosamente y se realice con todo el poder de un corazón avivado y un entendimiento espiritual. El que ha sido preparado por la comunión con Dios para ministrar a la congregación es generalmente, de todos los presentes, el más apto para dirigir la oración; establecer un programa que ponga a otro hermano en su lugar, es poner en peligro la armonía del culto, privar al predicador de un ejercicio que lo prepara para su sermón y, en muchos casos, sugerir comparaciones entre las diferentes partes del servicio, algo que nunca se debe admitir. Si hermanos no preparados han de ser enviados al púlpito para sustituirme en la oración cuando tengo que predicar, no veo por qué no se me permita orar y luego retirarme para que estos hermanos hagan la predicación. No encuentro ninguna razón para privarme del ejercicio más santo, más dulce y más provechoso que mi Señor me ha asignado; si puedo elegir, ¡primero cedería el sermón que la oración! He dicho todo esto para persuadirlos a tener en gran estima la oración pública, y buscar del Señor los dones y las gracias necesarias para su correcta realización.

Los que desprecian todo tipo de oración espontánea, probablemente utilizarán mis observaciones en contra de ella, pero puedo asegurarles que las faltas mencionadas no son comunes entre nosotros, y que en realidad ya casi han desaparecido; mientras que el escándalo causado por ellas nunca fue, ni en el peor de los casos, tan grande como el causado por la forma en que a menudo se realiza el servicio litúrgico. Con demasiada frecuencia, el culto de la iglesia se apresura de una forma tan indevota que parece una tonadilla de un cantante de baladas. Las palabras se repiten sin la menor apreciación de su significado; no a veces, sino frecuentemente, en los lugares destinados a la adoración episcopal se pueden ver los ojos de la congregación, los ojos del coro y los del ministro vagando en todas direcciones, mientras que por el tono de la lectura es evidente que no hay emoción por lo que se lee. He estado en funerales en los que el oficio fúnebre de la Iglesia de Inglaterra se ha desarrollado tan indecorosamente que he necesitado toda la gracia que hay en mí para controlarme y no lanzar un cojín a la cabeza del que oficiaba. Me he sentido tan indignado al no saber qué hacer, al oír, en presencia de dolientes cuyos corazones sangraban, a un hombre que hablaba sin parar durante el servicio, como si le pagaran por cada uno, y al tener más trabajo deseara terminar lo antes posible para continuar. No puedo imaginarme qué efecto pensaría producir, o qué resultado positivo se podría obtener con palabras forzadas proferidas con venganza y vehemencia. Es muy triste pensar en cómo se mancilla ese maravilloso oficio fúnebre y se convierte en una abominación por el modo en que frecuentemente se lee. Solo menciono esto porque, si critican nuestras oraciones con tanta severidad, podemos dar una respuesta formidable para silenciarlos. Sin embargo, es mucho mejor para nosotros enmendar nuestras equivocaciones que buscar defectos en los demás.

Para que nuestra oración pública sea lo que debe ser, primero debe salir del corazón. Es necesario ser sincero en súplica. La oración debe ser verdadera, y si lo es, al igual que el amor, cubrirá multitud de pecados. Se pueden perdonar las familiaridades y las vulgaridades de un hombre cuando se ve claramente que es su corazón quien habla al Creador, y que los defectos de su oración son solo atribuibles a su falta de educación, y no a los vicios morales o espirituales de su corazón. El que ora en público debe ser fervoroso, pues ¿qué puede ser peor para la preparación de un sermón que una oración soñolienta? ¿Qué cosa puede desestimular más a las personas a asistir a la casa de Dios que una oración así? Pongan toda su alma en este empeño. Si alguna vez la totalidad de su ser se sumerge en algo, que sea en acercarse a Dios en público. Oren de tal manera que, por atracción divina, lleven a toda la congregación con ustedes al trono de Dios. Oren de forma que, por el poder del Espíritu Santo que yace en ustedes, expresen los deseos y los pensamientos de todos los presentes y sean la voz que representa a los cientos de corazones que laten con fervor ante el trono de Dios.

Además, nuestras oraciones deben ser apropiadas. No aborden detalles minuciosos de las circunstancias de la congregación. No hay necesidad de que la oración pública sea una gaceta de los acontecimientos de la semana o un registro de los nacimientos, las muertes y los matrimonios de los fieles, aunque el corazón sensible del ministro debe notar las cuestiones generales acontecidas en la congregación. Debe llevar las alegrías y las penas de su gente ante el trono de la gracia, y pedir que la bendición divina pueda descansar sobre su rebaño en todas sus acciones, prácticas, compromisos y empresas santas, y que el perdón de Dios pueda cubrir sus defectos e innumerables pecados.

Entonces, respecto a las cuestiones negativas, debo decirles que no dejen que su oración sea larga. Creo que era John Macdonald quien solía decir: «Si están en el espíritu de la oración, no se extiendan demasiado, pues puede haber muchos que hallen dificultad en seguirlos en tal espiritualidad; y si no están en él, no se extiendan tampoco, porque entonces pueden estar seguros de que fatigarán al auditorio». Livingstone dice de Robert Bruce, de Edimburgo, el famoso contemporáneo de Andrew Melville:

> Ningún hombre en su época habló con tanta evidencia y poder otorgados por el Espíritu. Ningún hombre tuvo tantas pruebas de conversión; es más, muchos de sus oyentes pensaban que ningún hombre, desde los apóstoles, había hablado con tal poder... Era muy breve en la oración cuando otros estaban presentes, pero cada frase era como un rayo lanzado hacia el cielo... en cambio, cuando estaba solo, pasaba mucho tiempo luchando y orando.

Un hombre puede, en ocasiones especiales, si se emociona en extremo y es llevado fuera de sí mismo, ocupar 20 minutos en la oración principal de la mañana; pero esto no debe suceder con frecuencia. Mi amigo, el doctor Charles Brown, de Edimburgo, como resultado de su juicio reflexivo opina que diez minutos es el límite al cual se debe extender la oración pública. Nuestros antepasados puritanos solían orar durante tres cuartos de hora o más, pero es necesario recordar que no sabían si tendrían la oportunidad de orar de nuevo ante una asamblea y, por lo tanto, oraban hasta saciarse; además, en aquellos días, las personas no eran tan proclives a estar en desacuerdo sobre la duración de las oraciones o de los sermones como en la actualidad. Pueden orar el tiempo que quieran en privado. No los limitamos ni a diez minutos allí ni a diez horas ni a diez semanas si quieren. Cuanto más estén de rodillas solos, mejor. Ahora hablamos de las oraciones públicas que vienen antes o después del sermón, y en este caso diez minutos es un límite mejor que quince.

LA ORACIÓN PÚBLICA DEL PREDICADOR

Solo una persona de cada mil se quejaría de que ustedes han sido demasiado breves, mientras que muchísimos murmurarían por que han sido fastidiosos al extenderse demasiado. George Whitfield expresó una vez de cierto predicador: «Su oración provocó en mi un buen estado de espíritu, y si se hubiera detenido allí, habría estado muy bien; pero al continuar orando no pude seguirlo».

La abundante paciencia de Dios se ha manifestado en el perdón de algunos predicadores que han sido grandes pecadores en este punto; predicadores que han hecho mucho daño a la piedad del pueblo de Dios con sus prolongadas oraciones, y sin embargo Dios, en Su misericordia, les ha permitido seguir oficiando en el santuario.

¡Desafortunados aquellos que tienen que escuchar a pastores que oran en público durante 25 minutos, y luego le piden a Dios que perdone sus «deficiencias»! No se extiendan demasiado por varias razones: primero, porque se cansan a sí mismos y a quienes los escuchan; y en segundo lugar, porque al extenderse demasiado en la oración, desaniman a su congregación de escuchar el sermón. Todos aquellos dogmatismos secos, aburridos y verbosos en la oración embotan la atención, y el oído, por decirlo así, se bloquea. Nadie pensaría en bloquear la entrada del oído con barro o piedras, cuando el objetivo es llegar a su interior; no, ¡que la entrada esté limpia para que el ariete del evangelio produzca su efecto cuando llegue el momento de usarlo!

Las oraciones largas consisten en repeticiones o en explicaciones superfluas que Dios no exige, o de lo contrario degeneran en predicaciones típicas, de modo que no hay diferencia entre la oración y la predicación, excepto que en una el ministro tiene los ojos cerrados y en la otra los mantiene abiertos. En la oración, no es necesario repasar el Catecismo de la Asamblea de Westminster; tampoco es necesario relatar las experiencias de todas las personas que están presentes, ni incluso las suyas; en la oración, no es necesario entrelazar una selección de textos de la Biblia, ni citar a David, a Daniel, a Job, a Pablo, a Pedro ni a ningún otro, bajo el título de «tu siervo de antaño». En la oración *es* necesario acercarse a Dios, pero no es necesario prolongar el discurso hasta que todo el mundo anhele escuchar la palabra «Amén».

Hay un pequeño consejo que no puedo evitar darles: nunca den la impresión de estar a punto de terminar y luego continúen por otros cinco minutos más. Cuando el auditorio supone que se está a punto de concluir, no puede de un tirón retomar de nuevo un espíritu devoto. He conocido a hombres que nos tientan con la esperanza de estar ya finalizando, y luego toman un nuevo aire dos o tres veces; esto es muy imprudente y desagradable.

Otra regla es la siguiente: no utilicen frases trilladas. Hermanos míos, eviten por completo esas cosas viles; ya tuvieron su momento, ahora déjenlas morir.

Estas piezas de pompa espiritual deben ser rechazadas con toda vehemencia. Algunas son puras invenciones; otras son pasajes tomados de los apócrifos; otras son textos basados en la Escritura, pero que se han tergiversado terriblemente desde que tuvieron su origen en el Autor de la Biblia.

LA ORACIÓN PÚBLICA DEL PREDICADOR

En la *Baptist Magazine* [Revista Bautista] de 1861 hice las siguientes observaciones sobre las vulgaridades más comunes escuchadas en los cultos de oración:

Las frases trilladas son un gran mal. ¿Quién puede justificar expresiones tales como las siguientes?: «No nos precipitaríamos en tu presencia como el caballo irreflexivo lo hace en la batalla». Como si los caballos alguna vez pensaran, ¡y como si no fuera mejor tener el espíritu y la energía del caballo que la lentitud y la estupidez del asno! Ya que el versículo del que nos imaginamos que proviene esta fina frase tiene más que ver con el pecado que con la oración, nos alegra que la expresión esté pronta a desaparecer. «Ve de corazón en corazón, como el aceite de una vasija a otra», es probablemente una cita del cuento infantil *Alí Babá y los cuarenta ladrones*, pero tan desprovista de sentido, de relación con la Biblia y de poesía que apenas podría concebirse alguna otra que la iguale. No tenemos conocimiento de que el aceite fluya de un recipiente a otro de una manera misteriosa o maravillosa; es cierto que es un poco lento en salir, y por lo tanto es un símbolo apropiado de la seriedad de algunas personas, pero con certeza sería mejor recibir la gracia directamente del cielo que de otra vasija; una idea papista que la metáfora parece insinuar, si es que tiene algún significado. «Tu pobre e indigno polvo» es un epíteto que generalmente se aplican a sí mismos los hombres más orgullosos de la congregación, y no es raro que también lo hagan los más ricos y serviles, en cuyo caso las dos últimas palabras no son tan inapropiadas. Hemos sabido de un hombre bueno que al suplicar por sus hijos y nietos estaba tan completamente nublado por la cegadora influencia de esta expresión, que exclamó: «Oh Señor, salva a tu polvo y al polvo de tu polvo y al polvo del polvo de tu polvo». Cuando Abraham dijo: «He comenzado a hablar a mi Señor, aunque soy polvo y ceniza» (Gén. 18:27), la expresión era convincente y expresiva; pero en su forma tergiversada, pervertida y abusada, cuanto antes se deseche como polvo y ceniza, mejor. Existe un miserable conglomerado de tergiversaciones de la Biblia, alegorías vulgares y metáforas ridículas que constituyen una especie de jerga espiritual nacida de la ignorancia impía, de la imitación cobarde o de la hipocresía sin gracia; son a la vez una deshonra para los que las repiten constantemente, y una molestia intolerable para aquellos cuyos oídos están cansados de ellas.

El doctor Charles Brown, de Edimburgo, durante un admirable discurso en una reunión de la New College Missionary Association [Sociedad Misionera de la Nueva Universidad], ofrece ejemplos de citas erróneas actuales oriundas de Escocia que, en ciertas ocasiones, cruzan al otro lado del Tweed. Con su permiso, citaré extensamente:

> Existe lo que podría llamarse una mezcla infeliz, a veces bastante grotesca, de textos de la Biblia. ¿Quién no está familiarizado con las siguientes palabras dirigidas a Dios en la oración?: «¡Tú eres el Alto y Sublime que habita la eternidad y las alabanzas del lugar!». Esto no es más que

la confusión de dos textos gloriosos, cada uno glorioso en sí mismo. Pero ambos se estropean, y uno se pierde por completo, cuando se combinan y se mezclan así. Uno es Isaías 57:15: «Porque así dijo el Alto y Sublime, el que habita la eternidad, y cuyo nombre es el Santo…». El otro es Salmo 22:3: «Pero tú eres santo, Tú que habitas entre las alabanzas de Israel». Habitar las alabanzas de la eternidad es, por decir lo menos, poco expresivo; pues en la eternidad pasada no había alabanzas para habitar. Pero qué gloria hay en la condescendencia de Dios al habitar, tomar su propia morada, en las alabanzas de Israel, de la iglesia redimida.

Además, en esta misma categoría, hay un ejemplo grotesco que por la frecuencia con que se utiliza, comúnmente se piensa que tiene la aprobación de la Biblia: «Ponemos nuestra mano sobre nuestra boca y nuestra boca en el polvo, y gritamos "Inmundo, inmundo; Dios, sé misericordioso con nosotros los pecadores"». En esta expresión tenemos no menos de cuatro pasajes unidos, cada uno de ellos hermoso en sí mismo. El primero, Job 40:4: «He aquí que yo soy vil; ¿qué te responderé? Mi mano pongo sobre mi boca». El segundo, Lamentaciones 3:29: «Ponga su boca en el polvo, por si aún hay esperanza»; el tercero, Levítico 13:45, donde se le ordena al leproso que cubra su nariz y su boca y clame «¡Inmundo! ¡inmundo!». Y el cuarto, la oración del publicano (Luc. 18:9-14). ¡Pero cuán ridículo es un hombre que pone su mano en su boca, luego su boca en el polvo y finalmente grita, etc.!

El único otro ejemplo que voy a poner es una expresión casi universal entre nosotros, y sospecho que casi todos piensan que aparece en la Biblia: «En tu favor está la vida, y tu misericordia es mejor que la vida». Lo cierto es que aquí también tenemos una infeliz combinación de dos pasajes, en los que el término «vida» se utiliza en sentidos completamente diferentes e incluso incompatibles, a saber, el Salmo 63:3: «Porque mejor es tu misericordia que la vida...», donde vida evidentemente significa la vida temporal presente.

Hay una segunda clase que se puede describir como alteraciones desafortunadas del lenguaje de la Biblia. ¿Necesito decir que el Salmo 130 es uno de los más bellos del Libro de los Salmos? ¿Por qué debemos tener las palabras de David y del Espíritu Santo dadas de ese modo en la oración pública, y tan constantemente repetidas que nuestro pueblo piadoso las adopta en sus oraciones sociales y familiares? «Pero en ti hay perdón, para que seas reverenciado, y abundante redención para que te busquen». ¡Cuán preciosas son las palabras sencillas como aparecen en el Salmo! Sin embargo, muy pocas veces permanecen en su forma sencilla, sino que sufren cambios drásticos.

Una tercera clase incluye redundancias sin sentido y repeticiones vulgares y trilladas de expresiones al citar la Escritura. Una de ellas se ha vuelto tan común, que me atrevo a decir que rara vez la dejamos de escuchar cuando se cita el pasaje al que hace referencia. «Estad entre nosotros» (o «en medio de nosotros», como algunos prefieren expresar, de una forma un tanto desacertada, según me parece), «para bendecirnos y hacernos bien». ¿Qué idea adicional hay en la última expresión «y hacernos bien»? El pasaje al que se hace referencia es Éxodo 20:24: «… en todo lugar donde yo hiciere que esté la memoria de mi nombre, vendré a ti y te bendeciré». Tal es la sencillez de la Biblia. Lo que agregamos es «bendecirnos y hacernos bien». Constantemente escuchamos a personas que se dirigen a Dios como «el que oye y el que responde a la oración», una simple, vulgar e inútil redundancia, pues la idea bíblica de que Dios oye la oración es simplemente Su respuesta: «Tú oyes la oración; a ti vendrá toda carne» (Sal. 65:2); «Oye mi oración, oh Jehová…» (Sal. 39:12); «Amo a Jehová, pues ha oído mi voz y mis súplicas» (Sal. 116:1).

Estas últimas pueden parecer ciertamente cuestiones pequeñas; y así lo son. No valdría la pena analizarlas, si solo ocurrieran en ocasiones. Pero, si las consideramos como expresiones banales y estereotipadas, suficientemente débiles en sí mismas y que ocurren tan a menudo como para dar la impresión de que tienen autoridad bíblica, entonces creo de forma humilde que deberían ser desaprobadas y descartadas, es decir, desterradas totalmente de nuestra adoración presbiteriana.

Pero basta de esto. Solo lamento haberme sentido obligado en mi conciencia a dedicar tanto tiempo a un tema tan infeliz. Sin embargo, no puedo dejar el asunto sin exhortarlos a ser literalmente exactos en todas las citas de la Palabra de Dios. Citar la Biblia de forma correcta debe ser siempre una cuestión de honor entre los ministros. Es difícil ser siempre exacto, y porque es difícil debemos ser mucho más cuidadosos. En los salones de Oxford o de Cambridge se consideraría casi una traición o un delito grave que un profesor titular citase erróneamente a Tácito, a Virgilio o a Homero; pero que un predicador cite mal a Pablo, a Moisés o a David, es un asunto mucho más grave y digno de la más severa censura. Tengan en cuenta que dije un «profesor titular», no un estudiante de primer año, y de un pastor esperamos al menos igual exactitud, en su campo, que la de un profesor universitario. Ustedes, que tan firmemente creen en la teoría de la inspiración verbal (para mi gran satisfacción), nunca deben citar nada hasta que puedan expresar las palabras exactas, porque según su propia demostración, con la alteración de una sola palabra se puede cambiar completamente el sentido divino del pasaje. Si no pueden citar pasajes de la Biblia con exactitud, ¿por qué usarlos en sus oraciones? Hagan uso de expresiones frescas de su propia mente, y serán tan aceptables para Dios como una frase bíblica deformada o recortada. Luchen con vehemencia contra las distorsiones y las tergiversaciones de la Biblia, y renuncien definitivamente a todas las frases trilladas, pues desvirtúan la oración espontánea.

He notado que entre algunos, y espero que ustedes no hayan caído en ello, existe el hábito de orar con los ojos abiertos. Es antinatural, impropio y desagradable. Ocasionalmente, los ojos abiertos y elevados al cielo pueden ser adecuados

LA ORACIÓN PÚBLICA DEL PREDICADOR

e impresionantes, pero mirar a nuestro alrededor mientras profesamos dirigirnos al Dios invisible es detestable. Los padres de la iglesia primitiva condenaron esta práctica indecorosa. En la oración, la gesticulación debe ser muy limitada o inexistente. Es apenas apropiado levantar y mover el brazo, como si estuvieran predicando; sin embargo, los brazos extendidos o las manos entrelazadas son naturales y sugestivos cuando se está bajo una emoción fuerte y santa. La voz debe concordar con el tema, y nunca ser vociferante, ni adoptar un tono arrogante. Humilde y reverente debe ser el tono con el que los hombres hablan a su Dios. ¿Acaso la misma naturaleza no nos enseña eso? Si la gracia no lo hace, pierdo las esperanzas.

Con respecto a sus oraciones en el culto del sabbat, ciertas frases pueden ser útiles. Para evitar que la costumbre y la rutina se entronicen entre nosotros, sería bueno variar el orden de las diferentes partes del culto tanto como sea posible. Todo lo que el Espíritu libre nos induce a hacer, hagámoslo de inmediato. Hasta hace poco no era consciente de hasta qué punto se ha permitido que el control de los diáconos se imponga a los ministros en ciertas iglesias desafortunadas. Siempre he acostumbrado a realizar los servicios religiosos de la manera que he creído más adecuada y edificante, y nunca he oído una palabra de objeción, aunque creo que puedo decir que disfruto de mucha intimidad con mis oficiantes. Pero un hermano ministro me dijo esta mañana que en una ocasión oró al comienzo del culto matutino, en lugar de entonar un himno, y cuando se retiró a su oficina después del servicio los diáconos le informaron que no aceptaban innovaciones. Anteriormente pensábamos que las iglesias bautistas no estaban sujetas a las ataduras de las tradiciones y las reglas fijas en cuanto a los modos de adoración, y sin embargo estas pobres criaturas, estos supuestos señores, que claman en voz alta contra una liturgia, limitarían a su ministro con rúbricas establecidas por la costumbre. Es hora de que tales tonterías sean silenciadas para siempre. Afirmamos que conducimos el culto según el Espíritu Santo nos mueve, y según nuestro mejor juicio. No estaremos obligados a cantar aquí y orar allá, sino que se variará el orden para evitar la monotonía. El ministro Hinton, según he oído, en una ocasión predicó el sermón al comienzo del culto, para que los que llegaran tarde tuvieran de todos modos la oportunidad de orar con la congregación. ¿Y por qué no? Las irregularidades vienen bien; la monotonía genera cansancio.

Con frecuencia será algo muy provechoso dejar que las personas estén sentadas en quietud y en profundo silencio por un período de dos a cinco minutos. El silencio solemne ennoblece la adoración. La oración verdadera no es el bullicio que sale de labios clamorosos, sino el profundo silencio de un alma que se aferra a los pies de Jehová. Además, cambien el orden de sus oraciones con el fin de mantener la atención, y evitar que los feligreses sientan que el proceso es algo monótono como el movimiento de un reloj que avanza hasta que se le acaba la cuerda. Varíen la duración de sus oraciones públicas. ¿No creen que sería mejor si en ocasiones, en lugar de dedicar tres minutos a la primera oración y quince minutos a la segunda, se dedican nueve a cada una? ¿A veces no sería mejor extenderse en la primera, y no tanto en la segunda oración?

LA ORACIÓN PÚBLICA DEL PREDICADOR

¿No sería mejor tener dos oraciones de duración moderada que una muy larga y otra extremadamente corta? ¿No sería bueno tener un himno después de leer el capítulo, o uno o dos versículos antes de la oración? ¿Por qué no cantar cuatro veces de vez en cuando? ¿Por qué no contentarse de vez en cuando con dos himnos, o con uno solo? ¿Por qué cantar después del sermón? Por otro lado, ¿por qué algunos nunca cantan al final del culto?

Hagamos lo que debamos hacer para que nuestra congregación no llegue a pensar que la forma en que desarrollamos el culto es algo dogmático, y evitar así que recaiga en la superstición de la que han escapado. Al interceder, varíen el curso de sus oraciones. Hay muchos temas que exigen de su atención: la iglesia en su debilidad, la apostasía, las tristezas y sus consuelos, el mundo exterior, los vecinos, los oyentes inconversos, los jóvenes, la nación. No oren por todos estos aspectos, o de lo contrario sus oraciones serán largas y probablemente aburridas. Sea cual fuere el tema que toque su corazón, dejen que sea lo primero en sus súplicas. Hay una forma de mantener una línea de oración, si el Espíritu Santo los guía en ello, lo cual hará que el culto sea homogéneo y armonice con los himnos y la prédica. Es muy útil mantener la unidad en el culto siempre que sea posible, no sumisamente sino con sensatez, de modo que el efecto sea uno. Algunos hermanos ni siquiera consiguen mantener la unidad en el sermón, sino que van de Gran Bretaña a Japón, y tratan todos los temas que se pueden imaginar. Pero ustedes que han logrado mantener la unidad en el sermón, podrían ir un poco más lejos y mostrar un grado de unidad en el culto, al ser cuidadosos tanto en el himno, como en la oración y el capítulo a leer, y de esta forma mantener el tema principal.

Difícilmente loable es la práctica, común en algunos predicadores, de ensayar el sermón en la oración de cierre. Puede ser instructivo para el auditorio, pero esto es algo totalmente ajeno a la oración. Es escolástico e inadecuado; no imiten esta práctica.

Así como evitan a una víbora, eviten todos los intentos de hacer crecer un fervor espurio en la devoción pública. No se esfuercen por parecer fervorosos. Oren según les dicte su corazón, bajo la guía del Espíritu de Dios, y si se sienten poco animados y torpes, comuníquenselo al Señor. No será algo malo confesar las faltas de la vida y lamentarlas y pedir el avivamiento; esta será una oración verdadera y aceptable. Por otra parte, el ardor simulado es una forma vergonzosa de mentir. Nunca imiten a los que son fervorosos. Puede que conozcan a un hombre bueno que gime, y a otro cuya voz se hace aguda cuando se llena de fervor, pero no por eso giman o sean estridentes a fin de parecer tan fervorosos como ellos. Solo necesitan ser naturales siempre, y pedirle a Dios que los guíe en todo.

Por último, y les digo esto en confianza: preparen su oración. Ustedes se preguntarán con asombro: «¿Qué quiere decir con eso?». Bueno, lo que trato de expresar no es lo que algunos quieren decir cuando hacen esta sugerencia. El tema de si era correcto o no preparar la oración de antemano se discutió una vez en una sociedad de ministros. Algunos afirmaron

LA ORACIÓN PÚBLICA DEL PREDICADOR

con pasión que no; y muy acertadamente. Con igual fervor otros sostuvieron que sí; y no se podía sostener que estuvieran equivocados. Creo que ambas partes tenían razón. Los primeros hermanos entendían que la preparación de la oración era el estudio de las expresiones y la organización de una línea de pensamiento que, según afirmaron, era totalmente opuesta a la adoración espiritual, en la que debemos dejarnos llevar por el Espíritu de Dios para que nos enseñe de Él en cuanto a los temas y a las palabras. Estamos muy de acuerdo con estos comentarios, porque si un hombre escribe sus oraciones y estudia sus súplicas, que haga entonces uso de una liturgia. Pero los otros hermanos entendían esta preparación de un modo diferente; no se referían a la preparación del intelecto, sino a la del corazón, en la cual se considera previa y solemnemente la importancia de la oración, se medita sobre las necesidades del alma humana y se recuerdan las promesas por las que debemos suplicar. Esto es mucho mejor que acercarnos a Dios sin orden previo, y correr hacia Su trono de manera desordenada, sin un motivo o un deseo definido. «Nunca me canso de orar», dijo un hombre, «porque siempre tengo un motivo definido cuando lo hago». Hermanos, ¿son sus oraciones así? ¿Se esfuerzan por estar preparados en el espíritu para dirigir las súplicas de su congregación? ¿Ponen en orden sus motivos al acercarse al Señor? Siento, hermanos míos, que debemos prepararnos mediante la oración privada para la oración pública. Al vivir cerca de Dios debemos conservar la devoción del espíritu, y entonces no fallaremos en nuestras súplicas.

Si se ha de tolerar alguna preparación más allá de esta, sería memorizar los Salmos y las partes de la Biblia que contienen promesas, súplicas, alabanzas y confesiones, las cuales pueden ser útiles en nuestra oración. Se dice de Crisóstomo que había aprendido de memoria su Biblia para poder repetirla a su antojo; no es de extrañar que se le llamara «pico de oro».

Ahora bien, en nuestra conversación con Dios, ningún discurso puede ser más apropiado que las palabras del Espíritu Santo. «Haz lo que has dicho» siempre prevalecerá con el Altísimo. Aconsejamos, pues, aprender de memoria los ejercicios de devoción inspirados que se encuentran en la Palabra de la verdad, y entonces la lectura continua de la Biblia les proporcionará siempre nuevas súplicas, que serán como un perfume derramado que llenará toda la casa de Dios con su fragancia cuando presenten sus súplicas en público ante el Señor. Las semillas de oración sembradas de este modo en la memoria producirán una constante y preciosa cosecha, pues el Espíritu calentará sus almas con fuego santo en el momento de la oración congregacional. Así como David usó la espada de Goliat en sus victorias posteriores, de igual modo en ocasiones podemos emplear una súplica ya respondida, y decir junto al hijo de Isaí: «… ninguno hay como tú…» (Sal. 86:8), pues Dios la cumplirá nuevamente en nuestra experiencia.

Que sus oraciones sean fervorosas, llenas de ardor, vehemencia y control. Ruego al Espíritu Santo que enseñe a todos los estudiantes de esta universidad a ofrecer sus oraciones públicas de modo tal que siempre sirvan a Dios de la mejor manera. Que sus súplicas sean claras y sinceras; y aunque su congregación pueda sentir que en ocasiones el sermón no fue lo suficientemente bueno, que también sienta que la oración lo compensó todo.

Se podría decir mucho más, y tal vez debería hacerlo, pero nos faltan el tiempo y la fuerza, por lo tanto terminamos aquí esta lección.

Lección 5

Los sermones, su tema

Los sermones deben trasmitir una enseñanza real, y su doctrina debe ser sólida, sustancial y abundante. No subimos al púlpito para hablar por hablar; tenemos instrucciones de transmitir temas de suma importancia, y no podemos darnos el lujo de decir cosas vanas por muy bonitas que sean. Nuestra gama de temas es casi ilimitada, y por lo tanto no tenemos excusas si nuestros discursos son trillados y desabridos. Si hablamos como embajadores de Dios, nunca debemos quejarnos por falta de temas, ya que nuestro mensaje rebosa. Desde el púlpito debemos presentar el evangelio completo; hemos de proclamar toda la fe que una vez fue entregada a los santos. La verdad, tal como está en Jesús, debe ser declarada de forma instructiva, para que la gente no solo escuche, sino que reconozca el grito de júbilo. No servimos en el altar del «Dios desconocido», sino que hablamos a los adoradores de Aquel de quien está escrito: «En ti confiarán los que conocen tu nombre...» (Sal. 9:10).

Saber dividir bien un sermón puede ser un arte muy útil, pero ¿cómo es posible que no haya nada que dividir? Un simple hacedor de divisiones es como un excelente escultor con un plato vacío frente a él. A los meros intérpretes religiosos puede parecerles que ser capaz de dar una introducción apropiada y atractiva, sentirse a gusto al hablar con propiedad durante el tiempo asignado para el sermón, y terminar con un discurso respetable constituyen los únicos requisitos; pero el verdadero ministro de Cristo sabe que el valor de un sermón yace, no en su forma y método, sino en la verdad que contiene. Nada puede compensar la ausencia de verdad; toda la retórica del mundo no es más que paja en el trigo en contraste con el evangelio de nuestra salvación. Por hermosa que sea la canasta del sembrador, si no tiene semilla es una burla miserable. El discurso más grandioso jamás presentado es un aparatoso fracaso si la doctrina de la gracia de Dios está ausente de él; se desliza sobre las cabezas de los hombres como una nube, pero no distribuye lluvia sobre la tierra sedienta y, por lo tanto, el recuerdo de ello a las almas enseñadas con sabiduría mediante una experiencia de necesidad apremiante es una decepción, o algo peor. El estilo de un hombre puede ser tan fascinante como el de la autora de quien se planteó, «ella debe escribir con pluma de cristal mojada en rocío sobre papel de plata y debe usar polvo de ala de mariposas como arenilla». No obstante, para una audiencia cuyas almas están en peligro inmediato, ¿qué será esa mera elegancia sino «totalmente más liviana que la vanidad»?

Los caballos no deben juzgarse por sus campanas o sus atavíos, sino por sus extremidades, huesos y raza; y los sermones, al ser analizados por oyentes juiciosos, se miden en gran parte por la cantidad de verdad del evangelio y la fuerza del espíritu del evangelio que contienen. Hermanos, pesen sus sermones. No los vendan al por menor por yardas, sino por libras. No den mucha importancia a la cantidad de sermones que pronuncien; en su lugar procuren ser estimados por la calidad de sus temas. Es insensato ser pródigo en palabras y pobre en verdad. Debe tener muy poca inteligencia el que se agrada al escuchar que lo describen a la manera del gran poeta del mundo, quien afirma: «Graciano habla muchísimo sobre nada, más que cualquier hombre en toda Venecia. Sus razones son como dos granos de trigo escondidos en dos fanegas de paja; buscarás todo el día antes de encontrarlos; y cuando los tengas, te darás cuenta que no valdrán la búsqueda».

Apelar a los sentimientos es algo excelente, pero si esto no va respaldado por la instrucción, entonces es simplemente flor de un día, pólvora gastada sin disparar un tiro. Pueden estar convencidos de que si no se mantiene con el combustible de la enseñanza, el avivamiento más ferviente se extinguirá hasta llegar a ser simple humo. El método divino es poner la ley en la mente y luego escribirla en el corazón; el juicio es iluminado, y luego sometidas las pasiones. Lean Hebreos 8:10, y sigan el modelo del pacto de gracia.

La enseñanza sana es la mejor protección contra las herejías que nos asolan por todas partes. Sus oyentes ansían y —deben tener— información sana sobre temas bíblicos. Ellos tienen derecho a recibir explicaciones exactas de la Sagrada Escritura, y si tú eres «un intérprete, uno entre mil», un verdadero mensajero del cielo, se las proporcionarás de manera abundante. Independientemente de la presencia de cualquier otra cosa, la ausencia de verdad edificante e instructiva (como la ausencia de harina en el pan) será fatal.

Si tomamos como referencia la solidez de los contenidos más que su área superficial, muchos sermones son muestras muy deficientes de un discurso piadoso. Creo que la idea de que si escuchamos, durante un breve curso, a un profesor de astronomía o geología, obtendremos una visión bastante clara de su sistema, está muy bien fundamentada; pero si escuchamos, no solo durante doce meses, sino durante doce años, a los predicadores comunes, no tendremos ni idea de su sistema de teología. Si esto es así, es una falla grave, completamente deplorable. ¡Desafortunadamente las expresiones confusas de muchos sobre la más grandiosa de las realidades eternas, y la penumbra del pensamiento en otros con respecto a las verdades fundamentales, han dado demasiadas ocasiones para la crítica! Hermanos, si ustedes no son teólogos, ¡sus pastorados son nada! Puede que tengan buena retórica y sus expresiones sean elegantes en extremo; pero sin el conocimiento del evangelio, y la aptitud para enseñarlo, ustedes no son más que metal que resuena, o címbalo que retiñe.

La verborrea con demasiada frecuencia es la hoja de parra que cubre la ignorancia teológica. Se ofrecen clases resonantes en lugar de sana doctrina, y florece la retórica en lugar del pensamiento sólido. Tales cosas no deberían suceder. La abundancia de expresiones huecas y la ausencia de alimento para el alma convertirán el púlpito en una caja de rimbombancia e inspirarán desprecio en lugar de reverencia. A menos que seamos predicadores instructivos y alimentemos realmente a la gente, seremos como el Nerón de antaño, que tocaba el violín mientras Roma ardía, y enviaba naves a Alejandría a buscar arena para el circo, mientras la población moría de hambre.

Insistimos en que los temas en los sermones deben ser ricos, y luego, que el tema sea congruente con el texto. Como regla, el discurso debe surgir del texto, y cuanto más evidente sea esto, mejor; pero en todo momento, por decir lo menos, ese discurso debería tener una relación muy estrecha con él. En materia de espiritualización y adaptación, se debe permitir un buen margen; pero la libertad no debe degenerar en libertinaje, y siempre debe existir una relación real entre el sermón y su texto.

No hace mucho escuché sobre un texto notable que puede haber sido apropiado o inapropiado, según se considere. Un caballero de una parroquia había regalado una serie de mantos, de vivo color escarlata, a las damas de más edad de la parroquia. A estos espléndidos seres se les pidió asistir a la iglesia parroquial el domingo siguiente, y sentarse frente al púlpito, desde donde uno de los sucesores declarados de los apóstoles edificó a los santos con el texto: «Sin embargo, les aseguro que ni el rey Salomón se vistió tan bien como ellas, aunque tuvo muchas riquezas» (Mat. 6:29, TLA). Comentan que en una ocasión posterior, cuando el mismo benefactor de la parroquia había entregado una fanega de patatas a cada hombre que tenía familia, el tema del domingo siguiente fue: «… Es el pan que Jehová os da para comer» (Ex. 16:15). No puedo afirmar si el tema en ese caso fue congruente con la selección del texto; supongo que debe haber sido así, ya que es muy probable que toda esa actuación fuera una tontería de principio a fin.

Algunos hermanos terminan con su texto tan pronto como lo leen. Después de rendir el honor debido a ese pasaje en particular al anunciarlo, no sienten la necesidad de volver a referirse a él. Se quitan el sombrero, por así decirlo, ante esa porción de la Escritura, y pasan a nuevos campos y pastos. ¿Para qué esos hombres toman un texto? ¿Por qué limitan su libertad gloriosa? ¿Por qué hacen que la Escritura sea un banquillo para montarse sobre su desenfrenado Pegaso? ¡Seguramente las palabras de inspiración nunca tuvieron por objetivo ser calzadores que ayudaran a un parlanchín a ponerse sus botas de siete leguas para saltar de un polo al otro!

La forma más segura de mantener la variedad es permanecer en sintonía con la mente del Espíritu Santo en el pasaje específico a tratar. No hay dos textos exactamente iguales; algo en la conexión o en el significado del pasaje otorga a cada texto aparentemente idéntico un matiz de diferencia. Manténgase en la ruta del Espíritu y nunca harán repeticiones ni carecerán de temas; Sus caminos rebosan grosura. Por otra parte, un sermón llega con mucho mayor poder a las conciencias de los oyentes cuando este consiste claramente en la Palabra misma de Dios, no en una lección sobre la Escritura, sino que la Escritura misma se abre y su contenido es reforzado. Debido a la majestuosidad de la Palabra inspirada, cuando tú profesas predicar basado en un versículo, no lo puedes ocultar para dar lugar a tus propios pensamientos.

Hermanos, si tienen el hábito de guardar el sentido preciso de la Escritura que tienen delante, les recomendaré además que se aferren a la *ipsissima verba*, es decir, las mismas palabras del Espíritu Santo; porque, aunque en muchos casos los sermones temáticos no solo son admisibles sino muy apropiados, los sermones que exponen las palabras exactas del Espíritu Santo son los más útiles y los más aceptados por la mayoría de nuestras congregaciones. A ellos les encanta que les expongan y expliquen la Palabra. Muchos no siempre son lo suficientemente capaces de captar el sentido aparte del lenguaje, de contemplar, por así decirlo, la verdad desencarnada; pero cuando escuchan las palabras precisas reiteradas una y otra vez, y cada expresión bien explicada a la manera de predicadores como el Sr. Jay de Bath, ellos son edificados de manera más efectiva, y la verdad se graba más firmemente en sus recuerdos. Entonces, que sus temas sean abundantes, y que broten de la Palabra inspirada, así como las violetas y las prímulas brotan naturalmente del césped, o como la miel virgen destila del panal.

Procuren que sus prédicas sean siempre de peso y estén llenas de enseñanzas realmente importantes. No edifiquen con madera, heno y hojarasca, sino con oro, plata y piedras preciosas. Apenas es necesario advertirles contra las degradaciones más groseras de elocuencia en el púlpito, o sobre el ejemplo del muy sonado orador Henley. Ese aventurero locuaz se sintió inclinado a hacer que los sucesos pasajeros de la semana fueran los temas de su bufonada los fines de semana; y los temas teológicos sufrieron la misma suerte los domingos. Su fuerte residía en su ingenioso humor vulgar y en afinar su voz y mover sus manos. Un escritor satírico afirma de él: «Con cuánta fluidez salen las tonterías de su lengua». Caballeros, sería mejor nunca haber nacido, a que con buena razón se diga lo mismo de nosotros. Si no tratamos las solemnidades de la eternidad y en su lugar hablamos de temas mundanales, nuestras almas están en peligro.

Sin embargo, existen otros métodos más atractivos para edificar con madera y heno, y a ustedes les corresponde no dejarse engañar por ellos. Esta observación es necesaria, especialmente para aquellos caballeros que confunden las palabras altisonantes con la elocuencia, y las expresiones latinizadas con el pensamiento profundo. Ciertos instructores homiléticos, mediante su ejemplo —si no por sus preceptos— fomentan palabras jactanciosas y palabras grandiosas e hinchadas, y por lo tanto, representan un gran peligro para los predicadores jóvenes. Piense en una prédica que comience con una afirmación tan asombrosa y estupenda como la siguiente, que por su grandeza natural le sorprenderá de inmediato con un sentido de lo sublime y lo bello: «El hombre es moral». Este genio podría haber agregado: «El gato tiene cuatro patas». Habría tanta novedad en la primera expresión como en la segunda.

Recuerdo el sermón de uno que aspiraba a ser un gran escritor, y que dejó aturdidos a los oyentes con palabras de granadero de seis pies de largo (1,83 m), pero que, después de cocinarlas bien, la única carne que quedaba era esta: el hombre tiene un alma, su alma vivirá en otro mundo, y por lo tanto debe ocuparse de que esta llegue a un lugar feliz. Nadie puede objetar esa enseñanza, pero no es tan novedosa como para necesitar un toque de trompetas y una procesión de frases adornadas al presentarla ante la audiencia. El arte de decir cosas triviales de manera elegante, pomposa y rimbombante todavía está entre nosotros, aunque su desaparición total es «una consumación fervientemente deseable». Los sermones de este tipo se han presentado como modelos y, sin embargo, son meras burbujas del tamaño de una uña, que se inflan hasta que te recuerden esos globos de colores que los vendedores itinerantes llevan por las calles para vender a medio penique cada uno, para deleite de los más pequeños. El paralelismo, lamento decirlo, es válido para otros aspectos, ya que en algunos casos estos discursos contienen un poco de veneno a modo de colorante, que algunas personas muy vulnerables han descubierto a costa suya. Es una falta horrible subir al púlpito y verter sobre tu congregación ríos de lenguaje con solo meras banalidades como solución, cual granos infinitesimales de medicina homeopática vertidos en un Atlántico de discursos. Es muchísimo mejor dar a la gente masas de verdad en bruto sin preparación, como pedazos de carne en la tabla del carnicero, cortados, con huesos y todo, e incluso dejados caer en el aserrín, que colocar un delicioso trozo de nada, de forma ostentosa y delicada, en un plato de porcelana china, decorado con el perejil de la poesía y aromatizado con la salsa de la afectación.

Será una bendición si el Espíritu Santo te guía para dar un testimonio claro de todas las doctrinas que constituyen el evangelio o que giran alrededor de él. No se debe reservar ninguna verdad. La doctrina de la reserva, tan detestable en las bocas de los jesuitas, no es para nada menos vil cuando los protestantes la aceptan. No es cierto que algunas doctrinas son solo para los nuevos convertidos; no hay nada en la Biblia que se avergüence de la luz. Los puntos de vista más sublimes de la soberanía divina tienen una influencia práctica, y no son, como algunos piensan, meras sutilezas metafísicas. Las doctrinas distintivas del calvinismo tienen relación con la vida cotidiana y la experiencia ordinaria, y si tú tienes esa perspectiva, o la contraria, no tiene ninguna justificación ocultar esas creencias. La reticencia cautelosa constituye, en nueve de cada diez casos, una traición cobarde. La mejor política es nunca ser político, sino proclamar cada átomo de verdad hasta donde Dios te lo haya enseñado.

Para mantener la armonía es necesario que la voz de una doctrina no ahogue el resto, y también que las notas más suaves no se omitan debido al mayor volumen de otros sonidos. Cada nota dada por el gran músico debe sonar; cada nota con su propio poder y énfasis proporcionales, el pasaje marcado con *forte* no debe suavizarse, y los que han de tocarse al piano no deben presentarse como un trueno, sino que cada uno debe ser escuchado adecuadamente. Tu tema debe consistir en toda la verdad revelada en proporción armoniosa.

Hermanos, si determinan tratar verdades importantes en sus púlpitos, no deben quedarse para siempre rodeando las esquinas de la verdad. Aquellas doctrinas que no son vitales para la salvación del alma, y ni siquiera esenciales para el cristianismo práctico, no deben ser consideradas en cada culto. Presenten todas las características de la verdad en su proporción debida, ya que cada parte de la Escritura es provechosa, y no solo deben predicar la verdad, sino toda la verdad. No insistan todo el tiempo en una sola verdad. La nariz es una parte importante del rostro humano, pero pintar solamente la nariz de un hombre no es un método satisfactorio de hacer un retrato. Del mismo modo, una doctrina puede ser muy importante, pero un trato exagerado de ella puede ser fatal para un ministerio armonioso y completo.

Por ejemplo, los grandes problemas del sublapsarianismo y el supralapsarianismo, los debates agudos sobre la filiación eterna, los debates fervientes sobre la doble procesión y las opiniones pre o postmileniales, por importantes que parezcan para algunos, son de muy poca importancia para esa viuda piadosa, con siete hijos que mantener con su aguja de tejer, que desea escuchar mucho más de la misericordia del Dios de la providencia que de estos profundos misterios. Si le predican sobre la fidelidad de Dios a Su pueblo, ella se sentirá alentada y sostenida en la batalla de la vida, pero las cuestiones difíciles la dejarán perpleja o con sueño. Sin embargo, esa viuda es una de los cientos con necesidades semejantes que requieren mucho del cuidado de ustedes. Nuestro tema principal son las buenas nuevas del cielo, las noticias de la misericordia a través de la muerte expiatoria de Jesús, misericordia al pecador más grande si pone su fe en Jesús.

Debemos dedicar todo lo mejor de nuestro juicio, memoria, imaginación y elocuencia a la exposición del evangelio, y no permitir que los temas colaterales absorban nuestras meditaciones más profundas, mientras que a la predicación de la cruz le demos lo que sobra de nuestros esfuerzos. Pueden estar seguros, de que si aplicáramos el intelecto de un Locke o un Newton, y la elocuencia de un Cicerón, para influir en la doctrina sencilla de «creer y vivir», no nos sobraría intensidad. Hermanos, lo más importante es que mantengan claras las doctrinas evangélicas; en cualquier otra cosa que prediquen o no prediquen, asegúrense de tratar incesantemente la verdad de Cristo y de Él crucificado, pues salva el alma.

Conozco a un ministro al cual no soy digno de desatar sus zapatos, y cuya predicación a menudo es un poco mejor que un cuadro sagrado en miniatura; casi diría que es una nimiedad santa. Él es muy bueno para ofrecer explicaciones sobre los diez dedos de los pies de la bestia, las cuatro caras de los querubines, el significado místico de las pieles de los tejones, y los significados tipológicos de los mástiles del arca y las ventanas del templo de Salomón; pero raramente habla de los pecados de los hombres de negocios, las tentaciones de los tiempos actuales y las necesidades de la época. Tal predicación me recuerda a un león que se dedica a cazar un ratón, o un buque de guerra que recorre el mar en busca de un barril perdido de agua de lluvia. Tópicos de escasa importancia similares a lo que Pedro llama «fábulas de viejas» se convierten en temas relevantes por causa de esos teólogos microscópicos a quienes los pormenores de un tema son más atractivos que la salvación de las almas.

LOS SERMONES, SU TEMA

Ustedes habrán leído en el *Manual del alumno* de Todd que Harcacio, rey de Persia, era conocido por ser cazador de topos; y Briantes, rey de Lidia, fue igualmente hábil en limar agujas; pero estas trivialidades no prueban de manera alguna que hayan sido grandes reyes. En el ministerio sucede casi lo mismo; existe la mezquindad de la ocupación mental, lo cual es impropio de un embajador del cielo. Entre cierto tipo de gente, en estos tiempos parece predominar el deseo ateniense de contar o escuchar algo nuevo. Se jactan de poseer nueva luz y una especie de inspiración que los justifica al condenar a todos los que están fuera de su hermandad; no obstante su gran revelación se relaciona con una sencilla adoración circunstancial, o con una interpretación oscura de la profecía, de modo que, ante tan gran alboroto y bullicio respecto a tan poco, nos acordamos de «Océano revuelto en tempestad para mover una pluma o ahogar una mosca» Peor aún son aquellos que pierden el tiempo al insinuar dudas sobre la autenticidad de los textos, o la exactitud de las declaraciones bíblicas que se refieren a fenómenos naturales. Recuerdo con dolor haber escuchado un sabbat por la noche una presentación llamada sermón, cuyo tema era una investigación inteligente sobre si un ángel descendió y revolvió el estanque en Betesda, o si era un manantial intermitente, sobre el cual la superstición judía había inventado una leyenda. Hombres y mujeres moribundos se habían reunido para escuchar el camino de la salvación, ¡y fueron distraídos con vanidades como esta! Vinieron por pan y recibieron una piedra; las ovejas miraron al pastor y no fueron alimentadas.

Rara vez escucho un sermón, y cuando puedo hacerlo, es terriblemente lamentable. Por ejemplo, uno de los últimos con los que me entretuvieron tenía la intención de justificar a Josué por destruir a los cananeos, y otro intentaba probar que no era bueno que el hombre esté solo. Nunca he podido determinar cuántas almas se convirtieron en respuesta a las oraciones antes de estos sermones, pero sospecho sagazmente que ningún regocijo inusual perturbó la serenidad de las calles doradas.

Creo que mi próxima observación es casi innecesaria para la mayoría, por lo cual la presento con un poco de inseguridad: no sobrecarguen un sermón con demasiado contenido. Un solo discurso no debe contener toda la verdad. Los sermones no deben ser compendios de teología. En ocasiones hay demasiado que decir, y se habla hasta que los oyentes son enviados a sus hogares repugnados y no anhelantes. Un ministro de edad avanzada que caminaba con un joven predicador señaló un campo de maíz y observó: «Tu último sermón tenía demasiado contenido, y no estaba suficientemente claro ni preparado. Era como ese campo de trigo; tenía mucha comida cruda, pero ninguna lista para ingerir. Deberías procurar que tus sermones sean como una barra de pan, aptos para comer y en forma adecuada». Es posible que las mentes humanas no sean tan espaciosas para la teología como lo fueron antes, pues nuestros antepasados se regocijaban en 16 onzas (450 gr) de doctrina, sin diluir y sin adornos, y podrían seguir recibiéndola durante tres o cuatro horas seguidas, pero nuestra generación más degenerada, o tal vez más ocupada, necesita aproximadamente una onza de doctrina a la vez, y debe ser en extracto concentrado o aceite esencial, en lugar de toda la esencia de la teología. En estos tiempos debemos decir mucho en pocas palabras, pero no demasiado, ni con demasiadas explicaciones.

Una idea grabada en la mente será mejor que cincuenta ideas enunciadas y que revolotean en el oído. Una puntilla pequeña bien martillada y firme será más útil que una veintena de tachuelas flojas, que tendrán que ser sacadas de nuevo en una hora. Nuestro contenido debe estar bien organizado, de acuerdo con las reglas verdaderas de la arquitectura mental. No pueden haber conclusiones prácticas en la base y doctrinas como piedras de terminado; ni metáforas en los cimientos y propuestas en la cumbre; tampoco las verdades más importantes primero y las enseñanzas de menos relevancia al final, a la manera de un anticlímax; más bien la idea debe ascender, un paso de enseñanza conduce al próximo, una puerta de razonamiento conduce a otra, y todo esto eleva al oyente a una habitación desde cuyas ventanas se observa la verdad resplandeciente a la luz de Dios. En la predicación, procuren un lugar para cada cosa y cada cosa en su lugar. Nunca permitan que las verdades salgan de ustedes en forma imprudente; ni que sus ideas se precipiten cual una muchedumbre, sino más bien que marchen como una tropa de soldados. El orden, que es la primera ley del cielo, no debe ser descuidado por los embajadores de Dios.

Tu enseñanza doctrinal debe ser clara e inconfundible. Para que así sea, primero debe estar clara en tu propia mente. Algunos hombres piensan en humo y predican en una nube. Tu congregación no desea una bruma luminosa, sino el fundamento sólido de la verdad. Las especulaciones filosóficas ponen a ciertas personas en una condición semiembriagada, en la cual o ven todo doble, o no ven nada en absoluto. Escritores sensacionalistas han enloquecido a muchos hombres honestos que han leído concienzudamente sus meditaciones con la idea de que estos deberían estar bien informados sobre la actualidad. Si así fuera entonces tendríamos que asistir al teatro para poder juzgar las nuevas obras, o frecuentar el hipódromo a fin de no ser demasiado intolerantes en nuestras opiniones sobre carreras y apuestas. Por mi parte, creo que los principales lectores de libros heterodoxos son ministros, y que si no les prestaran atención alguna, esos libros fueran un fracaso desde la imprenta. Si un ministro se cuida de ser confuso, entonces está en camino de hacerse inteligible para su pueblo. Ningún hombre puede esperar ejercer influencia si no puede hacerse entender.

    Si entregamos a nuestras ovejas la verdad refinada, una doctrina bíblica pura y todo lo suficientemente bien expresado como para no dejar ninguna oscuridad innecesaria al respecto, seremos verdaderos pastores, y el beneficio en nuestra congregación pronto será evidente. Esfuércense por mantener el tema de la predicación tan fresco como puedan. No ensayen cinco o seis doctrinas en una monotonía de repetición invariable. Hermanos, compren un órgano de barril teológico, con cinco melodías ajustadas con precisión, y estarán calificados para ejercer como predicadores ultracalvinistas en Zoar y Jireh si también compran en alguna fábrica de vinagre un buen suministro de improperios mordaces de los arminianos, y hombres con fe en el deber. La inteligencia y la gracia son opcionales, pero el órgano y el ajenjo son indispensables. Es nuestro deber percibir y regocijarnos en una variedad más amplia de verdades. Nosotros apoyamos con toda firmeza y valor lo que estos buenos hombres creen sobre la gracia y la soberanía de Dios; pero no nos atrevemos a cerrar los ojos a otras enseñanzas de la Palabra, y nos sentimos obligados a dar evidencia plena de nuestro ministerio al declarar todo el consejo de Dios. No nos cansaremos de dar temas abundantes, ilustrados diligentemente mediante metáforas y experiencias frescas, sino que, bajo la mano de Dios, ganaremos los oídos y corazones de nuestros oyentes.

Que sus enseñanzas se desarrollen y avancen; que se profundicen con su experiencia y se eleven con el progreso de sus almas. No me refiero a predicar nuevas verdades; porque por el contrario, creo que un hombre feliz es aquel que recibió una enseñanza tan buena desde el principio que, después de cincuenta años de ministerio, nunca ha tenido que retractarse de una doctrina, ni lamentar una omisión importante. No obstante, yo insisto, dejemos que nuestra profundidad y percepción de la Palabra aumenten continuamente, y si hay un progreso espiritual en nosotros, entonces así sucederá. Timoteo no podía predicar como Pablo. Nuestros primeros sermones deben ser superados por los de nuestros años más maduros. Los primeros nunca deberían ser nuestros modelos; será mejor quemarlos, o solo preservarlos para llorarlos debido a su carácter superficial. De hecho, sería triste si no aprendiéramos más después de haber estado muchos años en la escuela de Cristo. Nuestro progreso puede ser lento, pero tiene que haber progreso, o habrá motivos para sospechar que la vida interior es deficiente o está lamentablemente enferma. Estén convencidos de que todavía no lo han alcanzado. Que puedan recibir gracia para seguir adelante hacia lo que está aún más allá.

Deseo que todos ustedes puedan convertirse en ministros capaces del Nuevo Testamento, y no estén ni un ápice por detrás del mejor predicador, aunque en sí mismos todavía no serán nada.

Se afirma que la palabra «sermón» significa estocada y, por lo tanto, al sermonear, nuestro objetivo debe ser usar el tema en cuestión con energía y efectividad, y el tema debe ser idóneo para tal uso. Elegir simples temas morales será como usar una daga de madera; pero las grandes verdades de la revelación son como espadas afiladas.

Aférrense a las doctrinas que estimulan la conciencia y el corazón. Permanezcan como promotores inquebrantables de un evangelio ganador de almas. La verdad de Dios está adaptada al hombre, y la gracia de Dios adapta al hombre a la verdad. Existe una llave que, con Dios, puede dar cuerda a la caja musical de la naturaleza del hombre; consíganla y úsenla diariamente. Por lo tanto, los insto a que sigan el evangelio tradicional, y solo ese, ya que ciertamente es poder de Dios para salvación.

El resumen de todo lo que quiero plantear es lo siguiente: ¡mis hermanos, prediquen a Cristo, siempre, siempre! Él es el evangelio en su plenitud. Su persona, Sus funciones y Su obra deben ser nuestro único y predilecto tema. El mundo aún necesita que se le hable de su Salvador, y de la forma de llegar a Él. La justificación por fe debería ser el testimonio diario de los púlpitos protestantes, mucho más de lo que se predica en la actualidad; y si con esta verdad fundamental deberían presentarse, de forma más general, otras grandes doctrinas de la gracia, mejor para nuestras iglesias y nuestros tiempos. Si podemos predicar la doctrina de los puritanos con el celo de los metodistas, un gran futuro está ante nosotros. El fuego de Wesley y el combustible de Whitfield producirán una quema que incendiará los bosques del error y calentará el alma misma de esta fría tierra. No estamos llamados a proclamar filosofía y metafísica, sino el evangelio sencillo, la caída del hombre, su necesidad de un nuevo nacimiento, el perdón mediante la expiación y la salvación como resultado de la fe; estas son nuestras armas de guerra y caballo de batalla. ¡Tenemos la enorme tarea de aprender y enseñar estas grandes verdades, y maldito sea ese aprendizaje que nos aparte de nuestra misión, o esa ignorancia deliberada que nos paralice en esta empresa! Tengo un celo creciente de que cualquier perspectiva sobre la profecía, el gobierno de la iglesia, la política o incluso la teología sistemática evite que uno de nosotros se gloríe en la cruz de Cristo. La salvación es un tema por el cual con mucho gusto yo reclutaría toda lengua sagrada. Soy codicioso de testigos del glorioso evangelio del Dios bendito. ¡Oh, que el Cristo crucificado fuera la carga generalizada de los hombres de Dios! Bienaventurados los que leen y escuchan las palabras de la profecía de la Revelación, pero evidentemente la bendición no ha caído sobre aquellos que pretenden exponerla; pues el simple paso del tiempo ha demostrado que generación tras generación de ellos ha estado en error, y la actual los seguirá al mismo sepulcro ignominioso. Preferiría arrancar un solo tizón de las llamas que explicar todos los misterios. Ganar un alma para que no vaya al infierno es un logro más glorioso que ser coronado en la arena de la controversia teológica como el doctor *Sufficientissimus* [Suficientísimo]; haber revelado fielmente la gloria de Dios en la faz de Jesucristo será en el juicio final un servicio más valioso que haber resuelto los problemas de la Esfinge religiosa o haber cortado el nudo gordiano de las dificultades apocalípticas. ¡Bendito es ese ministerio del cual Cristo lo es todo!

Lección 6

Sobre la elección del texto

Hermanos, confío que todos sentimos profundamente la importancia de conducir cada parte de la adoración divina con la mayor eficacia posible. Cuando recordamos que la salvación de un alma puede depender, desde el punto de vista instrumental, de la elección de un himno, no deberíamos considerar la selección de los salmos e himnos como algo insignificante. Un impío desconocido, que entró a uno de nuestros cultos en Exeter Hall, fue llevado a la cruz mediante el himno de Wesley: «Jesús, amante de mi alma». «¿Me ama Jesús?», preguntó. «Entonces, ¿por qué debería vivir en enemistad con Él?». Cuando también reflexionamos en que Dios puede bendecir una expresión de nuestra oración para convertir a un perdido, y que la oración con el bálsamo del Espíritu Santo puede ministrar en gran medida para edificar al pueblo de Dios, y derramar innumerables bendiciones sobre ellos, nos esforzaremos en orar con nuestros mejores dones y la más elevada gracia a nuestro alcance. Dado que también en la lectura de la Escritura puede derramarse abundante consuelo y enseñanza, haremos una pausa con nuestras Biblias abiertas, y procuraremos devotamente ser guiados a esa porción de la Sagrada Escritura que tenga más probabilidades de ser útil.

Con respecto al sermón, en primer lugar, tendremos mucho cuidado a la hora de seleccionar el texto. Nadie entre nosotros tiene el sermón en tan poca estima como para concebir que un texto escogido al azar pueda ser adecuado para cualquier ocasión, o incluso para una situación dada. Espero que todos consideremos de forma seria y solemne, todas las semanas, cuáles serán los temas sobre los que hablaremos a nuestra congregación el sabbat en la mañana y en la noche; porque, aunque toda la Escritura es buena y beneficiosa, no todas las porciones de esta son igualmente apropiadas para cada ocasión. Hay un tiempo para todo, y todo es mejor cuando está en su tiempo. Un padre de familia sabio trabaja para dar a cada miembro su porción de carne a su debido tiempo; él no sirve raciones indiscriminadamente, sino que ajusta la comida a las necesidades de los invitados. Solo un simple funcionario, el esclavo de la rutina, el autómata inerte del formalismo, se contentará con echar mano al primer tema que le venga a la mente. El hombre que escoge temas al azar, cual niño que en los prados recoge ranúnculos y margaritas, según aparecen en su camino, puede actuar de acuerdo con su posición en una iglesia en la que un patrono puede haberlo colocado a la fuerza y de la cual la gente no puede expulsarlo; pero aquellos que profesan ser llamados por Dios, y han sido seleccionados por la elección libre de los creyentes, tendrán que presentar una prueba más fehaciente de su ministerio de la que se puede encontrar en un descuido de esta magnitud. Entre muchas gemas tenemos que seleccionar la joya más apropiada para el entorno y la ocasión. No nos atrevemos a entrar a toda prisa al salón de banquetes del Rey con una confusión en las provisiones que traemos, como si el banquete fuera un vulgar desorden, sino que como servidores bien educados hacemos una pausa y le preguntamos al gran Maestro del banquete: «Señor, ¿qué querría usted que sirvamos sobre Su mesa en este día?».

Nos hemos sorprendido de cómo algunos textos han sido muy mal escogidos para la ocasión. Nos preguntamos qué hizo el rector del Sr. Disraeli con las palabras: «… En mi carne he de ver a Dios» (Job 19:26), cuando predicaba recientemente en una casa ubicada en una aldea donde celebraban la cosecha. Muy poco acertado fue el texto escogido para el funeral de un clérigo asesinado (Sr. Plow): «…Pues que a su amado dará Dios el sueño» (Sal. 127:2). Una idiotez más manifiesta fue la de quien seleccionó: «No juzguéis, para que no seáis juzgados» (Mat. 7:1), como sermón ante los jueces en una audiencia. No se dejen engañar por el sonido y la aparente adecuación de las palabras bíblicas. M. Athanase Coquerel confiesa que al visitar Ámsterdam por tercera vez predicó basado en las palabras: «Esta es la tercera vez que voy a vosotros… » (2 Cor. 13:1), y bien pudo agregar: «Encontré gran dificultad para luego hablar en este discurso lo que era apropiado para la ocasión». Un caso paralelo fue el de uno de los sermones por la muerte de la princesa Charlotte, sobre el versículo: «… enfermó y murió…»

(Hech. 9:37). Peor aún es seleccionar palabras para un chiste de mal gusto, como en el caso de un sermón reciente por la muerte de Abraham Lincoln, cuando se usó la frase: «Abraham murió».

Se dice que un estudiante —de quien se esperaba que nunca llegara a nada— predicó un sermón en público, ante su tutor, el doctor Philip (Felipe) Doddridge. Este hombre bueno estaba acostumbrado a pararse justo frente al estudiante, y mirarlo a la cara. Por lo tanto, imaginen su sorpresa, o su indignación, cuando el texto anunciado contenía estas palabras: «... ¿Tanto tiempo hace que estoy con vosotros, y no me has conocido, Felipe? [...]» (Juan 14:9). Caballeros, los tontos a veces se convierten en estudiantes; esperemos que ninguno como este pueda deshonrar nuestra *alma mater*.

Perdono al hombre que predicó ante ese borracho Salomón, Jacobo (Santiago) I de Inglaterra y VI de Escocia, basado en Santiago 1:6; la tentación era demasiado grande para ser resistida. Pero que sea execrado el desdichado —si ese hombre alguna vez vivió— que celebró la muerte de un diácono con una diatriba de: «Aconteció que murió el mendigo...» (Luc. 16:22). Perdono al mentiroso que me atribuyó tal barbaridad, pero espero que no pruebe sus infames artes con nadie más.

De la misma forma que evitaríamos presentar temas escogidos al azar, también debemos evitar una regularidad monótona. He oído hablar de un pastor que tenía 52 sermones dominicales, y algunos extras para celebraciones especiales, los cuales predicaba de manera regular, año tras año. En su caso, no habría necesidad de que la gente le rogara que predicase las mismas cosas el próximo sabbat, ni tampoco sería sorprendente encontrar imitadores de Eutico en otros lugares aparte del tercer piso.

No fue hace mucho tiempo que un clérigo le dijo a un granjero amigo mío: «Sabe, Sr. D., estaba revisando mis sermones el otro día, y la casa pastoral está tan húmeda, especialmente en mi estudio, que mis sermones se han puesto bastante mohosos». Aunque mi amigo era capillero de la iglesia, asistía a los cultos de los disidentes, y no fue tan grosero como para decir que él pensaba que era muy probable que esto ocurriera; sin embargo, para los venerables de la aldea que habían escuchado con frecuencia los discursos antes mencionados, es posible que esos sermones tuvieran moho en otros sentidos. Hay personas en el ministerio que, después de acumular una pequeña cantidad de sermones, los repiten *ad nauseam* [en exceso, hasta resultar molesto], con una regularidad horrible. Los predicadores itinerantes deben estar mucho más sujetos a esta tentación que aquellos que están asentados durante varios años en un solo lugar. Si ellos llegan a ser víctimas de ese hábito, seguramente dejarán de ser útiles en el ministerio, y un frío mortal insoportable invadirá sus corazones, lo cual su gente pronto notará al escucharlos repetir como loros sus sermones gastados por el tiempo. La mejor invención para promover la ociosidad espiritual debe ser el plan de asegurar de un surtido de sermones de dos o tres años, y repetirlos en orden una y otra vez. Hermanos, ya que nosotros esperamos vivir muchos años, aunque no permanezcamos en un lugar de por vida, enraizados en el sitio por el afecto mutuo que crecerá entre nosotros y nuestra congregación, necesitamos un método muy diferente de ese que utilizan los perezosos o los evangelistas itinerantes.

La tarea de encontrar un tema debe ser muy difícil para algunos, y me imagino que muy fácil para otros; como para aquellos cuyas cuerdas cayeron en la obra episcopal, donde el predicador usualmente se refiere al evangelio o la epístola, o la lección del día, y se siente obligado —no por alguna ley, sino por una especie de precedente— a predicar de un versículo, ya sea en lo uno o en lo otro. Cuando llega el tiempo estereotipado del Adviento y la Epifanía, la Cuaresma y el Pentecostés, ningún hombre necesita agonizar en su corazón con la pregunta: «¿qué diré a este pueblo?». La voz de la iglesia es clara e inconfundible: «Maestro, continúa; ese es tu trabajo, entrégate a él completamente».

Pueden existir algunas ventajas relacionadas con esta programación previa, sin embargo, el público episcopal no parece haber sido hecho partícipe de esas ventajas, ya que sus escritores públicos siempre se quejan de la monotonía de los sermones, y lamentan la triste condición de un laicado sufrido que se ve obligado a escucharlos. En mi opinión, la costumbre servil de seguir el curso del sol y la revolución de los meses, en lugar de esperar en el Espíritu Santo, es responsable de que en muchas iglesias (según sus propios escritores), los sermones son nada más que muestras de «esa debilidad decorosa que protege a sus autores de errores absurdos, y al mismo tiempo les impide producir bellezas sorprendentes».

Demos entonces por sentado que todos sentimos que no solo es muy importante predicar la verdad, sino predicar

SOBRE LA ELECCIÓN DEL TEXTO

la verdad correcta para cada ocasión en particular; nuestro esfuerzo debe centrarse en hablar sobre los temas que mejor se adapten a las necesidades de nuestra congregación, y en que sean un canal de gracia que llegue hasta sus corazones. ¿Tienen alguna dificultad para seleccionar los textos? En mis primeros días, recuerdo haber leído en algún lugar de un libro de lecciones sobre homilética, una declaración que me alarmó considerablemente en aquel momento. Fue algo como: «Si a un hombre le resulta difícil seleccionar un texto, mejor que vuelva a la tienda de comestibles, o al arado, porque evidentemente no tiene la capacidad requerida para el ministerio». Ahora, como esa había sido con mucha frecuencia mi cruz y mi carga, indagué dentro de mí si debía dedicarme a algún tipo de trabajo secular y abandonar el ministerio; pero no lo he hecho, porque todavía tengo la convicción de que, aunque me sentí condenado por el juicio radical del escritor, yo sigo un llamado al cual Dios ha puesto Su sello de forma clara. Estaba tan atribulado en mi conciencia por aquel comentario que le pregunté a mi abuelo, quien había servido en el ministerio por unos 50 años, si alguna vez se había sentido confundido al elegir su tema de predicación. Me dijo con franqueza que ese había sido siempre su mayor problema, y que comparado con esto, predicar no era preocupación en absoluto. Recuerdo la observación de ese hombre maravilloso: «La dificultad no se debe a que no haya textos suficientes, sino a que son tantos que entre ellos no sé cuál escoger. Hermanos, a veces somos como los admiradores de flores selectas, que se encuentran rodeados de todas las bellezas del jardín, pero tienen permiso para escoger una sola. ¡Cuánto tiempo se detiene entre la rosa y el lirio, y cuán grande es la dificultad para escoger una entre diez mil bellezas florecientes!

Debo confesar, que para mí la selección del texto todavía me turba en gran manera (pero una turbación por lo mucho de donde elegir, algo muy diferente a la perplejidad ante la pobreza), debido a la ansiedad de prestar atención a la más apremiante de tantas verdades, las cuales exigen ser escuchadas, los muchos deberes que necesitan hacerse cumplir, y tantas necesidades espirituales de las personas que demandan ser atendidas. Confieso que con frecuencia me siento a orar y esperar un tema durante horas y horas, y que esta es la parte principal de mi estudio. He dedicado un arduo trabajo para manipular temas, reflexionar sobre puntos doctrinales, convertir versículos en esqueletos y luego enterrar cada hueso de ellos en las catacumbas del olvido, navegando sin detenerme por leguas de aguas turbulentas, hasta ver las luces rojas y navegar directamente al refugio deseado. Creo que casi todos los sábados de mi vida hago bosquejos de sermones suficientes como para un mes, si me siento en libertad de predicarlos, pero no me atrevo a usarlos, como tampoco un marinero honesto llevaría a tierra un cargamento de productos de contrabando. Los temas revolotean ante mi mente uno tras otro, cual imágenes que atraviesan la lente del fotógrafo, pero hasta que la mente no sea como esa placa sensible, que conserva la imagen, los temas no tienen ningún valor para nosotros.

¿Cuál es el texto correcto? ¿Cómo lo sabes? Lo sabemos por las señales de un amigo. Cuando un versículo le da un

SOBRE LA ELECCIÓN DEL TEXTO

caluroso abrazo a tu mente, del cual no puedes liberarte, no necesitarás más indicaciones en cuanto al tema apropiado. Cual un pez, tú mordisqueas muchos cebos, pero cuando el anzuelo ha perforado tu boca lo suficiente, no vagarás más de un lado a otro. Cuando el texto nos atrapa, podemos estar seguros de que lo tenemos atrapado a él, y podemos entregarle nuestras almas con toda seguridad. Para usar otro símil, tú agarras varios textos en la mano y tratas de separarlos. Los golpeas con todas tus fuerzas, pero tu trabajo es en vano. Al final, encuentras uno que se desmorona al primer golpe, y que brilla a medida que se hace pedazos; entonces percibes joyas con un resplandor muy raro que destellan desde el interior. Crece ante tus ojos como la semilla mítica que se convirtió en árbol mientras el observador la contemplaba. Te encanta y te fascina, o te pone de rodillas y te agobia con la carga del Señor. Entonces has de saber que este es el mensaje que el Señor desea que prediques, y al sentir esto, quedarás tan apegado a ese texto que nunca te sentirás tranquilo hasta que hayas entregado toda tu mente a su poder, y hayas hablado sobre él según el Señor te dé palabras. Espera por esa palabra escogida, incluso si tienes que esperar hasta faltar una hora para el culto.

Esto no puede ser entendido por hombres fríos y calculadores, que no son movidos por impulsos como nos sucede a nosotros, pero para algunos de nosotros estas cosas son una ley en nuestros corazones que no nos atrevemos a infringir. Nos quedamos en Jerusalén hasta que se nos conceda el poder.

«Creo en el Espíritu Santo». Este es uno de los artículos del credo, pero los cristianos apenas lo creen como para actuar en consecuencia. Muchos ministros parecen pensar que deben elegir el texto, descubrir su enseñanza, y encontrar un discurso en él. Nosotros no lo creemos. Por supuesto, debemos usar nuestra propia voluntad, así como nuestra comprensión y afectos, ya que no pretendemos que el Espíritu Santo nos obligue a predicar sobre un texto en contra de nuestra voluntad. Él no trata con nosotros como si fuéramos cajas musicales, que se les da cuerda y se ajustan a cierta melodía; sino que ese inspirador glorioso de toda verdad trata con nosotros como con inteligencias racionales bajo la influencia de fuerzas espirituales congruentes con nuestras naturalezas. Aun así, las mentes devotas desean siempre que la elección del texto dependa del Espíritu omnisciente de Dios, y no de su propio entendimiento falible, y por lo tanto se ponen humildemente en Su mano, pidiéndole que se digne a dirigirlos a su debido tiempo hasta la porción de carne que Él ha ordenado para Su pueblo. Gurnal afirma: «Los ministros no tienen capacidad propia para llevar a cabo su obra. ¡Oh, cuánto tiempo pueden sentarse hojeando sus libros, y devanándose los sesos, ¡hasta que Dios viene en su ayuda, y luego como la carne de cabrito de Jacob, esta les es puesta en su mano! Si Dios no nos ayuda, escribiremos con una pluma sin tinta. Si alguien necesita caminar dependiente de Dios más que los demás, ese es el ministro».

Si alguien me pregunta: «¿Cómo obtendré el texto más apropiado?», yo le respondería: «Clama a Dios por él». Harrington Evans, en sus *Reglas para sermones*, establece como primera regla: «Busca a Dios en oración para elegir un pasaje. Pregúntate por qué ese pasaje fue elegido. Permite que la pregunta tenga su respuesta justa. A veces la respuesta puede ser tal que hay que decidir entre la mente y la elección». En cualquier caso, si la oración por sí sola no conduce al tesoro deseado, el haber orado será un ejercicio provechoso para ti. La dificultad de escoger un tema, si solamente te hace orar más de lo normal, ya será una gran bendición para ti. La oración es el mejor estudio. Lutero así lo expresó en el pasado: *«Bene orasse est bene studuisse»*, y este refrán trillado merece ser repetido. Ora con la Escritura; es como pisar uvas en el lagar, trillar maíz en el granero, derretir el oro de la mena. La oración es doblemente bendecida; bendice al predicador suplicante y a las personas a quienes este ministra. Cuando tu texto viene en respuesta a la oración, sentirás un afecto especial por él; vendrá con un sabor y un bálsamo divinos completamente desconocidos para el orador formal, ante quien un tema es como cualquier otro.

Después de la oración, tenemos el compromiso de utilizar con mucha vehemencia los medios apropiados para concentrar nuestros pensamientos y dirigirlos a través del mejor canal. Considera la condición de tus oyentes. Reflexiona sobre su estado espiritual como un todo y como individuos, y prescribe el medicamento adaptado a la enfermedad actual, o prepara el alimento adecuado para la necesidad imperante.

Sin embargo, permítanme advertirles en contra de satisfacer los caprichos de sus oyentes o las peculiaridades de los ricos e influyentes. No atribuyan demasiada importancia al caballero y a la dama que se sientan en el banco de los privilegiados, en caso que ustedes sean tan desafortunados de tener un lugar de distinción tan abominable en una casa donde todos son iguales. Al gran contribuyente tenemos que tratarlo por todos los medios como a los demás, y aunque no debemos desatender sus flaquezas espirituales; él no es todo el mundo, y contristarán al Espíritu Santo si creen que así es. Atiendan a los pobres de los pasillos con el mismo interés, y seleccionen temas que estén dentro de su capacidad de comprensión, y que puedan animarlos en sus muchas tribulaciones. Tampoco rindan homenaje a aquellos miembros unilaterales de la congregación, que son golosos por una parte del evangelio, y que se hacen los sordos con otras partes de la verdad; nunca se esfuercen mucho ni en darles un banquete ni un regaño. Puede ser adecuado pensar que están contentos, si son buenas personas, y uno respeta sus inclinaciones; sin embargo, si queremos ser fieles no podemos convertirnos en simples gaiteros para nuestros oyentes, que tocan las melodías que ellos quieran exigirnos; más bien debemos ser la boca del Señor y declarar todos Sus consejos. Vuelvo a la observación: reflexionen sobre lo que sus congregaciones necesitan realmente para su edificación, y dejen que ese sea su tema. El doctor Mcdonald, ese famoso apóstol del norte de Escocia, nos da un ejemplo en cuanto a esto en su *Diario de trabajo en St. Kilda*:

> Viernes 27 de mayo: En nuestra actividad matutina de este día, leí y di algunas ilustraciones de Romanos 12, lo que me brindó la oportunidad de establecer la conexión entre la fe y la práctica, y afirmar que las doctrinas de la gracia están de acuerdo con la piedad y conducen a la santidad del corazón y de la vida. Esto lo consideré

necesario, ya que desde la posición elevada que había ocupado algunos días atrás, temí que la gente se desviara hacia el antinomianismo, un extremo tan peligroso como el arminianismo, si no lo es más.

Consideren qué pecados parecen ser los más generalizados en la iglesia y en la congregación: mundanalidad, codicia, falta de oración, ira, orgullo, falta de amor fraternal, calumnias y otros males semejantes. Tengan en cuenta, de forma afectuosa, las pruebas que su gente atraviesa, y busquen un bálsamo para sus heridas. No es necesario entrar en detalles minuciosos, ya sea en la oración o en el sermón, en cuanto a todas estas pruebas de su congregación, aunque esta era la costumbre de un venerable ministro que una vez fue un gran obispo en este vecindario, y que ya partió al cielo. En su gran amor por su gente, él solía dar indicios sobre nacimientos, muertes y matrimonios de su rebaño, por lo que pensamos que uno de los deleites del domingo por la tarde de sus oyentes habituales debe haber consistido en averiguar a quién se refería el ministro en las diversas partes de su oración y sermón. En su caso, esto era tolerado e incluso admirado; no obstante, en nosotros sería ridículo. Un patriarca puede hacer con propiedad lo que un joven debe evitar escrupulosamente. El venerable pastor que acabo de mencionar había aprendido a entrar en estos detalles por el ejemplo de su padre, ya que él era de una familia en la cual los niños, después de observar que algo particular había ocurrido durante el día, se decían unos a otros, «Debemos esperar hasta la oración familiar, cuando nos enteraremos de todo al respecto».

Pero me estoy apartando del tema. Este ejemplo muestra cómo un hábito excelente puede degenerar en una falla, no obstante la regla que he establecido no se ve afectada por ello. Ciertas pruebas ocurrirán, en situaciones particulares, para muchos en la congregación, y como estas aflicciones invitarán a su mente a explorar nuevos terrenos, no deben desatender el llamado de esos atribulados. Repito, debemos vigilar el estado espiritual de nuestra gente, y si notamos que están en una condición de recaída, si tememos que puedan ser inoculados por alguna herejía dañina, si es que hay algo en realidad, en todo el carácter fisiológico de la iglesia inquietara nuestra mente, debemos apresurarnos a preparar un sermón que, por la gracia de Dios, pueda detener la plaga.

Estas son las indicaciones entre sus oyentes que el Espíritu de Dios le da al pastor cuidadoso y observador en cuanto a su línea de acción. El pastor cuidadoso a menudo examina el rebaño, y guía su tratamiento según el estado en que lo encuentre. Es posible que suministre un tipo de alimento, pero de forma moderada, y otro en mayor abundancia, y medicina en la cantidad debida, según su experto juicio le indica que uno u otro es necesario. Seremos dirigidos de forma correcta, si solo nos asociamos con «el gran pastor de las ovejas».

Sin embargo, no permitamos que nuestra predicación degenere en regaños a la congregación. Al púlpito lo llaman «castillo de cobardes», y en algunos aspectos es un nombre muy apropiado, especialmente cuando los tontos suben a la plataforma e insultan descaradamente a sus oyentes al exponer sus fallas o debilidades ante el escarnio público. Hay una personalidad —una personalidad ofensiva, desenfrenada e injustificable— que debe evitarse con mucho cuidado; es mundana y debe ser condenada con todo rigor. No obstante, hay otra personalidad, sabia, espiritual, celestial, a la cual se debe aspirar incesantemente. La Palabra de Dios es más cortante que cualquier espada de dos filos, y por lo tanto, pueden dejar que sea la Palabra de Dios la que hiera y mate, y no es necesario que ustedes mismos sean cortantes con sus frases y formas de actuar. La verdad de Dios es inquisitiva, por tanto, que ella penetre en los corazones de los hombres sin que ustedes añadan comentarios ofensivos. El que pinta un retrato y necesita escribir el nombre debajo de la imagen, aunque esté colgado en el salón familiar donde la persona está sentada, no es más que un chapucero. Que sus oyentes perciban que hablan de ellos, aunque ni remotamente los hayan nombrado ni señalado. Es posible que en ocasiones tengan que llegar tan lejos como Hugh Latimer, quien al hablar sobre el soborno, expresó: «El que tomó el lavamanos de plata y el jarro por soborno piensa que eso nunca saldrá a la luz. Pero puede que él no sepa que yo lo sé, y no lo sé yo solo, hay otros aparte de mí que lo saben. ¡Oh, el sobornador y los sobornos! El que acepta sobornos nunca fue un buen hombre; ni puedo creer que el sobornador sea un buen juez». Aquí hubo a la vez tanta reserva prudente como revelación audaz; y si no van más allá de esto, ningún hombre se atreverá, por vergüenza, a acusarlos de una personalidad demasiado excesiva.

Por otro lado, al ocuparse de su texto, el ministro debería considerar cuáles han sido sus temas anteriores. No sería prudente insistir todo el tiempo en una doctrina, y por ende descuidar las demás. Algunos de nuestros hermanos con mentes más privilegiadas son capaces de tratar el mismo tema en una serie de discursos, y pueden, con un giro del caleidoscopio, presentar nuevas formas de belleza sin cambiar de tema. Pero la mayoría de nosotros, con habilidades menos fecundas, encontraremos que es mejor la variedad, y predicar sobre una gama amplia de verdades. Creo que es sabio mirar con frecuencia la lista de mis sermones, y ver si alguna doctrina ha escapado a mi atención, o si en mi predicación he descuidado alguna de las gracias cristianas. Es sabio preguntar si últimamente hemos sido demasiado doctrinales, o demasiado prácticos, o en forma exclusiva demasiado experimentales. No deseamos degenerar en antinomianos, ni por otro lado llegar a ser meros maestros de una moralidad fría; más bien, nuestra ambición es evidencia plena de nuestro ministerio. A cada porción de la Escritura hemos de dar su parte justa en nuestro corazón y mente. Doctrina, precepto, historia, tipología, salmo, proverbio, experiencia, advertencia, promesa, invitación, amenaza, represión, tenemos que incluir toda verdad inspirada dentro del ámbito de nuestras enseñanzas. Aborrezcamos toda unilateralidad, toda exageración de una verdad y menosprecio de otra, y procuremos pintar el retrato de la verdad con rasgos equilibrados y mezcla de colores, para no deshonrarla al pintar distorsión en lugar de simetría, y una caricatura en vez de una copia fiel.

Sin embargo, imaginemos que tú has orado en esa pequeña habitación, has luchado duro y suplicado durante mucho

SOBRE LA ELECCIÓN DEL TEXTO

tiempo, y has pensado en tu gente y en sus necesidades, y aun así no puedes encontrar un texto; no te preocupes por eso, ni te desesperes. Si estuvieras a punto de ir a la guerra con tus propias provisiones, sería algo realmente grave carecer de pólvora con la batalla tan cerca; pero como tu Capitán tiene que proporcionarte lo necesario para la lid, no hay duda de que, a su debido tiempo, Él te suministrará las municiones. Si confías en Dios, Él no te fallará; no puede fallarte. Continúa suplicando y velando, porque para el estudiante diligente, la ayuda celestial está segura. Si durante toda la semana hubieras estado ocioso, sin prestar atención a la preparación adecuada, no podrías esperar ayuda divina; pero si te has esforzado al máximo y ahora estás esperando para conocer el mensaje de tu Señor, tu rostro nunca se avergonzará.

Me han ocurrido dos o tres incidentes que a ustedes les pueden parecer bastante extraños, pero es que yo soy un hombre extraño. Cuando vivía en Cambridge, tenía que predicar por la noche —como de costumbre— en una aldea vecina, a la que tenía que ir caminando. Después de leer y meditar todo el día, no pude seleccionar el texto correcto. A pesar de todos mis esfuerzos, ninguna respuesta vino del oráculo sagrado, ninguna luz brilló desde el Urim y Tumim; oré, medité, fui de un versículo a otro, pero la mente no se fijó en ninguno. Yo estaba, como diría Bunyan: «Muy tambaleante en mis pensamientos». Justo en ese momento caminé hasta la ventana y miré hacia afuera. Al otro lado de la estrecha calle en la que vivía, vi un pobre y solitario canario en el techo, rodeado por una banda de gorriones que lo picoteaban como si quisieran hacerlo pedazos. En ese momento, el versículo vino a mi mente: «¿Es mi heredad para mí como ave de rapiña de muchos colores? ¿No están contra ella aves de rapiña en derredor? [...]» (Jer. 12:9). Partí con la mayor calma posible, y durante mi larga y solitaria caminata consideré el pasaje, y prediqué sobre el pueblo escogido, y las persecuciones de sus enemigos; y lo hice con libertad y tranquilidad en mí mismo, y creo que fue de consuelo para mi sencilla audiencia. El texto me fue enviado, y si los cuervos no lo trajeron, ciertamente los gorriones sí.

En otra ocasión, mientras trabajaba en Waterbeach, había predicado el sabbat por la mañana y me había ido a almorzar, como era mi costumbre, a la casa de un hermano de la congregación. Desafortunadamente, se daban tres cultos, y el sermón de la tarde quedaba tan cercano al de la mañana, que era difícil preparar el alma, sobre todo porque el almuerzo es necesario, pero también es un serio inconveniente para el que se requiere una mente clara. ¡Ay de esos servicios de la tarde en nuestras aldeas inglesas, generalmente son una pérdida miserable de esfuerzo! La carne asada y el pudín se dejan sentir pesadamente sobre las almas de los oyentes, y el predicador mismo está mitigado en sus procesos mentales mientras la digestión reclama su horario. Al mantener en aquella ocasión una cuidadosa medida de la dieta, pude permanecer en una condición impetuosa y vivaz; no obstante, para mi sorpresa, descubrí que la línea de ideas preconcebida se me había desaparecido de la mente. No pude encontrar el rastro de mi sermón ya preparado, y por mucho que fruncí el ceño, el tema nunca regresó. Faltaba poco tiempo, el reloj se acercaba a la hora, y con cierta alarma, le expresé al honesto campesino que no podía recordar sobre qué iba a predicar. Este exclamó «¡Oh!, ¡no importa! De seguro usted tendrá una buena palabra para nosotros». Justo en ese momento un pedazo de leña ardiente cayó del fuego sobre la chimenea a mis pies, el cual nos colmó de humo los ojos y la nariz. «Ahí», afirmó el granjero, «¡ahí tiene usted un texto, señor!». "¿No es éste un tizón arrebatado del incendio?". No, pensé, no fue arrebatado, porque se cayó por sí mismo. Aquí había un texto, una ilustración y una idea guía que, como un nidal, podría dar mucho más. Recibí más luz, y el sermón ciertamente no fue peor que el otro ya más preparado; al contrario, fue mejor en un buen sentido, porque uno o dos se levantaron y vinieron al altar para declarar haber sido tocados y convertidos mediante el sermón de esa tarde. Siempre consideré que haber olvidado el texto del cual tenía la intención de predicar fue algo muy bueno.

En New Park Street, una vez pasé por una experiencia muy singular, de la cual hay testigos presentes en esta sala. Toda la parte inicial del sagrado culto en la noche del sabbat había transcurrido sin problema alguno, y se estaba cantando el himno antes del sermón. Abrí la Biblia para encontrar el texto, el cual había estudiado cuidadosamente como tema de la predica, cuando en la página opuesta de repente salió otro pasaje de la Escritura, cual león de un matorral, con mucho más poder del que yo había sentido al considerar el texto que había elegido. La gente cantaba y yo suspiraba. Entre ambos pasajes no sabía cuál escoger, y mi mente pendía de un hilo. Como es natural, yo deseaba ir por el sendero que había planeado cuidadosamente, pero el otro texto no aceptaba el rechazo, y parecía tirar de mi manga, y gritar: «¡No, no, tienes que predicarme! ¡Dios quiere que me sigas!». Deliberaba para mis adentros en cuanto a mi deber, ya que no quería ser fanático ni incrédulo, y al final pensé: *Bueno, me gustaría predicar el sermón que he preparado, y es un gran riesgo emprender una nueva línea de ideas, pero aun así, y ya que este texto me constriñe, puede ser del Señor, y por lo tanto me aventuraré, pase lo que pase.* Casi siempre anuncio las divisiones de mi sermón, justo después de la introducción, pero en esta ocasión, contrario a mi costumbre, no lo hice, por una razón que es probable que algunos de ustedes puedan adivinar. Hablé del primer punto con considerable libertad, y de forma bien improvisada sobre mis ideas y mis palabras. El segundo punto lo abordé con una conciencia de poder inusual, calmado y eficiente, pero no tenía idea de cómo sería o podría ser el tercero, ya que en aquel preciso momento el texto no me ofrecía más para decir, ni puedo asegurar incluso ahora lo que habría hecho de no haber ocurrido algo que nunca había imaginado. Me encontraba en una gran dificultad por obedecer lo que yo pensaba que era un impulso divino, y me sentí relativamente tranquilo al respecto, al creer que Dios me ayudaría, y al saber que al menos podría finalizar el culto si no hubiera nada más que decir. No tuve necesidad de pensar, porque en un momento nos quedamos en total oscuridad pues se apagó el gas, y como los pasillos estaban llenos de gente, y el lugar estaba abarrotado, aquello era un gran peligro, y a la vez una gran bendición. ¿Qué iba a hacer entonces? La gente estaba un poco asustada, pero los tranquilicé al instante cuando les dije que no se alarmaran en absoluto, porque aunque el gas estaba apagado, pronto lo volverían a encender; y en cuanto a mí, al no tener ningún manuscrito, podría hablar tan bien en la oscuridad como en la luz, si solo fueran tan amables de sentarse y escuchar. Por muchos detalles que hubiese tenido mi discurso, hubiera sido absurdo haberlo continuado; y al encontrarme en una situación tan difícil, me sentí menos avergonzado. De inmediato me volví mentalmente al conocido texto que habla del hijo de luz que camina en tinieblas, y del hijo de las tinieblas que camina en la luz, y entonces observaciones e ilustraciones apropiadas llegaron a raudales sobre mí. Cuando las lámparas volvieron a encenderse, contemplé frente a mí una audiencia tan embelesada y atenta como nunca antes hombre alguno había visto. Lo más extraño de todo fue que en un culto, unos pocos días después, dos personas fueron al frente para confesar su fe, y declararon haberse convertido aquella noche. Una atribuyó su conversión a la primera parte de la predicación, sobre aquel texto nuevo que vino a mí; la otra la relacionó con la última parte, producto de la oscuridad repentina. Así que ya lo ven, la providencia se hizo mi amiga. Me lancé sobre los brazos de Dios, y Él se encargó de apagarme la luz en el momento preciso. Algunos pueden ridiculizar, pero yo adoro; otros pueden censurar, mas yo me regocijo.

Cualquier cosa es mejor que sermonear de forma mecánica, donde la dirección del Espíritu es prácticamente ignorada. No tengo dudas de que cada predicador guiado por el Espíritu tendrá recuerdos como estos en su ministerio. Por lo tanto, yo les digo: observen el curso de la providencia; láncense en los brazos de la guía y ayuda del Señor. Si han hecho todo lo posible por encontrar un texto y el tema no se presenta ante ustedes, suban al púlpito firmemente convencidos de que cuando el momento llegue, recibirán un mensaje, aunque no tengan ni una palabra escrita en ese momento.

Sobre la vida de Samuel Drew, un famoso predicador metodista, leemos: «Al detenerse después de predicar en la casa de un amigo en Cornualles, una persona que había asistido al servicio le comentó que en esa ocasión él había superado su capacidad habitual, y otros individuos estuvieron de acuerdo con esa opinión. Ante estas palabras, el Sr. Drew expresó: «Si es cierto, es muy extraño, porque mi sermón no fue premeditado en absoluto. Subí al púlpito preparado para hablarles sobre otro texto, pero al mirar la Biblia, que estaba abierta, ese pasaje del que me escucharon predicar llamó mi atención tan fuertemente en ese momento como para hacerme olvidar mis ideas anteriores. Aunque nunca antes había considerado el pasaje, decidí convertirlo al instante en el tema de mi sermón». El Sr. Drew hizo bien en obedecer a la dirección celestial. Bajo ciertas circunstancias, ustedes se sentirán absolutamente obligados a desechar el discurso bien estudiado y confiar en la ayuda actual del Espíritu Santo, danto un discurso puramente improvisado.

Puede que te veas en la situación del difunto Kingman Nott, cuando predicó en el Teatro Nacional de Nueva York. En una de sus cartas, él relata: «El edificio estaba abarrotado, sobre todo con hombres jóvenes y chicos muy rudos. Fui con un sermón en mente, pero apenas llegué al escenario, me recibieron con un "¡Hola! ¡Hola!" y al ver a la muchedumbre abigarrada y alborotada con la que tenía que trabajar, me propuse olvidar todas las ideas del sermón, y eché mano a la parábola del hijo pródigo, con la intención de ganar su atención, lo cual logré pues la mayoría de ellos se mantuvo dentro del edificio, y con una atención aceptable». ¡Haber perseverado en aquel sermón hubiera sido una tontería de su parte! Hermanos, les ruego: crean en el Espíritu Santo y vivan su fe de manera práctica.

Como ayuda adicional a un pobre predicador encallado, que no puede poner a navegar su mente por falta de una o dos olas de pensamiento, le recomiendo en tal caso, volver una y otra vez a la Palabra de Dios, y leer un capítulo, y meditar sobre sus versículos uno por uno; o que seleccione un solo versículo, y que su mente se ejercite plenamente en él. Puede ser que no encuentre su texto en el versículo o capítulo que lee, pero al tener su mente ocupada de forma activa en los temas sagrados, la palabra correcta llegará a él. De acuerdo con la relación de las ideas entre sí, una idea sugerirá otra, y otra, hasta que una larga procesión haya pasado por la mente, de la cual una u otra será el tema predestinado. Lee también libros sugerentes, adecuados y que estos estimulen tu mente. Si un hombre desea sacar agua de una bomba que no se ha utilizado recientemente, primero la ceba y luego la bomba funciona. Busca uno de los libros de los puritanos y estudia minuciosamente su obra, y verás que pronto serás como un pájaro en vuelo, con la mente activa y en pleno movimiento.

Sin embargo, a modo de precaución, permítanme señalar que debemos estar siempre preparados para recibir textos y hacer sermones. Debemos preservar constantemente la actividad santa de nuestras mentes. ¡Ay del ministro que se atreve a malgastar una hora! Lean la obra de John Foster *Essay on the Improvement of Time* [Ensayo sobre el aprovechamiento del tiempo] y decidan nunca perder un segundo. Un hombre que desde el lunes por la mañana hasta el sábado por la noche se levanta y se acuesta y sueña indolentemente con un mensajero angelical que le traiga su texto en las últimas dos horas de la semana, tienta a Dios, y merece quedarse mudo el sabbat en la mañana. Como ministros no tenemos tiempo de ocio, nunca estamos fuera de servicio, sino que permanecemos en nuestras torres de vigilancia día y noche. Estudiantes, les digo solemnemente, nada los excusará de no mantener una economía estricta del tiempo; y si juegan con esto, corren gran peligro. La hoja de tu ministerio pronto se marchitará a menos que, como el hombre bendito del primer Salmo, medites en la ley de Jehová tanto de día como de noche. Me preocupa en gran manera que ustedes pierdan el tiempo en disipación religiosa, o en chismes o en charlas frívolas. Cuídense de no correr de una reunión a la otra, escuchando tonterías y contribuyendo a las habladurías de los charlatanes. Por lo general, el hombre que es muy bueno para tomar té, asistir a fiestas y a excursiones de la escuela dominical, es de poca utilidad en las demás cosas. La primera prioridad de ustedes es la preparación para el púlpito, y si descuidan esto, no tendrán buen testimonio, ni ustedes ni su pastorado. Las abejas producen miel de la mañana hasta la noche, y nosotros deberíamos estar siempre reuniendo el alimento espiritual para nuestra gente. No tengo fe en ese ministerio que ignora la preparación ardua.

Cuando viajábamos por el norte de Italia, nuestro cochero durmió en el carruaje por la noche, y cuando lo llamé en la mañana, él se incorporó de un salto, chasqueó su látigo tres veces y afirmó que estaba listo. Yo no me sentí feliz con aquella rápida reacción, y deseé que él hubiera dormido en otro lugar, o haber viajado en otro carruaje. Ustedes que están listos para predicar en un abrir y cerrar de ojos, me perdonarán si me voy a ocupar un banco en otro lugar. Lo aconsejable es ejercitar de forma habitual nuestras mentes en cuanto a nuestra obra. Los ministros siempre deben estar preparando su trabajo, pero especialmente mientras el sol brilla.

¿Notas que a veces te encuentras maravillosamente preparado para predicar? El Sr. Jay expresó que cuando se sentía en tal condición, él sacaba una hoja, anotaba los textos y las divisiones de los sermones, y los guardaba para que pudieran servirle cuando su mente no estuviera tan preparada. El llorado Thomas Spencer, escribió: «Guardo un pequeño libro, en el cual anoto cada texto de la Escritura que viene a mi mente con poder y dulzura. Si soñara con un pasaje de la Escritura, ahí lo registro, y cuando me siento a componer una predicación, examino el libro y encuentro siempre un tema para compartir». Busca temas mientras caminas por la ciudad o el campo. Mantén siempre tus ojos y oídos abiertos, y escucharás y verás ángeles. El mundo está lleno de sermones; atrápalos al vuelo. Cada vez que un escultor ve un tosco bloque de mármol, él cree que dentro de él hay una noble estatua oculta, y que solo tiene que eliminar las superfluidades y revelarla. De igual manera, tú debes creer que dentro de la vaina de todas las cosas se encuentra el núcleo de un sermón para el hombre sabio. Sé sabio, y percibe lo celestial en su forma terrenal. Escucha las voces de los cielos y tradúcelas al lenguaje de los hombres. Sé siempre un predicador, oh hombre de Dios, que hurga para el púlpito en todas las esferas de la naturaleza y del arte; que almacena y prepara a toda hora y en todas las estaciones.

Me preguntan si es bueno anunciar los planes de los sermones, y publicar listas con la planificación que tenemos de estos. Respondo que cada hombre debe hacer según su caso. No soy juez para los demás, pero no me atrevo a intentar algo así, y si me atreviera a hacerlo, fracasaría de manera significativa. Los precedentes van por mucho en contra de mi opinión y, a la cabeza de ellos encontramos la colección de discursos de Matthew Henry, John Newton y muchos otros; aun así, solo puedo expresar mis impresiones personales y dejar que cada hombre obre por su propia cuenta. Varios teólogos eminentes han impartido cursos de sermones muy valiosos sobre temas anteriormente preparados; sin embargo, no somos eminentes, y debemos aconsejar a otros como nosotros que tengan cuidado de cómo actúan. No me atrevo a anunciar lo que voy a predicar mañana, mucho menos lo que voy a predicar en seis semanas o en seis meses. En parte esto se debe a que sé muy bien que no poseo esos dones peculiares necesarios para logar que una asamblea se interese por un tema o conjunto de temas por un período de tiempo dado. Los hermanos que han investigado de forma extraordinaria y que poseen un conocimiento profundo son capaces de hacerlo, y los hermanos sin nada de esto y sin sentido común pueden fingir hacerlo, pero yo no puedo. Estoy obligado a deberle una gran parte de mi fortaleza a la variedad y no a la profundidad. Es cuestionable si la gran mayoría de los predicadores que hacen una lista de predicaciones programadas, no tuvieran muchísimo más éxito si quemaran sus planificaciones.

Tengo un recuerdo muy vivo, o mejor dicho aburridísimo, de una cierta serie de predicaciones sobre Hebreos que causó una impresión profunda en mi mente, pero del tipo más indeseable. Con frecuencia deseé que los hebreos se hubieran reservado la epístola, porque esta aburría a un pobre muchacho gentil. Para cuando el séptimo u octavo discurso había sido pronunciado, solo las personas muy buenas podían soportarlo. Por supuesto, estas declararon que nunca habían escuchado exposiciones más valiosas, pero a los que tenían un juicio más carnal parecía que cada sermón aumentaba en aburrimiento. En esa epístola, Pablo nos exhorta a soportar la palabra de exhortación, y así lo hicimos. ¿Son todas las series de sermones como esta? Quizás no; y sin embargo, me temo que las excepciones son pocas, ya que incluso se cuenta que ese maravilloso expositor, Joseph Caryl, comenzó sus famosas lecciones sobre Job con 800 oyentes, ¡y cerró el libro con solo ocho! Un predicador expuso con tanta profundidad sobre «el cuerno pequeño» de Daniel, que un sabbat por la mañana solo le quedaban siete oyentes. Sin duda pensaron que «es extraño que un arpa de mil cuerdas toque una misma melodía durante tanto tiempo».

Por lo común, y para los hombres comunes, me parece que las series de estudios preconcebidos son un error, y aunque aparentan brindar beneficios, por lo general causan daño. Sin duda, estudiar una epístola larga debe exigir gran genialidad por parte del predicador, y un mundo de paciencia por parte de los oyentes. Me conmueve un factor aún más profundo en lo que ahora he dicho: me da la impresión de que muchos predicadores verdaderamente avivados y sinceros sientan que estas programaciones son un grillete para ellos. Si el predicador anunciara para el próximo día del Señor un tema lleno de alegría, que requiera vivacidad y exaltación del espíritu, es muy posible que él, por diversas causas, se encuentre en un estado de ánimo triste y abrumado; sin embargo, debe poner el vino nuevo en su odre viejo, y subir a la fiesta de bodas cubierto de cilicio y cenizas, y lo peor de todo, ¡es posible que se vea en la obligación de repetirlo todo un mes! ¿Debería ser esto así? Es importante que el orador esté en sintonía con su tema, pero ¿cómo puede asegurarse esto a menos que el tema se elija bajo las situaciones que influyen en ese momento? Un hombre no es un motor de vapor que corre sobre las rieles y no es prudente fijarlo en una sola ranura. Gran parte del poder del predicador radicará en que toda su alma esté conectada con el tema, y yo sentiría miedo de nombrar un tema para una fecha determinada, no sea que, cuando llegue el momento, no esté en sintonía con ello. Además, no es fácil ver cómo un hombre puede mostrar dependencia de la guía del Espíritu de Dios cuando ya ha prescrito su propia ruta.

Quizás ustedes digan: «Esa es una objeción singular pues, ¿por qué no confiar en Él durante 20 semanas, así como confiamos en una?». Es cierto, pero nunca hemos recibido una promesa que sostenga tal fe. Dios promete darnos la gracia para el presente, pero no plantea nada en cuanto a dotarnos de un fondo de reserva para el futuro. «Día tras día descendía el maná; ¡Oh, que podamos aprender bien esta lección!». De la misma forma nuestros sermones descenderán a nosotros, recién llegados del cielo, en el momento oportuno. Soy celoso de cualquier cosa que pueda obstaculizar nuestra dependencia diaria del Espíritu Santo, y por lo tanto, expreso la opinión ya planteada.

Ante ustedes, mis hermanos más jóvenes, me siento seguro al afirmar con autoridad: dejen esos intentos ambiciosos de elaborar series de discursos para los hermanos mayores y más capaces. Tenemos solo una pequeña porción de oro y plata mental; invirtamos nuestro pequeño capital en bienes útiles que puedan venderse rápido en el mercado, y dejaremos que los comerciantes más ricos negocien los artículos más caros y engorrosos. No sabemos lo que un día puede traer; aguardemos la enseñanza diaria y no hagamos nada que nos impida usar esos materiales que la providencia puede lanzar en nuestro camino hoy o mañana.

Quizás pregunten si deben predicar sobre textos que las personas seleccionan para ustedes, y les piden que prediquen sobre ellos. Mi respuesta sería: por regla general nunca lo hagan; y si han de hacer excepciones, que sean pocas. Permítanme recordarles que no poseen una tienda a la que los clientes pueden venir y dar órdenes. Cuando un amigo les sugiere un tema, piénsenlo bien y consideren si es apropiado, y analicen si les llega con poder. Reciban la solicitud con cortesía, ya que están obligados a comportarse como caballeros y como cristianos; pero si el Señor a quien ustedes sirven no envía Su luz sobre el texto, no lo prediquen, independientemente de quien intente persuadirlos.

Estoy seguro de que si esperamos en Dios para saber qué tema predicar, y hacemos de esto un motivo de oración, podremos ser dirigidos acertadamente, seremos guiados por un camino correcto; pero si nos envanecemos con la idea de que nosotros mismos podemos elegirlo, encontraremos que incluso para seleccionar un tema, sin Cristo no podemos hacer nada. Esperen en el Señor, escuchen lo que Él hablará, reciban la Palabra directamente de la boca de Dios, y luego vayan como embajadores recién salidos de la corte del cielo. «Sí, espera a Jehová».

Lección 7

En cuanto a la espiritualización

Muchos escritores sobre Homilética condenan muy enérgicamente la espiritualización de un texto, incluso aunque sea ocasional. Ellos afirman: «Selecciona textos que tengan un sentido claro y literal; nunca vayas más allá del significado obvio del pasaje; nunca te permitas acomodarlo o adaptarlo; es un artificio de hombres de cultura artificial, un truco de charlatanes, una demostración miserable de mal gusto e insolencia». Honor a quien honor merece, pero humildemente solicito permiso para discrepar respecto a esta opinión erudita, pues creo que es más exigente que correcta, más plausible que verdadera. Se puede hacer mucho bien si ocasionalmente se toman textos olvidados, curiosos, notables y poco conocidos; y estoy convencido de que si apelamos a un jurado de predicadores prácticos y exitosos, que no sean teóricos, sino hombres que en realidad se encuentran en la acción, tendremos una mayoría a nuestro favor. Puede ser que los rabinos eruditos de esta generación sean demasiado sublimes y celestiales como para condescender con los hombres de baja categoría; pero nosotros, que no tenemos una cultura elevada, ni conocimientos profundos, ni una elocuencia encantadora de la que jactarnos, hemos considerado prudente usar el mismo método que los grandes han prohibido; pues consideramos que es una de las mejores maneras de mantenerse fuera de la rutina de la formalidad aburrida, y nos concede una especie de sal con la cual damos sabor a la verdad difícil de aceptar. Muchos ganadores de almas destacados han sentido que es útil impulsar su ministerio y ganar la atención de su gente, al caminar de vez en cuando por un sendero no transitado previamente. La experiencia no les enseñó que estaban equivocados, sino todo lo contrario. Hermanos, no tengan miedo de espiritualizar dentro de los límites, ni de tomar textos singulares. Continúen buscando pasajes de la Escritura, y no solo expongan su significado obvio, como lo suelen hacer, sino que procuren también extraer significados que se encuentran más lejos de la superficie. Tomen el consejo, por si sirve de algo, pero les recomiendo seriamente que demuestren a estos críticos que no todos adoran la estatua de oro que ellos han levantado.

Les aconsejo que espiritualicen dentro de ciertos límites y fronteras, pero también les pido que, bajo el amparo de este consejo, no se entreguen precipitadamente a «imaginaciones» incesantes e imprudentes, como las llamaría George Fox. No se

EN CUANTO A LA ESPIRITUALIZACIÓN

ahoguen porque se les recomienda bañarse, ni se cuelguen de un roble porque el tanino sea un astringente valioso. Una cosa permisible llevada al exceso se convierte en vicio, del mismo modo que el fuego es un buen sirviente en la parrilla, pero un mal amo cuando se propaga con furia en una casa ardiente. Demasiada cantidad de algo bueno nos satura y repugna, y en ningún caso se cumple esto más que en el que tenemos ante nosotros.

La primera regla que debe observarse es la siguiente: no fuerce de manera violenta un texto al espiritualizarlo de manera ilegítima. Esto es un pecado contra el sentido común. Cuán espantosamente ha sido mutilada la Palabra de Dios por un cierto grupo de predicadores que han torturado los textos para obligarlos a revelar lo que nunca hubieran dicho de otra manera. El Sr. Slopdash, del que Rowland Hill nos cuenta en sus *Village Dialogues* [Diálogos de aldea], no es más que uno entre una numerosa generación. Se cuenta que este pronunció un discurso sobre el sueño del panadero del faraón: «... También yo soñé que veía tres canastillos blancos sobre mi cabeza» (Gén. 40:16). ¡Sobre esto, ese «mentecato tres veces ungido», como lo llamaría un amigo mío, predicó la doctrina de la Trinidad! Un querido ministro de Cristo, un venerable y excelente hermano, de los mejores ministros de su condado, me dijo que un día notó la ausencia en su capilla de un hombre trabajador y de su esposa. Ellos continuaron ausentándose una y otra vez, domingo tras domingo, y un lunes, al encontrarse con el marido en la calle, le comentó:

—Bueno, John, hace unos domingos que no los veo.

—No, señor —fue la respuesta—. Ya su ministerio no nos era de provecho como antes.

—John, realmente siento mucho escuchar eso.

—Bueno, a mí y a mi esposa nos gustan las doctrinas de la gracia y, por lo tanto, en los últimos tiempos hemos ido a escuchar al Sr. Bawler.

—¡Oh! ¿Te refieres al buen hombre de la reunión de los hipercalvinistas?

—Sí, señor, y estamos muy felices; allí recibimos buena comida, dieciséis onzas por libra. Bajo su ministerio ya padecíamos hambre, aunque siempre lo respetaré como hombre, señor.

—Muy bien, amigo mío. Por supuesto que deben ir a donde sea de provecho para sus almas. Solo espero que sea bueno, pero ¿qué recibieron el domingo pasado?

—¡Oh! Tuvimos un tiempo muy renovador, señor. Por la mañana escuchamos sobre... no me parece que me gustaría contárselo; sin embargo, realmente tuvimos un tiempo precioso.

—Sí, pero ¿sobre qué fue, John?

—Bueno, señor, el Sr. Bawler nos llevó con bendición a ese pasaje: «Cuando te sientes a comer con algún señor, considera bien lo que está delante de ti, y pon cuchillo a tu garganta, si tienes gran apetito».

—¿Y qué pudo comentar sobre eso?

—Bueno, señor, puedo decirle lo que él habló al respecto, pero me gustaría saber primero lo que usted hubiera dicho.

—No lo sé, John; no creo que yo hubiera tomado ese texto para nada, pero si tuviera que hablar al respecto, habría dicho que una persona que come y bebe mucho debería tener cuidado de comportarse así en presencia de grandes hombres, o se arruinaría a sí mismo. La gula, incluso en esta vida, es destructiva.

—¡Ah! —discrepó el hombre—, esa es su manera pasiva de interpretar los textos. Como le dije a mi señora el otro día, desde que escuchamos al Sr. Bawler, la Biblia nos ha sido abierta para que podamos ver mucho más en ella de lo que veíamos antes.

—Sí, pero ¿qué comentó el Sr. Bawler sobre su texto?

—Bueno, expresó que un hombre dado a comer mucho era un recién convertido, que seguramente tiene un gran apetito por la predicación, y siempre quiere comida; pero no siempre sabe qué tipo de comida.

—¿Y qué dijo después, John?

—Afirmó que, si el recién convertido iba a sentarse ante un gobernante, es decir, un predicador establecido legalmente, y cuya obligación sea la tarea de la fe, sería lo peor para él.

—Pero ¿y qué del cuchillo, John?

—Bueno, señor, el Sr. Bawler aseguró que escuchar a los predicadores legales era algo muy peligroso ¡sería la ruina para ese hombre con toda seguridad, y podría cortarse la garganta de inmediato, señor!

Supongo que el tema era los efectos dañinos que pueden sufrir los cristianos jóvenes que escuchan a otros predicadores que no sean los de la escuela hiper-; y la moraleja de esto era que, antes que este hermano fuera a escuchar a su antiguo ministro, ¡le sería mejor cortarse la garganta! ¡Eso fue una interpretación bastante complaciente!

Críticos, ponemos estas cosas inútiles a su disposición; desgarren y devoren como quieran, no los vamos a recriminar.

Hemos oído hablar de otro intérprete que expresó su opinión sobre Proverbios 21:17: «Hombre necesitado será el que ama el deleite, y el que ama el vino y los ungüentos no se enriquecerá». Proverbios es el libro favorito de los espiritualizadores para pavonearse. Nuestro hombre utilizó el proverbio de esta manera: «El que ama el deleite, es decir, el cristiano que disfruta de los medios de la gracia, será un hombre necesitado, o sea, será pobre de espíritu; y "el que ama el vino y los ungüentos", dicho de otro modo, que se regocija en las provisiones del pacto, y disfruta del aceite y el ungüento del evangelio, "no se enriquecerá", en otras palabras, no será rico en su propia estima». El predicador mostró la excelencia de aquellos que son pobres en espíritu, y cómo van a disfrutar de los agradables beneficios del evangelio; un sentimiento muy correcto, ¡pero mis ojos carnales no lo ven en el texto!

Todos ustedes han oído hablar de la famosa interpretación de William Huntingdon del pasaje de Isaías 11:8: «Y el niño de pecho jugará sobre la cueva del áspid, y el recién destetado extenderá su mano sobre la caverna de la víbora». «"El niño de pecho" es decir, el bebé en gracia, "jugará sobre la cueva del áspid", "el áspid", o sea, el arminiano, "la cueva del áspid", en otras palabras, la boca del arminiano». Luego sigue una descripción de los juegos en los cuales las mentes ordinarias superan por mucho la sabiduría arminiana.

Los profesores de la otra escuela de teología tienen por lo general el buen sentido de no devolver el cumplido, de lo contrario los antinomianos podrían haberse encontrado a la par de las serpientes, y a sus oponentes desafiándolos

EN CUANTO A LA ESPIRITUALIZACIÓN

jactanciosamente en sus propias guaridas. Tal abuso solo daña a quienes lo ponen en práctica.

Las diferencias teológicas se presentan y aplican mejor por medios diferentes a esas bufonadas. A veces surgen resultados ridículos de pura estupidez inflada con presunción. Solo un ejemplo puede ser suficiente. Un buen ministro me contó el otro día que últimamente había estado predicando a su congregación sobre los 29 cuchillos de Esdras. Estoy seguro de que él trataría con cuidado estas afiladas herramientas, pero no pude evitar afirmar que esperaba que no hubiese imitado al muy sabio intérprete que vio en ese extraño número de cuchillos una referencia a los 24 ancianos del Apocalipsis. Un pasaje de los Proverbios expresa lo siguiente: «Por tres cosas se alborota la tierra, y la cuarta ella no puede sufrir: por el siervo cuando reina; por el necio cuando se sacia de pan; por la mujer odiada cuando se casa; y por la sierva cuando hereda a su señora» (30:21-23). Un espiritualizador delirante declara que esta es una dulce imagen de la obra de la gracia en el alma, y muestra qué es lo que inquieta y molesta a los arminianos: «"el siervo cuando reina", es decir, pobres siervos como nosotros, cuando somos puestos para reinar con Cristo; "el necio cuando se sacia de pan", o sea, hombres necios como nosotros, cuando somos alimentados con el mejor pan de la verdad del evangelio; "la mujer odiada cuando se casa", dicho de otro modo, un pecador cuando está unido a Cristo; "la sierva cuando hereda a su señora", esto es, cuando nosotros siervos pobres que estábamos bajo la ley, esclavos, gozamos de los privilegios de Sara y nos convertimos en herederos de nuestra propia dueña y señora».

Estos son algunos ejemplos de curiosidades eclesiásticas que son tan numerosas y valiosas como las reliquias que se recogen todos los días y con tanta abundancia en el campo de batalla de Waterloo, y que los simples los aceptan como tesoros inestimables. Pero ya los hemos abrumado bastante y no deseamos hacerlos perder más tiempo. ¡Ustedes tienen que alejarse de todos estos disparates! Divagaciones como estas deshonran la Biblia, son un insulto al sentido común de los oyentes, y un descredito deplorable del ministro. Sin embargo, esto no es para nada la espiritualización que les recomendamos, como tampoco los cardos del Líbano son los cedros del Líbano. Eviten esas nimiedades infantiles y esas tergiversaciones escandalosas de los textos que les harán sabios entre los tontos, pero tontos entre los sabios.

Nuestra segunda regla es: nunca espiritualizar sobre temas indecorosos. Es necesario decir esto, porque la familia Slopdash nunca se siente más a gusto como cuando habla de una manera que hace que las mejillas de la modestia se sonrojen. Hay una especie de escarabajo que crece en la inmundicia, y esta criatura tiene su prototipo entre los hombres. Ahora me viene a la memoria un pastor muy respetable que con maravilloso gusto y sensual unción entró en detalles sobre la concubina cortada en diez pedazos. El propio Greenacre no podría haberlo hecho mejor. ¡Qué cosas abominables se han planteado sobre algunos de los símiles más terribles y horripilantes de Jeremías y Ezequiel! Donde el Espíritu Santo se muestra velado y casto, estos hombres han arrancado el velo, y hablado solo como las malas lenguas se atreverían a hacer. No soy muy delicado,

EN CUANTO A LA ESPIRITUALIZACIÓN

de hecho, estoy lejos de eso, pero las explicaciones del nuevo nacimiento mediante analogías sugeridas por una comadrona, las descripciones del rito de la circuncisión, y de los pormenores de la vida matrimonial encenderían mi temperamento y me harían sentirme inclinado a ordenar con Jehú, que el desvergonzado debería ser arrojado desde su posición exaltada, deshonrado por esa descarada insolencia. Sé que se afirma: «*Honi soit qui mal y pense*» [vergüenza para el que piensa mal de esto], pero yo digo que ninguna mente pura debe ser sometida a la menor sombra de indecencia desde el púlpito. La esposa del César debe estar libre de toda sospecha, y los ministros de Cristo deben estar libres de toda mancha en sus vidas y en sus palabras. Caballeros, los besos y abrazos en los que algunos predicadores se deleitan son repugnantes; también es mejor dejar en paz el Cantar de los Cantares de Salomón que arrastrarlo por el fango como a menudo algunos lo hacen. En especial los hombres jóvenes deben ser escrupulosa y celosamente modestos y puros en palabra; a un anciano se le perdona (algo que apenas entiendo), pero un joven no tiene excusas si sobrepasa la línea estricta de la delicadeza.

En tercer lugar: nunca espiritualicen para demostrar lo muy inteligentes que son. Tal intención será perversa, e imprudente el método utilizado. Solo un gran simplón tratará de destacarse por hacer lo que nueve de cada diez hombres podrían hacer igual de bien. Cierto predicador disertó en una ocasión sobre la palabra «pero», con la esperanza de congraciarse con la asamblea, la cual, pensó él, quedaría embelesada con los poderes de un hermano que podría entrar en detalles de forma tan maravillosa respecto a una simple conjunción. Su tema parece haber sido que, independientemente de lo que haya de bueno en el carácter de un hombre, o admirable en la posición que ocupa, de seguro habrá alguna dificultad, alguna prueba relacionada con todos nosotros: «Naamán, general del ejército del rey de Siria, era varón grande delante de su señor… pero…». Cuando el orador bajó del púlpito, los diáconos le expresaron: «Bien, señor, nos ha dado un sermón singular, pero usted no es el hombre indicado para nuestra iglesia. Eso lo podemos ver muy claramente». ¡Ay del ingenio cuando se vuelve tan ordinario y pone un arma en manos de sus propios adversarios! Recuerden que la espiritualización no consiste en una demostración maravillosa de ingenio, incluso si es que pueden hacerlo bien, y que emplearla sin tacto es el método más fácil de revelar su enorme insensatez. Señores, si aspiran a imitar a Orígenes en sus interpretaciones alocadas y atrevidas, sería mejor leer su vida y observar atentamente las locuras que incluso su maravillosa mente cometió al permitir que una fantasía desenfrenada usurpara la autoridad absoluta sobre su juicio. Y si se ponen a competir con los declamadores vulgares de una generación pasada, permítanme recordarles que el gorro y las campanas no cuentan ahora con el mismo patrocinio que compartieron hace algunos años.

Nuestra cuarta advertencia es: nunca perviertan la Escritura a fin de darle un significado novedoso y supuestamente espiritual, para que no sean declarados culpables de esa solemne maldición con la que el rollo de la inspiración es guardado y sellado. El Sr. Cook, de Maidenhead, se sintió obligado a separarse

EN CUANTO A LA ESPIRITUALIZACIÓN

de William Huntingdon porque este afirmó que el séptimo mandamiento significaba que el Señor habló a Su Hijo y le ordenó: «No codiciarás a la esposa del diablo, es decir, a los no elegidos». A esto solo se puede añadir: ¡qué horrible! Tal vez sería un insulto a la razón y a la religión de cualquiera el aconsejar: aborrezcan tales blasfemias. Por instinto rechazamos cosas así.

Insistimos una vez más, bajo ninguna circunstancia deben permitir que su audiencia olvide que las narraciones que ustedes espiritualizan son hechos, y no meros mitos o parábolas. El primer sentido del pasaje nunca debe ahogarse en el caudal de su imaginación; este debe ser declarado de forma precisa y debe permanecer en primera fila. La interpretación que hagan del pasaje nunca debe desplazar el significado original, ni siquiera empujarlo a un segundo plano. La Biblia no es una compilación de alegorías ingeniosas o tradiciones poéticas instructivas; esta enseña hechos literales y revela realidades formidables. Por lo tanto, que todos los que se benefician de sus ministerios puedan notar que ustedes están completamente persuadidos de esta verdad. Para la iglesia será fatal el día en que el púlpito parezca respaldar la hipótesis escéptica de que la Sagrada Escritura no es más que el registro de una mitología refinada, en la que burbujas de verdad se disuelven en océanos de detalles poéticos e imaginarios.

Sin embargo, existe un rango legítimo para espiritualizar, o más bien para el don particular que lleva a los hombres a espiritualizar. Por ejemplo, con frecuencia se ha demostrado que la tipología ofrece un amplio margen para ejercitar un ingenio santificado. ¿Por qué tienen que ir a buscar «mujeres detestables» sobre las cuales predicar, cuando tienen ante ustedes el tabernáculo en el desierto, con todos sus utensilios sagrados, el holocausto, la ofrenda de paz y todos los diversos sacrificios que fueron ofrecidos ante Dios? ¿Por qué luchar con lo novedoso cuando el templo y todas sus glorias están delante de ustedes?

La persona con mayor capacidad de interpretación tipológica encontrará un campo abundante en los símbolos indudables de la Palabra de Dios, y no habrá peligro en ejercitarse en esto, porque los símbolos tienen un origen divino. Cuando hayan agotado todos los tipos del Antiguo Testamento, tendrán a su disposición una reliquia de mil metáforas. Una explicación moderada de las alusiones poéticas de la Sagrada Escritura será muy bien aceptada en su congregación, y con la bendición de Dios, será muy provechosa.

No obstante, suponiendo que hayan presentado toda la tipología generalmente aceptada, y hayan dilucidado sobre los emblemas y las expresiones figuradas, ¿significa esto que tu fantasía y deleite en las similitudes deben reposar? ¡De ninguna manera! Cuando el apóstol Pablo encuentra un misterio en Melquisedec, y al hablar de Agar y Sara, afirma: «Lo cual es una alegoría...» (Gál. 4:24), nos da un precedente para descubrir alegorías escriturales en otros lugares aparte de los dos mencionados.

De hecho, los libros históricos no solo nos presentan alegorías en varios sitios, sino que estos parecen estar organizados como un todo con una perspectiva de enseñanza simbólica. Lejos está de mí recomendar que se vuelvan

EN CUANTO A LA ESPIRITUALIZACIÓN

demasiado fantasiosos debido a la gran indulgencia de una tendencia al misticismo, sin embargo, si son lectores lo suficientemente cuidadosos como para haber notado la generalidad de los libros de la Biblia y su continuidad como un sistema tipológico, entonces leerán la Palabra con un interés cada vez mayor.

Por otro lado, también la capacidad para espiritualizar será bien empleada al generalizar los grandes principios universales que se desprenden de hechos minuciosos y segregados. Esta es una actividad ingeniosa, instructiva y legítima. Tal vez no elijan predicar sobre el versículo: «… tómala por la cola…» (Ex. 4:4), pero la observación que surge de este es bastante natural: «hay una manera de tomar o agarrar todas las cosas». Moisés tomó la serpiente por la cola, entonces hay un modo de agarrar nuestras aflicciones y descubrir cómo se ponen rígidas en nuestras manos al convertirse en una vara que obra milagros; hay una manera de sostener las doctrinas de la gracia, una manera de hacer frente a los hombres impíos, y así sucesivamente. En cientos de incidentes bíblicos, pueden encontrar grandes principios generales que posiblemente no encuentren en ninguna otra parte expresados en muchas palabras. Tomemos los siguientes ejemplos del Sr. Jay sobre Salmo 74:14 que declara: «Magullaste las cabezas del leviatán, y lo diste por comida a los moradores del desierto». Él enseña la doctrina de que los enemigos más grandes del pueblo peregrino de Dios serán destruidos, y el recuerdo de Su misericordia renovará a los santos. De Génesis 35:8, leemos: «Entonces murió Débora, ama de Rebeca, y fue sepultada al pie de Bet-el, debajo de una encina, la cual fue llamada Alón-bacut», él diserta sobre los buenos siervos y la certeza de la muerte. Sobre 2 Samuel 15:15: «Y los siervos del rey dijeron al rey: He aquí, tus siervos están listos a todo lo que nuestro señor el rey decida», él afirma que tal lenguaje puede ser adoptado legítimamente por los cristianos, y dirigido a Cristo. Si alguien objetara la forma de espiritualizar que el Sr. Jay practicaba de manera tan eficiente y juiciosa, mejor sería que esa persona no ejerciera la más mínima influencia sobre ustedes. Según mis propias habilidades, yo me he tomado la libertad de hacer lo mismo, y los bosquejos de muchos sermones de este tipo pueden encontrarse en mi pequeña obra titulada *Evening by Evening* [Noche tras noche], y en menor proporción en su homólogo, *Morning by Morning* [Mañana tras mañana].

¿No había otro método para mostrar que tenemos que buscar el sentido interno de la Escritura, y no conformarnos solo con las meras palabras o la letra del Libro? Las parábolas de nuestro Señor, al ser expuestas y aplicadas, brindan un campo inmenso para una imaginación madura y disciplinada, y si ustedes ya han tratado todas estas, aún quedan los milagros, ricos en enseñanzas simbólicas. No cabe duda alguna de que los milagros son los sermones actuados de nuestro Señor Jesucristo. Tenemos Sus «sermones de palabras» en Sus enseñanzas inigualables, y Sus «sermones de obras» en Sus hechos sin par. Las poderosas obras de nuestro Señor están llenas de enseñanza en su totalidad. Vean la historia de la sanidad del sordo y tartamudo (Mar. 7:33-34). Las enfermedades de este pobre hombre indicaban de forma clara su estado perdido, y el proceder de nuestro Señor ilustra del modo más instructivo el plan de salvación. Jesús «tomándole aparte de la gente»; el alma debe prepararse para sentir su propia personalidad e individualidad, y debe ser llevada a la soledad. Él «… metió los dedos en las orejas de él…», e indicó la fuente del daño; los pecadores son convencidos de su estado; «… y escupiendo…», el evangelio es un medio sencillo y despreciado, y el pecador, para ser salvo, debe humillarse y recibirlo. Él «… tocó su lengua…», señalando aún más dónde estaba el problema; nuestro sentido de necesidad crece en nosotros; «… y levantando los ojos al cielo…» Jesús le recordó a Su paciente que toda fuerza debe venir de arriba, una lección que todo buscador espiritual debe aprender. Él «gimió», lo que muestra que los dolores del Sanador son el medio de nuestra sanidad. Y luego expresó: «… Efata, es decir: Sé abierto», aquí estaba la eficaz palabra de gracia que producía una cura inmediata, perfecta y duradera. Sobre la base de esta exposición, aprendemos que los milagros de Cristo son una enorme galería de imágenes, que ilustran Su obra entre los hijos de los hombres.

Sin embargo, tengo que dar una instrucción para todos los que usan las parábolas o las metáforas: sean moderados. El doctor Gill es alguien cuyo nombre debe mencionarse con honor y respeto en esta casa, en la que todavía se encuentra su púlpito, pero me impresiona que su exposición de la parábola del hijo pródigo es bastante absurda en algunos puntos. Este comentarista erudito nos afirma que «el becerro gordo» ¡era el Señor Jesucristo! Realmente, uno se estremece al ver que espiritualizar pueda dar lugar a algo como esto. Luego tenemos también su exposición del buen samaritano. ¡La bestia en la cual el herido fue colocado es nuevamente nuestro Señor Jesús, y los dos denarios que el buen samaritano le dio al mesonero son el Antiguo y el Nuevo Testamentos, o las ordenanzas del Bautismo y la Cena del Señor!

Antes de terminar esta lección, me siento tentado a darles uno o dos bosquejos de espiritualizaciones que yo escuché en mis primeros días. Nunca olvidaré un sermón predicado por un hombre inculto pero extraordinario, y quien era mi vecino cercano en el campo. Tomé las notas del discurso de sus propios labios, y confío en que se mantendrán como notas y nunca más vuelvan a predicarse en este mundo. El texto era, «... el búho, y la lechuza, y el cuclillo...» (Deut. 14:15, RVA). Puede que el texto no les parezca excesivamente rico en temas; a mí tampoco me pareció así, y por lo tanto, le pregunté inocentemente: «¿Y cuáles fueron los puntos del sermón?». Él respondió con aire de superioridad: «¿Puntos? Por qué, retuércele el pescuezo a las aves, y encontrarás tres inmediatamente: la lechuza, el búho y el cuclillo». Demostró que, según la ley, estas aves eran todas inmundas, y eran tipos evidentes de pecadores inmundos. Las lechuzas eran personas que hurtaban a escondidas, adulteraban los bienes y engañaban a sus vecinos de forma solapada sin que nadie sospeche que son unos granujas. En cuanto a el búho, estos tipificaban a los borrachos, que siempre están más animados por la noche, mientras que durante el día casi se golpean la cabeza con los postes porque tienen mucho sueño. También había búhos entre los profesores. El búho es un ave muy pequeña cuando se le arrancan las plumas; y es solo por ellas que se ve grande, entonces, muchos profesores son solo plumas, y si pudieras quitarles sus profesiones jactanciosas, quedaría muy poco de ellos. Luego los cuclillos eran los clérigos de la iglesia, que siempre emiten la misma nota cada vez que abren la boca en la iglesia y viven de los huevos de otras aves con sus diezmos. Los cuclillos también eran, creo, los librepensadores, que siempre decían: «Hazlo, hazlo, hazlo». ¿No creen que esto era demasiado?

Sin embargo, si tenemos en cuenta al hombre que pronunció este sermón, no nos parecería nada extraordinario ni extraño. El mismo venerable hermano pronunció un sermón igualmente singular pero mucho más original y útil; quienes lo escucharon lo recordarán hasta el día de su muerte. Fue basado en este texto: «El indolente ni aun asará lo que ha cazado…». El buen anciano se recostó sobre la parte superior del púlpito y aseveró: «¡Entonces, mis hermanos, este era un tipo perezoso!». Esa fue la introducción, y luego continuó con estas palabras: «Salió a cazar, y después de mucho trabajo atrapó a su liebre, y luego fue demasiado perezoso para asarla. ¡Era un tipo perezoso en verdad!». El buen hombre nos hizo sentir lo ridículo de esa ociosidad, y luego afirmó: «Pero es muy probable que ustedes sean tan culpables como este hombre, porque hacen lo mismo. Escuchan que desde Londres viene un famoso ministro, ensillan el caballo en el coche, y conducen 20 o 30 kilómetros para escucharlo, y luego, cuando han escuchado el sermón, olvidan ponerlo en práctica. Cazan la liebre y no la asan; salen en busca de la verdad, y luego no la reciben». Después mostró que así como la carne necesita ser cocinada para prepararla a fin de ser asimilada por el sistema digestivo, (no creo que usara esas palabras) también la verdad necesita pasar por un proceso antes de que pueda ser recibida en la mente, de manera que podamos alimentarnos de ella y crecer. Yo solo les doy el bosquejo, y aunque ahora parezca un poco ridículo, a los oyentes no les pareció lo mismo en aquel entonces. El sermón estuvo lleno de alegorías y mantuvo la atención de la gente de principio a fin.

—Bien, mi querido señor, ¿cómo está? —fue mi saludo para él una mañana.

—Estoy contento de verlo tan bien a su edad.

—Sí, estoy en buen estado para ser un anciano, y apenas siento que me he debilitado.

—Espero que su buena salud continúe en los próximos años, y que, al igual que Moisés, descienda a su sepultura sin que sus ojos se oscurezcan y sin perder su vigor.

—Todo está muy bien —afirmó el anciano caballero—, pero en primer lugar, Moisés nunca descendió a la tumba en absoluto, él ascendió a ella; y en segundo lugar, ¿cuál es el significado de todo esto que has dicho? ¿Por qué los ojos de Moisés no se oscurecieron?

—Supongo, señor —respondí con mucha humildad—, que su modo de vida natural y su espíritu apacible lo ayudaron a preservar sus facultades y lo convirtieron en un anciano vigoroso.

—Es muy probable —aseveró—, pero no es eso a lo que quiero llegar. ¿Cuál es el significado, la enseñanza espiritual de todo el asunto? Creo que se resume en esto: Moisés es la ley, y qué glorioso fin a la ley puso el Señor en el monte de Su obra consumada. ¡De qué manera tan dulce se acostaron a dormir sus terrores con un beso de la boca de Dios! Y quiero que notes algo, la razón por la cual la ley ya no nos condena no es porque su ojo se haya oscurecido, y por lo tanto no pueda ver nuestros pecados, o porque haya perdido su vigor con el cual maldice y castiga, sino porque Cristo lo ha llevado al monte y le ha dado un final glorioso.

Así eran sus conversaciones habituales y así era su ministerio.

Que sus cenizas descansen en paz. En los primeros años de su vida él alimentó ovejas y luego fue pastor de hombres, y como solía decirme, «descubrió que entre los dos, los hombres eran mucho más tímidos». Los conversos que encontraron el camino al cielo bajo su ministerio fueron tantos que, cuando los recordamos, somos como aquellos que vieron saltar al cojo por la palabra de Pedro y Juan; que estaban dispuestos a criticar, pero «… viendo al hombre que había sido sanado, que estaba en pie con ellos, no podían decir nada en contra» (Hech. 4:14). Con esto termino, y reafirmo la opinión de que, guiados por la moderación y el juicio, de vez en cuando podemos emplear la espiritualización con buenos efectos para nuestra gente; pues sin duda se sentirán interesados y se mantendrán despiertos.

Lección 8

En cuanto a la voz

❦

Nuestra primera regla con respecto a la voz es la siguiente: no te preocupes demasiado al respecto, pues la voz más dulce es nada si no tiene algo que decir, e independientemente de cuán bien la domines, será como un carruaje bien conducido sin nada encima, a menos que la uses para transmitir verdades importantes y convenientes a tu gente. Demóstenes sin duda estaba en lo correcto al dar el primer, segundo y tercer lugar a una buena presentación; pero ¿de qué valdrá eso si un hombre no tiene nada que presentar? Un hombre con una voz extraordinariamente excelente, pero carente de una mente bien informada y un corazón sincero, será como «Voz del que clama en el desierto...» (Mar. 1:3); o para usar la expresión de Plutarco: «*Vox et praeterea nihil*» [La voz y nada más]. Tal hombre puede brillar en el coro, pero es inútil en el púlpito. La voz de Whitfield, sin el poder de su corazón, habría dejado en sus oyentes el mismo efecto perdurable que el violín de Paganini. Ustedes no son cantantes, sino predicadores. Tu voz es solo una cuestión secundaria; no te inquietes por ella, como muchos lo hacen. Una trompeta no necesita ser de plata; basta con un cuerno de carnero; pero este debe ser capaz de resistir el uso rudo, ya que las trompetas son para los conflictos bélicos, no para los salones de moda.

Por otro lado, tampoco subestimes demasiado tu voz, ya que su excelencia puede conducir al resultado que esperas producir. Platón, al hablar sobre el poder de la elocuencia, menciona el tono del hablante. Él afirma: «Tan fuerte resuenan en mis oídos el discurso y el tono del orador, que apenas en el tercer o cuarto día me recuerdo y percibo donde estoy, y por un tiempo, estoy dispuesto a creer que estoy viviendo en las islas de los benditos».

Si presentamos verdades extremadamente preciosas en un tono monótono, estas pueden perder gran parte de su brillo. En una ocasión escuché a un ministro muy estimado que murmuraba tristemente cual «una pobre abeja en un jarro», una metáfora vulgar sin duda, pero que lo describe de forma tan exacta, que aún hoy me recuerda el zumbido muy claramente de aquel momento, y me hace pensar en la parodia sobre la elegía de Gray: «Ahora se desvanece el sujeto resplandeciente de la vista, y todo el aire tiene una quietud soñolienta, excepto donde el párroco tararea su zumbido y los adormecidos tintineos adormecen los rediles aletargados». Qué pena que un hombre que presenta doctrinas de indudable valor que brotan de su corazón, en el lenguaje más correcto, cometa suicidio ministerial al insistir en una sola cuerda, ¡cuando el Señor le ha dado un instrumento de muchas cuerdas para tocar! ¡Ay! Ay de esa voz lúgubre que zumbaba y zumbaba como la rueda de un molino que mantiene el mismo giro inarmónico, sin importar que su dueño hablara del cielo o del infierno, de la vida eterna o de la ira eterna. Aquella voz podría ser, accidentalmente, un poco más fuerte o más suave, de acuerdo con la extensión de la oración, pero su tono seguía siendo el mismo, un derroche aburrido de sonidos, un aullido salvaje del que no había alivio posible, no había variedad, ni música, ¡nada más que una monotonía horrible!

Cuando el viento sopla a través de la flauta, se expande por todos los acordes; pero el viento celestial, al pasar por algunos hombres, se detiene en una sola cuerda, y esto, casi siempre, con el sonido más disonante. Solamente la gracia podría permitir que los oyentes sean edificados con el bla, bla, bla de algunos pastores. Creo que un jurado imparcial emitiría en muchos casos un veredicto de adormecimiento justificable, donde el sonido que emana del predicador adormece a la gente por su nota repetitiva. El doctor Guthrie relaciona de forma benevolente los letargos de cierta congregación escocesa con la mala ventilación en el centro de reuniones; esto tiene algo que ver con eso, pero la mala condición de las válvulas de la garganta del predicador podría ser una causa aún más poderosa para el adormecimiento. Hermanos, en nombre de todo lo que es sagrado, pongan a sonar todo el repique de sus campanarios, y no aburran a su gente con el ¡din don! de una campana vieja y agrietada.

Cuando se ocupen de la voz, tengan cuidado de no caer en la falta de naturalidad que es habitual y común hoy en día. Apenas uno entre doce de los hombres que suben al púlpito habla como un hombre. Esta falta de naturalidad no se limita a los protestantes, pues Abbe Mullois comenta lo siguiente:

> En todos los demás lugares, los hombres hablan. Hablan en la audiencia y en el tribunal, pero ya no lo hacen en el púlpito, porque allí solo encontramos un lenguaje forzado y artificial, y un tono falso. Este estilo de habla solo se tolera en la iglesia, porque desafortunadamente, está muy generalizado allí; en otro lugar no sería soportado. ¿Qué pensarían de un hombre que conversara de manera similar en un salón? De seguro provocaría muchas sonrisas. Hace algún tiempo, había un guardián en el Panteón (un buen tipo a su manera), quien al describir las bellezas del monumento, adoptó precisamente el tono de muchos de nuestros predicadores, y siempre lograba provocar la hilaridad de los visitantes, quienes se divertían tanto con su estilo de presentación como con los objetos de interés que les señalaba. Al hombre que no predique de forma natural y verdadera no se le debería permitir subir al púlpito; de ahora en adelante, al menos, todo lo que es falso debe ser prohibido sin rodeos [...] En estos días de desconfianza, todo lo falso debe dejarse de lado, y la mejor manera de corregirse uno mismo en ese aspecto, en lo que respecta a la predicación, es escuchar con frecuencia a ciertos predicadores monótonos y vehementes. Saldremos con tanto

disgusto, y con tal horror por la forma que estos tienen de presentar el mensaje, que preferiremos condenarnos al silencio que imitarlos. Desde el instante en que abandonas lo natural y lo verdadero, tú renuncias al derecho a ser creído, así como al derecho a ser escuchado.

Puedes ir por todas partes, a iglesias y capillas por igual, y encontrarás que la gran mayoría de nuestros predicadores tienen un tono santo para los domingos. Tienen una voz para la sala y el dormitorio, y un tono bastante diferente para el púlpito, de modo que, si no son de doble palabra desde el punto de vista pecaminoso, desde el punto de vista literal sí lo son. En el momento en que algunos hombres suben al púlpito, dejan atrás su propia personalidad y se vuelven tan protocolarios como el bedel de la parroquia. Allí casi podrían alardear con el fariseo de que no son como los otros hombres, aunque sería una blasfemia dar gracias a Dios por ello. Ya no son más carnales ni hablan como hombres, sino que adoptan un gemido, un zumbido quebrantado o algún otro modo de hacer ruido carente de gracia, para evitar toda sospecha de ser natural y de hablar según la abundancia del corazón. Cuando él se ha colocado esa vestidura, ¡con qué frecuencia resulta ser el sudario del verdadero hombre y el emblema afeminado del formalismo!

Hay dos o tres modos de expresarse que yo me atrevería a afirmar que ustedes los han escuchado con frecuencia. Ese estilo solemne, doctoral, inflado, rimbombante, que acabo de mencionar, no es tan común ahora como solía serlo, pero todavía es admirado por algunos. En una ocasión, cuando un reverendo se desahogaba de esta manera, un hombre en el pasillo expresó que creía que el predicador «se había tragado una albóndiga», pero otro susurró: «No, Jack, él no se ha tragado una albóndiga; sino que la tiene dando vueltas en la boca». Me puedo imaginar al doctor Johnson hablar de esa manera en Bolt Court, y en los hombres que se expresan así de forma natural la presentación les queda con grandeza olímpica; ¡pero en el púlpito, aléjense para siempre de imitar algo así! Si es natural, no hay problemas, pero imitarlo es una traición a la decencia común. De hecho, toda imitación en el púlpito es casi lo mismo que un pecado imperdonable.

Hay otro estilo, del cual les ruego que no se rían. Un método de enunciación muy refinado, remilgado, delicado, afeminado, no sé de qué otra forma describirlo. La mayoría de nosotros hemos tenido la dicha de escuchar estos, o algunos otros, del extenso género de falsetes, gritos agudos y afectaciones. He oído muchas variedades diferentes, desde voces como la del doctor Johnson, en toda su plenitud, hasta la delicadeza de un pequeño susurro refinado; desde el rugido de los toros de Basán hasta el dulce canto de un pinzón. He podido rastrear a algunos de nuestros hermanos hasta sus antepasados —me refiero a sus antepasados ministeriales—, de quienes tomaron estas formas de hablar celestiales, melodiosas, santificadas, y de muchas maneras hermosas; pero honestamente debo agregar que también detestables. El orden indudable de su linaje oratorio es el siguiente: Astilla, que era hijo de Ceceo, que era hijo de Sonrisa Falsa, que era hijo de Barbilindo, que era hijo de Comportamiento Fingido o Titubeante, que era hijo de Grandioso, que era hijo de Pomposidad, quien fue padre de muchos hijos.

Ustedes deben entender que yo no condeno estos horrendos sonidos si son naturales, pues cada criatura debe hablar en su propia lengua. Pero el hecho es que en nueve de cada diez casos, estos acentos sagrados, que espero que pronto sean lenguas muertas, son antinaturales y forzados. Estoy convencido de que estos tonos, semitonos y monótonos son babilonios, y que no son en absoluto el dialecto de Jerusalén, pues este posee esta marca distintiva: es el modo propio de hablar del hombre, y es el mismo fuera del púlpito que en él.

Nunca se oyó a nuestro amigo de la escuela de estilo rimbombante hablar en otro lugar como lo hacía en el púlpito, o que dijera en el salón las siguientes palabras con el mismo tono que usaba en el púlpito: «¿Sería usted tan amable como para darme otra taza de té? Necesito azúcar, por favor». Parecería ridículo si lo hiciera. No obstante, el púlpito debe ser favorecido con la escoria de su voz, la cual el salón no toleraría. Yo sostengo la idea de que las mejores notas que la voz de un hombre es capaz de producir se deben entregar para la proclamación del evangelio, y estas son las que la naturaleza le enseña a usar en una conversación entusiasta. Ezequiel sirvió a su Maestro con sus capacidades más musicales y melodiosas, de modo que el Señor expresó: «Y he aquí que tú eres a ellos como cantor de amores, hermoso de voz y que canta bien...» (Ezeq. 33:32). Desafortunadamente, esto no tuvo efecto sobre el duro corazón de Israel, ya que solo el Espíritu de Dios puede hacerlo; sin embargo, favoreció al profeta para anunciar la

Palabra del Señor con el mejor estilo de voz y de la mejor manera.

Por otra parte, si tú tienes alguna idiosincrasia del habla, que sea desagradable al oído, corrígela si te es posible. Se sabe que es mucho más fácil para el maestro inculcar algo, que ponerlo en práctica por parte del alumno. Sin embargo, para los jóvenes en el albor de su ministerio, la dificultad no es insuperable. Los hermanos del campo tienen el sabor en la boca de su dieta rústica, que nos recuerda irresistiblemente a los terneros de Essex, los cerdos de Berkshire o a los animales pequeños de Suffolk. ¿Quién puede confundir los dialectos de Yorkshire o Somersetshire, que no son simplemente pronunciaciones provinciales, sino también tonos? Sería difícil descubrir la causa, pero el hecho es bastante obvio, que en algunos condados de Inglaterra las gargantas de los hombres parecen estar obstruidas, como teteras usadas durante mucho tiempo, y en otros, suenan como música de metales, con un sonido metálico brutal. Puede que estas variaciones de la naturaleza sean hermosas en su momento y lugar, pero mi gusto nunca ha podido apreciarlas.

Un chirrido agudo y discordante, como un par de tijeras oxidadas, debe ser eliminado a toda costa; como también la forma de hablar pastosa e inarticulada en la que ninguna palabra está completa, sino que sustantivos, adjetivos y verbos se convierten en una especie de picadillo. Igualmente objetable es esa velocidad fantasmal en la que un hombre habla sin usar sus labios, cual un ventrílocuo horrible. Los tonos sepulcrales pueden encajar con un hombre que sea empleado de una funeraria, pero Lázaro no es llamado a salir de su tumba con gemidos huecos. Una de las formas más seguras de matarse es hablar con la garganta en vez de hacerlo con la boca. Este mal uso de la naturaleza será terriblemente vengado por ella misma; escápate del castigo evitando la ofensa.

Puede ser prudente, en este momento, instarlos a que tan pronto como detecten que están vacilando mucho en su discurso, se libren de ese hábito insinuante y desastroso de una vez. No hay necesidad alguna de eso, y aunque aquellos que ahora son sus víctimas tal vez nunca puedan romper esa cadena, ustedes, que son principiantes en la oratoria, deben hacer todo lo posible por desdeñar ese yugo exasperante. Incluso, es necesario plantear lo siguiente: abran la boca cuando hablen, ya que gran parte del murmullo inarticulado es el resultado de mantener la boca medio cerrada. No por gusto los evangelistas escribieron sobre nuestro Señor: «Y abriendo su boca les enseñaba...» (Mat. 5:2). ¡Abran de par en par las puertas por donde una verdad tan grande ha de pasar! Además, hermanos, eviten el uso de la nariz como un órgano del habla, ya que las autoridades más prestigiosas están de acuerdo en que su propósito es oler. Hubo un tiempo cuando el deje nasal era lo correcto, pero en esta era degradada, es mejor que obedezcas la sugerencia evidente de la naturaleza, y dejes que la boca cumpla su función sin la interferencia del instrumento olfativo. Si algún estudiante estadounidense estuviera presente, debe perdonarme por insistirle sobre esto. Desechen la práctica de algunos hombres de no pronunciar la «r», tal hábito es ridículo y ruinoso. De vez en cuando, un hermano tiene la dicha de poseer un ceceo encantador y deleitable. Este es quizás uno de los males menores, cuando el hermano mismo es de estatura baja y encantador, pero arruinaría a cualquier ser que aspire a la hombría y a la fuerza. Apenas puedo concebir a Elías hablando con ceceo a Acab, o a Pablo cortando con gracia sus palabras en medio del Areópago. Puede haber un dramatismo peculiar en esos ojos débiles y llorosos, y en el estilo vacilante. Iremos más allá, y admitiremos que cuando estas cosas son el resultado de una pasión intensa, son sublimes; pero algunos las poseen de nacimiento, y las usan con demasiada libertad; lo cual es innecesario que imites, por decir lo menos. Habla como te sugiere la naturaleza culta, y te irá bien; pero que sea culta, y no una naturaleza salvaje, grosera e inculta.

Como ustedes conocen, Demóstenes trabajó sin límites con su voz, y Cicerón, que era débil de naturaleza, hizo un largo viaje a Grecia para corregir su manera de hablar. Con temas mucho más nobles, no seamos menos ambiciosos para lograr la excelencia. «Despójenme de todo lo demás», afirmó Gregorio Nacianceno, «pero déjenme la elocuencia, y nunca me arrepentiré de los viajes emprendidos para estudiarla». Hablen siempre de manera tal que puedan ser escuchados. Conozco a un hombre que pesa 100 kilogramos, y que podría ser escuchado a más de un kilómetro, pero es tan indolente, que en su pequeño lugar de adoración, apenas lo puedes escuchar frente a la plataforma. ¿De qué sirve un predicador a quien los hombres no pueden escuchar? La modestia debería llevar a un hombre sin voz a ceder el lugar a otros que estén más preparados para la obra de proclamar los mensajes del Rey. Algunos hombres hablan suficientemente alto, pero no se les entiende; sus palabras se superponen entre sí, saltan unas sobre otras, o se ponen zancadillas entre ellas. Una pronunciación clara es mucho más importante que la fuerza de aire que puedas emitir. Otórgale a la palabra una oportunidad justa; no le rompas la espalda con tu vehemencia, ni le cortes las piernas en tu apuro. Es horrible escuchar a un hombre grande murmurar y susurrar cuando sus pulmones son lo suficientemente fuertes como para pronunciar el discurso más alto; y al mismo tiempo, un hombre puede gritar con todas sus fuerzas, pero si no aprende a emitir sus palabras con la separación debida entre ellas, no será bien escuchado.

Hablar muy despacio es algo terrible, y expone a los oyentes de mente activa a la enfermedad llamada «los horrores». Es imposible escuchar a un hombre que se arrastra a velocidad de dos kilómetros por hora. Una palabra hoy y una mañana es una especie de fuego lento del que solo los mártires podrían disfrutar.

Igualmente inexcusable es hablar demasiado rápido, de manera desenfrenada y desvariar en un delirio total; y no es, y nunca podrá ser algo poderoso, excepto para los idiotas, porque convierte lo que debería ser un ejército de palabras en una muchedumbre, y ahoga eficazmente el sentido de las palabras en inundaciones de sonido. En ocasiones, uno oye a un orador enfurecido pronunciar frases que no se entienden, cuya impetuosidad lo precipita a tal confusión de sonidos, que a poca distancia uno recuerda los versos de Luciano: «Su lengua balbuciente confunde un tono murmurante, discordante y diferente a los sonidos humanos; parecía el ladrido de los perros, el aullido de los lobos, el chillido lúgubre del búho a medianoche; el silbido de las serpientes, el rugido del león hambriento, el estruendo de las olas que golpean la orilla; el gemido de los vientos entre los árboles del bosque y el estallido de los truenos de la nube desgarradora. Eran estos, todos estos en uno».

Un castigo que no se debe soportar dos veces es escuchar a un hermano que confunde la transpiración con la inspiración, que se desboca cual un caballo salvaje con un tábano en la oreja hasta que se queda sin respiración, y necesita detenerse para llenar sus pulmones de aire otra vez. No con poca frecuencia se escucha la repetición de esta indecencia en un sermón, lo cual es muy desagradable. Hagan pausas cada cierto tiempo para evitar ese «cof, cof...», que más bien produce lástima hacia el orador sin aliento, que interés por el tema que trata. Su audiencia no debe saber que usted respira; el proceso de la respiración debe pasar tan inadvertido como la circulación de la sangre. Permitir que la mera función animal de la respiración provoque un paréntesis en su discurso, es algo indecente. Por regla general, no fuerces tu voz al máximo en la predicación ordinaria.

Dos o tres hombres sinceros, ahora presentes, están en pésimas condiciones de salud por gritar tanto innecesariamente; sus pobres pulmones están irritados y su laringe inflamada por el vocerío escandaloso, del cual parecen incapaces de refrenarse. Ahora, todo está muy bien con «Clama a voz en cuello, no te detengas...» (Isa. 58:1), pero «No te hagas ningún mal...», es un consejo apostólico (Hech. 16:28). Cuando las personas pueden oírte a media voz, es mejor guardar la fuerza sobrante para los momentos en que sea necesario. «No desperdicies, no carezcas» puede aplicarse aquí y en otras situaciones. Sé un poco económico con ese enorme volumen de sonido. No causes dolores de cabeza en tus oyentes cuando lo que quieres producir es dolor en sus corazones. Tu meta es evitar que se duerman en los bancos, ¡pero recuerda que no es necesario reventarles los tímpanos! «… Jehová no estaba en el viento…» (1 Rey. 19:11). El trueno no es el rayo. Los hombres no escuchan en proporción al ruido producido; de hecho, demasiado ruido aturde el oído, crea reverberaciones y ecos, y daña de manera efectiva el poder de tus sermones. Adapta tu voz a la audiencia; cuando haya veinte mil delante de ti, habla a pleno pulmón, pero no en una habitación donde solo hay diez o veinte personas. Cada vez que entro a un lugar para predicar, calculo inconscientemente cuánto sonido se necesita para llenarlo, y después de pronunciar algunas frases, logro graduar el tono de la voz. Si puedes hacer que el hombre al final de la capilla escuche, si percibes que capta tus ideas, puedes estar seguro de que los que están más cerca pueden oírte, y no se necesita alzar más la voz; quizás bajarla un poco funcionará; observa y sabrás. ¿Por qué hablar para ser escuchado en la calle cuando allí no hay nadie que te esté escuchando?

Ya sea en lugares interiores o exteriores, asegúrate de que los oyentes más lejanos puedan seguirte, y eso será suficiente. Por cierto, quisiera comentar que los hermanos deben, por piedad hacia los débiles, prestar atención a la fuerza de sus voces en las salas de enfermos y en congregaciones donde se sabe que algunos están muy enfermos. Es cruel sentarse al lado de la cama de un enfermo y gritar: «¡EL SEÑOR ES MI PASTOR!» (Sal. 23:1, LBLA). Si actúas de forma tan desconsiderada, el pobre dirá tan pronto como te hayas alejado: «¡Santo cielo! Cómo me duele la cabeza. Me alegro de que el buen hombre se haya ido, María; ese es un salmo muy precioso e igualmente aquietante, pero él lo leyó como truenos y relámpagos, ¡y casi me deja sin sentido!».

Recuerden, ustedes, hombres jóvenes y solteros, que los susurros suaves se adaptarán mejor al inválido que el bramido de los tambores y el cañón. Cumple cuidadosamente con la regla de variar la intensidad de tu voz. La regla antigua era comenzar muy suave, subir gradualmente más alto y sacar las notas más fuertes al final. Deja que todas esas regulaciones se rompan en pedazos en la boca del cañón; pues son impertinentes y engañosas. Hablen suave o en voz alta, según se los indique la emoción del momento, y no cumplan reglas artificiales y fantasiosas. Las reglas artificiales son una absoluta abominación.

Cierto ministro estaba acostumbrado, al comienzo de su sermón, a hablar en un tono tan bajo, que nadie podía escucharlo, y esto lo hacía por imitar a un predicador muy popular, para quien esta costumbre era inevitable. Todos se inclinaban hacia adelante, por temor a que algo bueno se perdiera en el aire, pero sus esfuerzos eran en vano; pues todo lo que podían discernir era un murmullo sagrado. Si el hermano no hubiera podido hablar más alto, nadie lo habría culpado, pero fue una cosa muy absurda hacerlo cuando poco tiempo después demostró el poder de sus pulmones al llenar toda la estructura con frases sonoras. Si la primera mitad de su discurso no tenía importancia, ¿por qué no la omitió? Y si contenía algún valor, ¿por qué no presentarla con claridad? El efecto, señores, ese era el objetivo. Sabía que había un hombre que hablaba así y producía grandes efectos, y esperaba competir con él. Si alguno de ustedes se atreve a cometer semejante locura por un objetivo tan detestable, de corazón deseo que nunca haya ingresado en esta institución. Les digo muy seriamente que eso llamado «efecto» es aborrecible, porque es falso, artificial, engañoso y, por lo tanto, despreciable. Nunca hagan nada por el efecto, más bien desprecien las estrategias de las mentes débiles, que van tras la aprobación de los entendidos en la predicación, que son una raza tan detestable para un verdadero ministro como lo son las langostas para el granjero oriental.

Pero me estoy apartando del tema. Habla de forma clara desde el principio, tus presentaciones son demasiado buenas para ser susurradas al viento. Exprésalas con denuedo, y capta la atención desde el mismo principio mediante un tono varonil. Como regla, no comiences en el tono más alto, porque entonces no podrás elevarlo más cuando entres en el calor del mensaje. Pero aun así habla alto desde el principio. Baja la voz cuando sea adecuado, incluso hasta el murmullo; pues las expresiones suaves, deliberadas y solemnes no solo son un alivio para el oído, sino que tienen una gran capacidad para llegar al corazón. No tengas miedo de los tonos bajos, ya que si los emites con fuerza, se escucharán tanto como los gritos. No hace falta hablar en voz alta para que te escuchen bien. Se ha dicho acertadamente que la pistola más ruidosa no es la que lleva más lejos la bala; el chasquido de un rifle no es ruidoso. Lo que da la efectividad no es el volumen de tu voz, sino la fuerza que le pongas. Yo tengo la seguridad de que puedo susurrar y ser escuchado en cada rincón de nuestro gran Tabernáculo, y estoy igualmente seguro de poder gritar y gritar para que nadie pueda entenderme. Podríamos hacer la prueba aquí, pero tal vez el ejemplo sea innecesario, ya que pienso que algunos de ustedes pueden lograrlo con notable éxito. Las ondas de aire se pueden estrellar sobre el oído en una sucesión tan rápida, que no crean una impresión inteligible en el nervio auditivo. La tinta es necesaria para escribir, pero si el frasco de tinta se derrama sobre la hoja de papel, no se transmite ningún significado. Lo mismo ocurre con el sonido; el sonido es la tinta, pero se necesita saber administrarla — no en grandes cantidades— para producir una escritura inteligible en el oído. Si tu única ambición es competir, lánzate al Elíseo lo más rápido posible; pero si deseas que te entiendan, y de esta manera ser útil, elude el reproche de ser «impotente y bullicioso». Sabemos que los sonidos agudos viajan más lejos. Ese grito singular que usan los viajeros en las tierras inexploradas de Australia debe su notable poder a su estridencia. Una campana se escuchará mucho más lejos que un tambor, y es curioso que cuanto más musical sea un sonido, más lejos llegará. Lo que se necesita no es aporrear el piano, sino tocar con juicio las teclas apropiadas. Por lo tanto, te sentirás en libertad de relajar la tensión con mucha frecuencia respecto a la intensidad de tu voz, y así aliviarás en gran medida los oídos de la audiencia y tus propios pulmones. Prueba todos los métodos, desde el mazo hasta el bejín. Sé tan suave como el céfiro y tan furioso como un tornado. De hecho, sé cómo cada persona de sentido común en su discurso cuando habla de forma natural; ruega con vehemencia, susurra en confianza, suplica lastimeramente o declara de manera clara.

Junto a la moderación de la fuerza pulmonar, me gustaría establecer esta regla: modula el tono. Altera la tonalidad con frecuencia y el esfuerzo de la voz constantemente. Deja que el bajo, el tiple y el tenor se releven. Te ruego que hagas esto por compasión hacia ti y hacia los que te escuchan. Dios tiene misericordia de nosotros y dispone todas las cosas para satisfacer nuestras ansias de variedad; por tanto tengamos misericordia de los demás mortales, y no los acosemos con el tedio de la monotonía.

Infligir, en el tímpano del oído de una pobre persona, la angustia de aburrirse con el mismo sonido durante media hora, es una cosa muy bárbara. ¿Qué modo más rápido podría concebirse de hacer que la mente se torne estúpida o lunática, que el zumbido perpetuo de un escarabajo o el de un moscardón en el órgano de la audición? ¿Qué orden te ha sido dada para tratar con tanta crueldad a esas víctimas indefensas que se sientan a escuchar tus monótonas predicaciones? La naturaleza en su bondad, con frecuencia hace caer en dulce sueño a las víctimas infelices del zumbido, y de esta forma las salva del efecto total de sus torturas. Sin embargo, tú no deseas esto; ¡entonces ponle variedad a tu voz! Muy pocos ministros recuerdan que la monotonía causa sueño. Me temo que la acusación presentada por un escritor en la *Imperial Review* [Revista Imperial] es acertada para muchísimos de mis hermanos. «Todos sabemos cómo el sonido del agua corriendo, o el murmullo del mar, o el susurro del viento del sur entre los pinos, o el arrullo de las palomas, producen una deliciosa languidez aletargada. Lejos esté de nosotros afirmar que la voz de un teólogo moderno se asemeja, en lo más mínimo, a cualquiera de estos dulces sonidos; sin embargo, el efecto es el mismo, y pocos pueden resistir las influencias soñolientas de una disertación larga, expuesta sin la más mínima variación del tono de voz, ni alteración de la expresión. De hecho, el uso muy excepcional de la frase "un discurso de avivamiento", incluso por aquellos más familiarizados con estos temas, transmite la idea de que la gran mayoría de las diatribas del púlpito presentan una tendencia indudablemente sedante. Es penoso cuando el predicador deja perplejos a sus oyentes, quienes no saben qué escoger entre: "Velad y orad" como ordena el texto, y "Vete a dormir", según el sermón».

Por muy musical que sea tu voz como tal, si continúas tocando el mismo acorde perpetuamente, tus oyentes percibirán que sus notas son más dulces mientras más lejos estén. En nombre de la humanidad, deja de entonar y comienza a hablar de manera sensata. Si estas razones no logran conmoverte, yo hago tanto énfasis en este punto, que si no sigues mis consejos por misericordia a tus oyentes, hazlo por misericordia a ti mismo; porque del mismo modo que Dios en Su sabiduría infinita se ha complacido siempre en adjuntar un castigo a cada pecado contra Sus leyes naturales y morales, así también el mal de la monotonía es vengado con frecuencia por esa peligrosa enfermedad llamada *disfonía clericorum* o «dolor de garganta del clérigo». Cuando algunos de nuestros hermanos son tan amados por sus oyentes, que estos están de acuerdo en pagar una gran suma para prescindir de ellos durante unos meses, cuando se les recomienda y se les paga un viaje a Jerusalén, la bronquitis de un tipo alterado es ignorada para siempre de manera tan increíble, que mis razones actuales no perturbarán su ecuanimidad. Sin embargo, eso no es lo que nos toca; para nosotros, la bronquitis significa una verdadera miseria, y por lo tanto, para evitarla, seguiríamos cualquier sugerencia sensata. Si deseas arruinar tu garganta puedes hacerlo rápidamente; pero si deseas preservarla, obedece lo que ahora se te ha dicho.

En esta sala, frecuentemente, he comparado la voz con un tambor. Si el tamborilero siempre golpeara el mismo lugar de su tambor, la piel pronto se desgastaría y se abriría un agujero; ¡pero cuánto tiempo más le habría durado si hubiera variado sus golpes y hubiera utilizado toda la superficie del parche! Lo mismo ocurre con la voz de un hombre; si este usa siempre el mismo tono, abrirá un orificio en esa parte de la garganta que más se utiliza para producir esa monotonía, y muy pronto padecerá de bronquitis.

Este puede ser el lugar para reiterar una opinión que yo he expresado a menudo: si los ministros hablaran con más frecuencia, sus gargantas y pulmones serían menos propensos a enfermarse. De esto estoy bastante seguro; es una cuestión de experiencia personal y de mucha observación, y tengo la certeza de que no estoy equivocado. Caballeros, predicar dos veces por semana es muy peligroso, pero he descubierto que cinco o seis veces es saludable, e incluso doce o catorce no es algo excesivo. Un bodeguero dispuesto a vender coliflores y papas un día a la semana, encontraría que esto es muy trabajoso; pero si durante seis días sucesivos llena calles, callejones y callejuelas con su estruendoso pregón, no padecería *disfonía pomariorum*, o «dolor de garganta del bodeguero», que lo haga recesar de sus humildes labores.

Me complació descubrir que el doctor Fenwick comparte mi opinión de que la predicación infrecuente es la raíz de muchas enfermedades, lo cual declara abiertamente: «Creo que todas las instrucciones aquí establecidas serán ineficaces sin la práctica diaria y regular de la voz. Nada parece ser tan propenso a producir esta enfermedad como una plática prolongada ocasional, alternada con largos intervalos de descanso, a los cuales los clérigos están más particularmente sujetos. Cualquiera que reflexione un momento sobre el tema, lo comprenderá con facilidad».

El Sr. Beecher comparte la misma opinión, pues él comenta: «Los vendedores de periódicos demuestran lo que la práctica al aire libre hará por los pulmones de un hombre. ¿Qué haría el ministro de débil voz que apenas puede hacerse escuchar ante 200 oyentes, si se lo obliga a pregonar el diario? Esos vendedores de periódicos de Nueva York se paran en la cabecera de una calle y lanzan sus voces a lo largo de esta, como un atleta que lanza una pelota en un terreno. Aconsejamos a los hombres que se capacitan para profesiones oratorias, que vendan mercancías en las calles por un tiempo. Los ministros jóvenes pueden asociarse con los vendedores de periódicos temporalmente, hasta que logren abrir su boca y endurecer su laringe».

EN CUANTO A LA VOZ

Caballeros, una regla necesaria es: adapten siempre la voz de acuerdo al tema. No se muestren jubilosos sobre un tema lamentable; y por otro lado, no hablen arrastrando las palabras cuando los tonos deberían resaltar alegremente, como si estuvieran bailando al compás de los ángeles en el cielo. No ahondaré en esta regla, pero estén seguros de que tiene suma importancia, y si la ponen en práctica, tendrán siempre asegurada la atención de sus oyentes, con tal de que el tema valga la pena.

Adapten siempre la voz al tema, y sobre todo, sean naturales en todo. Aléjense para siempre de una obediencia servil a las reglas y los modelos. No imiten las voces de otras personas, o si son incurablemente propensos a seguirlas, imiten las excelencias de cada orador, y el mal disminuirá. Yo mismo, por una especie de influencia irresistible, soy dado a imitar, de modo que un viaje a Escocia o a Gales durante una semana o dos afectará sustancialmente mi pronunciación y tono. Yo sí lucho contra eso, pero ahí está, y la única cura que conozco es dejar que ese problema muera de forma natural.

Caballeros, reitero mi regla: usen sus propias voces naturales. No sean monos, sino hombres; no loros, sino hombres de originalidad en todas las cosas. Se plantea que la manera más apropiada para que un hombre use su barba es aquella en la que esta crece, ya que se adaptará a su rostro, tanto en color como en forma. Tu modo propio de hablar estará más en armonía con tus métodos de pensamiento y tu propia personalidad. La imitación es para el teatro; el hombre culto con su personalidad santificada es para el santuario. Si yo pensara que van a olvidar esta regla, entonces la repetiría hasta cansarlos: sean naturales, naturales, sean naturales siempre. Una voz poco natural, o imitar la forma de hablar del Dr. Elocuente, el eminente teólogo, o incluso de un buen tutor o presidente, los arruinará inevitablemente. Les animo a que desechen el servilismo de la imitación y levanten la virilidad de la originalidad.

Tenemos la obligación de añadir esto: esfuércense por educar la voz. No escatimen dolores ni trabajos para lograrlo, porque como bien se ha dicho: «Por grandiosos que sean los dones de la naturaleza para sus elegidos, estos solo pueden desarrollarse y llevarse a su perfección suprema mediante el trabajo y el estudio». Piensen en Miguel Ángel trabajando durante una semana sin quitarse la ropa, y en Handel que ahuecaba, cual una cuchara, cada tecla de su clavicémbalo, por practicar de forma incesante. Caballeros, después de esto, nunca hablen de dificultad o cansancio. Es casi imposible ver la utilidad del método de Demóstenes que hablaba con piedras en la boca; sin embargo, cualquiera puede percibir la utilidad de sus alegatos ante las olas bulliciosas, ya que este era capaz de dirigir una audiencia en medio de las estruendosas asambleas de sus compatriotas. Y también, mientras corría subiendo una colina, él hablaba para fortalecer sus pulmones mediante este uso laborioso de la voz, la razón es tan obvia como encomiable la autonegación. Estamos obligados a usar todos los medios disponibles para perfeccionar la voz, mediante la cual debemos contar el glorioso evangelio del bendito Dios.

Presten mucha atención a las consonantes: enuncien cada una de ellas con claridad, ya que ellas dan los rasgos y la expresión a las palabras. Practiquen incansablemente hasta que le den su mérito a cada una de las consonantes. Las vocales tienen voz propia y, por lo tanto, pueden hablar por sí mismas. En todos los demás asuntos, mantengan una disciplina rígida hasta dominar la voz y hasta llevarla en la mano como un corcel bien entrenado.

A los caballeros con tórax angostos se les aconseja que usen las mancuernas todas las mañanas, o mejor aún, que vayan a los gimnasios que la universidad ha puesto a su disposición. Ustedes necesitan tórax amplios, y deben hacer todo lo posible para lograrlo. No hablen con las manos en los bolsillos de su chaleco pues contraen los pulmones, sino echen los hombros hacia atrás como hacen los cantantes públicos. Cuando hablen, no se inclinen sobre el púlpito, ni apoyen la cabeza sobre el pecho mientras predican.

Que sus cuerpos se inclinen hacia arriba y no hacia abajo. Deshágase de todas las corbatas apretadas y de los chalecos abotonados hasta arriba; dejen espacio para el funcionamiento completo de los fuelles y las tuberías. Observen las estatuas de los oradores romanos o griegos; contemplen la imagen que Rafael hizo de Pablo, y de la forma más natural posible adopten las posturas elegantes y apropiadas que allí se muestran, porque estas son las mejores para la voz. Pidan a un amigo que les señale sus fallas, o mejor aún, que lo haga un enemigo, pues este observará con toda atención y los fustigará salvajemente. ¡Qué bendición será un crítico tan irritante para un hombre sabio! ¡Qué molestia intolerable para un tonto! Corríjanse con diligencia y cada cierto tiempo, o caerán en errores sin darse cuenta; aparecerán los tonos falsos, y los malos hábitos se formarán desapercibidamente. Por lo tanto, critíquense con un esmero incesante. No tengan en poco ninguna cosa por la que puedan llegar a ser un poco más útiles; pero caballeros, nunca degeneren hasta convertirse en dandis del púlpito, que consideran que los gestos y la voz lo son todo. Realmente siento nauseas cuando escucho que hay hombres que tardan toda una semana en preparar un sermón, ¡pero la mayor parte de la preparación consiste en repetir sus hermosas producciones ante el espejo! ¡Ay de esta generación, si los corazones sin gracia deben ser perdonados por causa de los modales llenos de gracia!

Prefiero todas las vulgaridades de los predicadores itinerantes más salvajes de los arrabales, ante la belleza perfumada de la gentileza afeminada. Ya no les aconsejaría que fueran molestos con sus voces, como tampoco les recomendaría que imiten al Sr. Taplash de Rowland Hill con su anillo de diamantes, su pañuelo muy perfumando y sus lentes.

Tal vez este sea el momento para comentar que sería muy bueno si todos los padres estuvieran más atentos a los dientes de sus hijos, ya que los dientes defectuosos pueden causar daños graves a un orador. Hay hombres con una articulación defectuosa que deberían consultar al dentista de inmediato. Por supuesto, me refiero a un dentista de experiencia y con profundos conocimientos científicos; pues algunos dientes postizos o algún otro procedimiento sería una bendición permanente para estos predicadores. Mi propio dentista comenta con mucha sensatez en su circular: «Cuando se pierde una parte o la totalidad de los dientes, se produce una contracción de los músculos de la cara y la garganta, y también los otros órganos de la voz que han estado acostumbrados a los dientes se ven afectados e impedidos de hacer su función, lo cual produce un quebranto, languidez o depresión, cual un instrumento musical con una nota deficiente. Si hay deficiencias en los órganos, en vano es esperar una sinfonía perfecta y un acento proporcional y consistente en cuanto a la clave, el tono y la elevación de la voz, y por supuesto, la articulación se vuelve defectuosa. Este defecto agrega mucho al esfuerzo necesario para hablar, por decir lo menos, y en la mayoría de los casos trae como resultado el ceceo, una caída demasiado apresurada o repentina de la voz, o una forma de hablar débil. Cuando hay defectos más graves, es casi seguro que se escuchará un murmullo y un traqueteo». Cuando el mal es este, y tenemos la cura al alcance, estamos obligados a valernos de ella, por el bien de nuestra obra. Los dientes pueden parecerle sin importancia, pero recuerde que nada es poco en un llamamiento tan grande como el nuestro. Más adelante mencionaré asuntos aún más pequeños, pero lo hago con la profunda impresión de que los consejos sobre cosas insignificantes pueden ser de un valor imponderable para evitarles descuidos graves o grandes errores.

Por último, quiero decirles algo con respecto a sus gargantas: cuídenlas. Ocúpense siempre de aclarar bien la garganta cuando estén a punto de hablar, pero no lo hagan constantemente mientras predican. Un hermano muy estimado que yo conozco habla siempre de esta manera: «Mis queridos amigos —ejem, ejem—, este es un tema —ejem— de suma importancia que traigo ahora —ejem, ejem, ejem— ante ustedes, y —ejem,

ejem— quisiera pedirles que pongan toda su —ejem— atención». Sean celosos en evitar esto. Otros, por no aclarar la garganta, hablan como si estuvieran ahogados, y a punto de escupir flema; sería mucho mejor hacerlo de una vez que provocar asco en los oyentes por repetidos sonidos desagradables. Resollar y sorberse los mocos se puede perdonar cuando un hombre tiene un resfriado, pero son cosas extremadamente desagradables, y cuando se vuelven habituales, deberían ser condenadas bajo la «Ley de molestias públicas». Oro que ustedes me disculpen, ya que puede parecer vulgar mencionar tales cosas, pero si prestan atención a las observaciones expresadas de forma sencilla y libre en esta sala, se podrán librar de muchos comentarios futuros en su contra.

Cuando hayan terminado de predicar, cuiden su garganta y nunca la envuelvan fuertemente con nada. Por experiencia personal, me atrevo a dar este consejo con cierta desconfianza. Si alguno de ustedes posee bufandas de lana, deliciosamente cálidas, que le traen a la mente los recuerdos más tiernos de una madre o hermana, atesórelas; pero atesórelas en el fondo de su baúl. No las expongan a ningún uso vulgar como envolverlas alrededor de sus cuellos. Si algún hermano quiere morir de gripe, que se ponga una bufanda cálida alrededor del cuello, y una de estas noches la olvidará y contraerá un resfriado que le durará el resto de su vida. Rara vez verán a un marinero que se cubre el cuello. No, él siempre lo mantiene al descubierto y expuesto, y el cuello de su camisa está doblado hacia abajo, y si es que usa una corbata, esta es pequeña, con un nudo flojo, para que el viento pueda soplar por todo su cuello. Soy un firme creyente de esta filosofía, y nunca me he apartado de ella durante estos catorce años, antes de los cuales padecía frecuentemente de resfriados, pero desde entonces ya apenas me afectan. Si sienten que necesitan algo más, ¡entonces dejen crecer sus barbas! Este es un hábito muy natural, bíblico, varonil y beneficioso. Uno de nuestros hermanos, aquí presente, ha usado barba muchos años y ha descubierto que es de gran ayuda. Debido a la pérdida de la voz, se vio obligado a abandonar Inglaterra, pero se ha puesto tan fuerte como Sansón, ahora que no corta su barba. Si sus gargantas se ven afectadas, consulten a un buen médico. Si no pueden hacer lo, presten la atención que deseen a la siguiente sugerencia.

Nunca compren azúcar cristalizado de malvavisco, caramelos «Ricola», marrubio, ipecacuana, ni ninguno de los 10 000 productos calmantes. Pueden servir por un tiempo, pues eliminan el malestar en el momento, pero arruinan la garganta por sus cualidades laxantes. Si desean mejorar la garganta, consuman una buena cantidad de pimiento (buen pimienta de cayena) y otras sustancias astringentes, tanto como su estómago pueda soportar. No sobrepasen el límite, porque deben recordar que deben cuidarse el estómago y la garganta, y si el aparato digestivo presenta problemas, nada estará bien. El sentido común les enseña que los astringentes tienen que ser útiles. ¿Han escuchado alguna vez de un curtidor que convierta un pedazo de piel en cuero al remojarlo en azúcar? Por supuesto no; si quiere endurecer y fortalecer la piel, la coloca en una solución de corteza de roble, o en alguna sustancia astringente que junta el material y lo fortalece. Cuando comencé a predicar en Exeter Hall, mi voz era débil para un lugar así, tan débil como la voz promedio, y con frecuencia me había fallado por completo al predicar en la calle. Pero en Exeter Hall (que es un lugar inusualmente difícil para predicar, por su ancho excesivo en proporción a su longitud), siempre tenía un pequeño vaso de vinagre de chiles y agua justo delante de mí. Cada vez que mi voz se cansaba y parecía que se quebrantaba, un trago de esto parecía dar nuevas fuerzas a mi garganta. Cuando mi garganta se relaja un poco, generalmente le pido al cocinero que me prepare una taza de caldo de res, con toda la pimienta posible, y hasta hoy, este ha sido un remedio divino.

Sin embargo, como no estoy calificado para ejercer la medicina, probablemente no me prestarán más atención en asuntos médicos que a cualquier otro curandero. Yo opino que la mitad de las dificultades relacionadas con la voz al comienzo de nuestros ministerios, se desvanecerán a medida que avancemos en años, y con el uso desarrollaremos una segunda naturaleza. Yo animo a perseverar a todos los que son verdaderamente sinceros; si sienten la Palabra del Señor como fuego en sus venas, incluso el tartamudeo puede ser vencido, y el miedo, con todos sus resultados paralizantes, puede ser desterrado. Ánimo, joven hermano; persevera, y Dios, la naturaleza y la práctica, te ayudarán. No los detendré por más tiempo, pero expreso la esperanza de que su tórax, pulmones, tráquea, laringe y todos sus órganos vocales puedan durar hasta que no tengan nada más que decir.

Lección 9

La capacidad para el discurso impromptu

En esta lección no vamos a discutir la cuestión de si los sermones deben escribirse y leerse, o escribirse, almacenarse en la memoria y repetirlos, o si se deben emplear muchas notas, o ninguna. Nada de esto será el tema a considerar ahora. Aunque podemos aludir de paso cada uno de estos elementos, hoy debemos hablar del discurso espontáneo en su forma más legítima y cabal: el discurso impromptu, sin una preparación especial, sin notas ni premeditación inmediata.

Nuestra primera observación será que no recomendaríamos a ningún hombre que, como regla general, intente predicar en este estilo. Si lo hiciera, creemos con toda certeza que logrará producir un vacío en su centro de reuniones; sus dones de dispersión se manifestarían claramente. Las ideas repentinas que salen de la mente sin investigación previa, sin estudiar en absoluto los temas en cuestión, deben ser de una calidad muy inferior, incluso cuando son expresadas por los hombres más ilustres; y como ninguno de nosotros tendría la osadía de glorificarse como genios o maravillas de la erudición, me temo que nuestras ideas impremeditadas sobre la mayoría de los temas no serían dignas de mucha atención. La única forma de mantener las iglesias unidas es un ministerio instructivo; cubrir el tiempo simplemente con oratoria no será suficiente. En todas partes, los hombres piden ser alimentados; alimentados de verdad.

Esos religionistas (fanáticos religiosos) modernos, cuya adoración pública consiste en las divagaciones de cualquier hermano que decide subir al púlpito y hablar, a pesar de sus halagadores alicientes para los ignorantes y parlanchines, por lo general se desvanecen, y mueren, porque, incluso los hombres con los puntos de vista más violentamente excéntricos, que opinan que el Espíritu desea que cada miembro del cuerpo sea boca, pronto se vuelven impacientes al escuchar las tonterías de los demás, aunque se deleitan en contar las suyas propias; mientras que la mayoría de la gente buena se cansa de esa ignorancia monótona y regresa a las iglesias de donde fueron apartados, o recapacitarían si esos púlpitos estuvieran bien provistos de una enseñanza sólida. Incluso el cuaquerismo, con toda su excelencia, apenas ha podido sobrevivir a la pobreza de pensamiento y doctrina que los oradores improvisados ponen de manifiesto en muchas de sus asambleas. El método

LA CAPACIDAD PARA EL DISCURSO *IMPROMPTU* [IMPROVISADO]

de ministraciones no preparadas es prácticamente un fracaso, y desde el punto de vista teórico no tiene fundamento. El Espíritu Santo no ha prometido suministrar alimento espiritual a los santos mediante un ministerio impromptu. Él nunca hará por nosotros lo que podemos hacer por nosotros mismos. Si podemos estudiar y no lo hacemos, si podemos tener un ministerio diligente y no queremos, entonces no tenemos derecho a recurrir a un agente divino para compensar los déficits producidos por nuestra holgazanería o excentricidad. El Dios de la providencia ha prometido alimentar a Su pueblo con comida temporal. Sin embargo, si fuéramos juntos a un banquete, y nadie prepara ni siquiera un plato debido a que todos teníamos fe en que el Señor proveería comida para ese momento, la fiesta no tendría un final muy feliz, y el hambre se encargaría de reprochar tal disparate. De hecho, sucede lo mismo en el caso de los banquetes espirituales impromptu, solo que los receptáculos espirituales de los hombres no son oradores tan poderosos como sus estómagos. Caballeros, como norma, no intenten seguir un sistema que por lo general ofrece tan escasos beneficios que las pocas excepciones solo prueban la regla. El predicador debe pensar y preparar bien sus sermones, y en la medida de lo posible, cada ministro debe, con mucha oración por la guía celestial, adentrarse plenamente en su tema, ejercer todas sus facultades mentales para producir ideas originales y reunir toda la información a su alcance. El predicador debe considerar el asunto desde todos los ángulos, pensarlo bien, digerirlo bien y, habiéndose alimentado primero de la Palabra misma, debería preparar luego el mismo alimento para los demás. Nuestros sermones deberían ser el alma de nuestra mente; el fluir de nuestro vigor intelectual y espiritual; deberían ser diamantes bien cortados y delineados, preciosos, intrínsecos, y que lleven las marcas de un arduo trabajo. Dios no permita que le ofrezcamos lo que no nos cuesta nada.

Les advierto encarecidamente a todos ustedes que no lean sus sermones, pero les recomiendo, como un ejercicio muy saludable, y como una gran ayuda para alcanzar el poder de improvisación, que los escriban con frecuencia. Aquellos de nosotros que escribimos mucho con otros fines (para la prensa, por ejemplo), tal vez no necesitemos este ejercicio; pero si tú no usas el lápiz de otras maneras, será prudente que al menos escribas algunos de tus sermones, y los revises con mucho cuidado. Déjalos en casa después, pero de todas formas escríbelos, para que te libres de adquirir un estilo descuidado.

El Sr. Bautain, en su admirable obra sobre la oratoria improvisada, comenta: «Nunca serás capaz de hablar correctamente en público a menos que adquieras tal dominio de tus propias ideas como para poder descomponerlas en sus partes, analizar sus elementos, y luego, cuando sea necesario, recomponerlas, reunirlas y concentrarlas nuevamente mediante un proceso de síntesis. Ahora bien, este análisis de la idea, que la pone al descubierto, por así decirlo, ante los ojos de la mente, se ejecuta de forma correcta solo mediante la escritura. El bolígrafo es el bisturí que disecciona los pensamientos, y nunca, excepto cuando escribes lo que contemplas internamente, podrás tener éxito en discernir de manera clara todo lo que está contenido en un concepto, o en comprender su alcance a plenitud. Es entonces que te entiendes a ti mismo y haces que los demás te entiendan».

No recomendamos el plan de aprender sermones de memoria, para luego repetirlos, ya que este es un ejercicio agotador que pone de manifiesto una capacidad inferior de la mente y una negligencia indolente de otras facultades superiores. El plan más arduo y encomiable es llenar tu mente con materia sobre el tema del discurso, y luego hacer la presentación con las palabras apropiadas que se sugieren a sí mismas en el momento. Esto no es una predicación improvisada; las palabras son improvisadas, como creo que siempre deberían ser, pero las ideas son el resultado de la investigación y el estudio. Solo las personas irreflexivas piensan que esto es fácil; no obstante, es el modo de predicar más laborioso y más eficiente a la vez, y posee virtudes propias de las cuales no puedo hablar en particular en este momento, ya que nos llevarían lejos del punto en cuestión.

Nuestro tema es la facultad de la predicación pura y genuinamente improvisada, y a esto regresamos. Esta capacidad es extremadamente útil, y en la mayoría de los casos, con un poco de diligencia, puede ser adquirida. Muchos la poseen, pero no tantos como para que al afirmar que es un don raro, me equivoque yo con esto.

Los improvisadores de Italia poseían la capacidad del habla impromptu, a tal punto que sus improvisados versos sobre temas que los espectadores les sugerían en el acto, con frecuencia ascendían a cientos e incluso miles de líneas. Solían producir tragedias enteras de forma tan espontánea como los manantiales borbotean agua, y versificaban por media hora y hasta una hora, en el fragor del momento, y posiblemente en el fragor de un poco de vino italiano. Sus obras impresas rara vez se elevan por encima de la mediocridad, y sin embargo, una de ellas, *Perfetti*, ganó la corona de laurel que había sido otorgada solo a Petrarca y a Tasso. Muchos de ellos en estos momentos producen versos improvisados que son equivalentes a las facultades de sus oyentes y aseguran su atención total. ¿Por qué no podemos adquirir tal capacidad en prosa? Supongo que no seremos capaces de producir versos, ni necesitamos tal facultad. Sin duda, muchos de ustedes han versificado un poco (¿quién de nosotros en algún momento débil no lo ha hecho?), pero ya hemos descartado las cosas infantiles ahora que la prosa sobria de la vida y la muerte; del cielo y el infierno, y de los pecadores que mueren, exige todas nuestras facultades mentales.

Muchos abogados tienen muy desarrollado el don del discurso improvisado. ¡Ellos deben poseer algunas virtudes! Hace algunas semanas, un miserable fue acusado del horrible crimen de difamar a un abogado. Por suerte para él, no soy su juez, ya que si un crimen tan difícil y atroz le fuere probado, yo lo habría entregado para ser reinterrogado por el resto de sus días, esperando por amor de Dios que su vida fuera breve. Pero muchos de los caballeros de la abogacía son oradores muy listos, y como ustedes comprenderán perfectamente, deben ser en gran medida oradores improvisados también, ya que sería imposible que puedan siempre prever la línea de argumentación que la evidencia, o el temperamento del juez, o los alegatos de la otra parte puedan requerir. Por muy bien

LA CAPACIDAD PARA EL DISCURSO *IMPROMPTU* [IMPROVISADO]

que se prepare un caso, deben surgir puntos —y de hecho estos aparecerán— que requerirán una mente activa y una lengua fluida para enfrentarlos. De hecho, me ha sorprendido observar las respuestas ingeniosas, agudas y, en todos los sentidos, apropiadas, que los abogados sueltan sin premeditación en nuestros tribunales. Lo que un abogado puede hacer para defender la causa de su cliente, usted y yo seguramente podríamos hacerlo por la causa de Dios. No se debe permitir que la abogacía supere al púlpito. Con la ayuda de Dios, seremos tan expertos con las armas intelectuales como cualquier hombre, sean lo que sean.

Ciertos miembros de la Cámara de los Comunes han ejercido la facultad de hablar de manera improvisada con resultados excelentes. Por lo general, de todas las tareas relacionadas con la escucha, la más miserable es la de escuchar a uno de los oradores de pila de la Cámara de los Lores y los Comunes. ¡Cuando se suprima la pena capital, se debe proponer que los culpables de asesinato se vean obligados a escuchar una selección de los oradores parlamentarios más aburridos!

Sin embargo, en la Cámara, algunos de sus miembros pueden hablar de manera improvisada, y lo hacen bien. Me imagino que algunas de las mejores cosas que John Bright, Gladstone y Disraeli han expresado, eran en conjunto lo que Southey llamaría: «Chorros del gran géiser cuando la primavera está en su apogeo». Por supuesto, sus largas conferencias sobre el Presupuesto, el proyecto de Reforma, entre otros, fueron minuciosamente pulidos con anterioridad; pero sin duda muchos de sus discursos breves han sido resultado de la improvisación, y sin embargo han tenido un asombroso poder en ellos. ¿Tendrán los representantes de la nación una pericia del habla superior a la de los representantes de la corte celestial? Hermanos, codicien sinceramente este buen don, y vayan tras él.

Todos ustedes están convencidos de que la habilidad que estamos considerando debe ser una posesión inestimable para un ministro. ¿Acaso alguno pensó: *Ojalá la tuviera, pues entonces no tendría necesidad de estudiar tan arduamente?* ¡Ah!, entonces no puedes tenerla; tú no mereces ese beneficio, y eres indigno de que esa habilidad te sea confiada. Si buscas este don como almohada para una cabeza ociosa, estás muy equivocado, porque la posesión de este noble poder te hará partícipe de una gran labor a fin de aumentarlo e incluso retenerlo. Es como la lámpara mágica de la fábula, que no brillaba a menos que la frotaran bien, y se convertía en un simple globo oscuro tan pronto como dejaban de frotarla. Lo que el perezoso desea para su comodidad, nosotros podemos codiciarlo con la mejor de las razones.

De vez en cuando, uno ha escuchado o leído sobre hombres que se han puesto de acuerdo, a modo de fanfarronería, para predicar sobre textos que les son dados en ese momento en el púlpito o en la sacristía. Tales muestras de vanagloria son repugnantes y rayan en la blasfemia. Sería mejor tener exhibiciones de malabares el domingo que tal labia ostentosa. Nuestros talentos nos son dados con fines completamente diferentes. Yo confío en que nunca les sea permitido perpetrar tal prostitución del don espiritual. Las proezas de los discursos

LA CAPACIDAD PARA EL DISCURSO *IMPROMPTU* [IMPROVISADO]

son suficientemente buenas en un club de debate, pero en el ministerio son abominables.

El poder del discurso impromptu es inestimable, porque le permite a un hombre, en un momento dado, en una emergencia, hablar con propiedad. Estas emergencias surgirán. Los accidentes ocurrirán en las asambleas mejor planificadas. Acontecimientos singulares pueden hacer que la corriente premeditada de tus ideas sea echada a un lado. Verás claramente que el tema seleccionado sería inoportuno, y como hombre sabio cambiarás el rumbo sin poner reparos. Cuando el camino viejo se cierra, y no hay otra opción que no sea hacer un nuevo camino para el carruaje; a menos que estés calificado para conducir los caballos sobre un campo arado, así como por el camino empedrado por el que esperabas viajar, te saldrás del asiento del cochero y los pasajeros sufrirán daños. En una reunión pública, es muy útil que cuando hayas escuchado los discursos de tus hermanos y creas que han sido demasiado frívolos, o por otro lado, demasiado aburridos; que sin ninguna alusión a ellos, contrarrestes discretamente el daño, y guíes a la asamblea a una línea de pensamiento más beneficiosa. Este don puede ser de gran importancia en la reunión de la iglesia, donde pueden surgir asuntos difíciles de prever. Aún no están muertos todos los perturbadores de Israel. Acán fue apedreado, con su esposa y sus hijos, pero otros de su familia deben haber escapado, pues la raza ciertamente se ha perpetuado y debe ser tratada con discreción y enérgicamente. En algunas iglesias, ciertos hombres alborotadores se levantarán y hablarán, y cuando lo hayan hecho, es de gran importancia que el pastor responda de manera rápida y convincente, no sea que las malas impresiones permanezcan. Un pastor que acude a la reunión de la iglesia en el espíritu de su Maestro, con la certeza de que ayudado por el Espíritu Santo es capaz de responder a cualquier espíritu adverso, se sienta tranquilo, mantiene la compostura, su estima aumenta en cada momento y mantiene una iglesia tranquila; pero el hermano que no está preparado se agita, probablemente se deja llevar por la pasión, se compromete y hereda un mundo de tristezas. Además de esto, un hombre puede ser llamado a predicar en cualquier momento, porque el ministro esperado se tarda o se enferma repentinamente. En una reunión pública, uno puede sentirse movido a hablar donde se ha optado por el silencio, y en cualquier forma de ejercicio religioso pueden surgir emergencias que harán que el discurso impromptu sea tan valioso como el oro de Ofir.

El don es valioso, entonces, ¿cómo se puede obtener? La pregunta nos lleva a comentar que algunos hombres nunca lo obtendrán. Debe haber una aptitud natural para el discurso improvisado, exactamente como en el caso del arte poético; un poeta nace, no se hace. «El arte puede desarrollar y perfeccionar el talento de un orador, pero no puede producirlo». Todas las reglas de la retórica y todos los artificios de la oratoria no pueden hacer que un hombre sea elocuente; es un don del cielo, y cuando no es dado, no se puede obtener.

Este «don de las palabras», como lo llamamos, nace con algunas personas, y probablemente se hereda por parte de la madre. Para otros, el don es denegado; la conformación de su mandíbula, y aún más, la conformación de su cerebro, nunca

LA CAPACIDAD PARA EL DISCURSO *IMPROMPTU* [IMPROVISADO]

permitirá que se conviertan en oradores prestos y fluidos. Tal vez puedan llegar a ser tartamudos moderados y presentadores lentos de verdades sobrias, pero nunca podrán ser oradores impromptu; a menos que compitan con Matusalén en edad, y quizás según la teoría darwiniana, que saca a un arzobispo de Canterbury de una ostra, podrían estos convertirse en oradores. Si no existe el don natural de la oratoria, un hermano puede ocupar un puesto respetable en otras áreas, pero es probable que no sobresalga como una estrella brillante y particularmente en la predicación improvisada.

Si un hombre desea hablar sin estudiar en el momento, entonces por lo general debe estudiar mucho. Esta es quizás una paradoja, pero su explicación salta a la vista. Si yo soy molinero y me llevan un saco a la puerta, y piden que lo llene con buena harina en los próximos cinco minutos, la única forma en que puedo hacerlo es si el depósito de harina de mi molino está siempre lleno, de modo que pueda abrir de inmediato la boca del saco, llenarlo y entregarlo. No me pongo a moler en ese momento, y aunque la entrega es espontánea; yo he estado moliendo antes, por lo que tengo harina para servir al cliente. Por lo tanto, hermanos, ustedes deben haber estado moliendo, o no tendrán la harina. No podrán improvisar buenas ideas a menos que tengan el hábito de pensar y alimentar su mente con alimentos abundantes y nutritivos. Trabajen duro en cada momento disponible. Llenen sus mentes de forma abundante, y luego, al igual que los comerciantes con almacenes abarrotados, tendrán productos listos para sus clientes, y habiendo arreglado sus buenos productos en los estantes de su mente, podrán entregarlos en cualquier momento sin el laborioso proceso de ir al mercado, clasificar, doblar y preparar. No creo que ningún hombre pueda tener éxito en mantener de forma continua el don del discurso improvisado, a no ser que normalmente se esfuerce mucho más de lo que es habitual en aquellos que escriben y aprenden sus discursos de memoria. Tómese como regla, sin excepción, que para poder desbordarse espontáneamente, uno debe estar lleno. Tener una colección de ideas y expresiones es extremadamente útil. Hay riqueza y pobreza en cada uno de estos aspectos. Quien tenga mucha información, bien organizada y entendida a cabalidad, y con la que está familiarizado íntimamente, podrá, cual un príncipe de fabulosas riquezas, esparcir oro a derecha e izquierda entre la multitud. Señores, para ustedes será indispensable poseer un conocimiento íntimo de la Palabra de Dios, de la vida espiritual interior y de los grandes problemas del tiempo y la eternidad. De la abundancia del corazón habla la boca. Acostúmbrense a las meditaciones celestiales, escudriñen la Escritura, deléitense en la ley del Señor, y no han de sentir temor de hablar sobre cosas que han probado y palpado en la buena Palabra de Dios. Los hombres pueden ser lentos al hablar sobre temas que van más allá del alcance de su experiencia; pero ustedes, motivados por amor hacia el Rey, y disfrutando de la comunión con Él, encontrarán que su corazón dicta un buen tema, y sus lenguas serán como plumas de hábiles escritores. Lleguen a las raíces de las verdades espirituales mediante un conocimiento experimental de ellas; de forma tal que, con prontitud, sean capaces de exponerlas a otros.

LA CAPACIDAD PARA EL DISCURSO *IMPROMPTU* [IMPROVISADO]

La ignorancia en cuanto a la teología no es algo raro en nuestros púlpitos, y el milagro no es que haya tan pocos oradores espontáneos, sino más bien que sean tantos, cuando los teólogos son tan escasos. Nunca tendremos grandes predicadores hasta que tengamos grandes teólogos. No se puede construir un buque de guerra con un arbusto de grosellas, ni tampoco se pueden formar grandes predicadores que impacten las almas a partir de estudiantes superficiales. Si quieres ser fluido, es decir, fluir, sé lleno de todo conocimiento, y especialmente del conocimiento de Cristo Jesús tu Señor.

Pero ya señalamos que una colección de expresiones también sería de mucha ayuda para el orador espontáneo, y en verdad, contar con un rico vocabulario le sigue en importancia a tener un repertorio de ideas. Las bellezas del lenguaje, la elegancia del habla y, sobre todo, los argumentos contundentes deben ser seleccionados, recordados e imitados. No es que lleves contigo ese estuche de oro para guardar lápices y anotes cada palabra polisílaba que encuentres en tus lecturas, para utilizarla en tu próximo sermón; no obstante, debes saber lo que significan las palabras, así como ser capaz de estimar el poder de un sinónimo, juzgar el ritmo de una oración y pesar la fuerza de una exclamación. Ustedes deben ser dueños de las palabras; estas deben ser sus genios, sus ángeles, sus rayos, o sus gotas de miel. Los simples recolectores de palabras son acaparadores de conchas de ostras, de cáscaras de frijoles y de cortezas de manzanas; sin embargo, para un hombre con conocimientos amplios y de ideas profundas, las palabras son cestas de plata para servir manzanas de oro. Asegúrense de tener un buen equipo de palabras para arrastrar el vagón de sus ideas.

También creo que un hombre que desea hablar bien, de manera espontánea, debe tener cuidado de seleccionar un tema que comprenda. Este es el elemento principal. Desde que vivo en Londres, nunca he estudiado ni preparado nada para la reunión de oración del lunes por la noche, a fin de adquirir el hábito de hablar improvisadamente. Siempre he seleccionado esa ocasión como una oportunidad para la exhortación improvisada; pero se darán cuenta que en tales ocasiones no selecciono temas expositivos difíciles, ni temas profundos, sino que me limito a charlar de manera sencilla y hogareña sobre los elementos de nuestra fe. Al ponernos en pie en tales ocasiones, la mente hace una revisión y pregunta: «¿Qué tema ya ha ocupado mi pensamiento durante el día? ¿Qué aprendí en mi lectura bíblica la semana pasada? ¿Qué es lo que prima en mi corazón en este momento? ¿Qué sugieren los himnos o las oraciones?». No sirve de nada presentarse ante una asamblea y esperar inspirarse en temas que desconocemos completamente. Si eres tan imprudente de hacerlo, el resultado será que, como no sabes nada, probablemente nada expreses, y la gente no será edificada. Pero no entiendo por qué un hombre no puede hablar improvisadamente sobre un tema que comprende a cabalidad. Cualquier comerciante, bien versado en su negocio, podría explicárselo sin necesidad de apartarse para meditar; ¡y es cierto que deberíamos estar igualmente familiarizados con los principios más relevantes de nuestra santa fe! No debemos sentirnos desconcertados cuando se nos pida hablar sobre

LA CAPACIDAD PARA EL DISCURSO *IMPROMPTU* [IMPROVISADO]

temas que constituyen el pan diario de nuestras almas. No veo qué beneficio tiene en ese caso, el mero trabajo manual de escribir antes de hablar, porque al hacerlo, un hombre escribiría improvisadamente, y la escritura improvisada es quizás aún más débil que el discurso improvisado. El beneficio de la escritura radica en la oportunidad de una revisión cuidadosa; pero como los escritores hábiles expresan sus ideas correctamente al principio, también pueden hacerlo los oradores hábiles. La idea sobre la que diserta un hombre que se encuentra en pie, con cuyo tema él está familiarizado, puede ser muy diferente a lo primero que concibió en su mente; y puede ser la crema de sus meditaciones calentada por el destello de su corazón. Este hombre, habiendo estudiado bien el tema con anterioridad, aunque no en ese momento, puede hablar de forma muy poderosa; mientras que otro hombre, que se sienta a escribir, solo puede plasmar sus primeras ideas, que pueden ser vagas e insípidas. No intentes improvisar, a menos que hayas estudiado bien el tema; esta paradoja es un consejo prudente.

Recuerdo que en una ocasión me pusieron una prueba difícil, y si no hubiera estado versado en el discurso impromptu, no sé cómo hubiera salido de ella. Me esperaban para predicar en cierta capilla, y había una congregación abarrotada; pero no llegué a tiempo, pues una congestión en el ferrocarril me retrasó. Entonces otro ministro continuó con el servicio, y cuando llegué al lugar, sin aliento de tanto correr, ya este predicaba un sermón. Al verme aparecer en la puerta de entrada y avanzar por el pasillo, se detuvo y declaró: «Ahí está», y mirándome, agregó: «Te daré el lugar; sube y termina el sermón». Le pregunté cuál era el texto y qué tan lejos había avanzado con él. Me comunicó cuál era el texto y afirmó que acaba de terminar el primer punto. Sin dudarlo retomé el discurso en ese punto y terminé el sermón, y me avergonzaría de cualquier hombre aquí presente que no hubiera podido hacer lo mismo, dado que las circunstancias hicieron que la tarea fuese notablemente fácil. En primer lugar, el ministro era mi abuelo y, en segundo lugar, el texto era: «Porque por gracia sois salvos por medio de la fe; y esto no de vosotros, pues es don de Dios» (Ef. 2:8). Debe ser un animal más tonto que el que Balaam montó, si en tal situación, un hombre no encuentra las palabras para continuar. «Porque por gracia sois salvos», de esto ya se había hablado para indicar la fuente de la salvación; ¿y quién no podría seguir con la siguiente cláusula, «por medio de la fe», como el canal de la gracia? No se necesitaba estudiar mucho para mostrar que nosotros recibimos la salvación a través de la fe. Sin embargo, en aquella ocasión, tuve una prueba adicional; porque cuando había avanzado un poco, y ya me sentía animado, una mano me dio unas palmaditas de aprobación en la espalda, y una voz expresó: «Está bien, está bien, diles eso de nuevo, no sea que lo olviden». Entonces repetí la verdad, y un poco más adelante, cuando hablaba sobre mis experiencias, me halaron suavemente por el faldón, y el anciano caballero se puso de pie al frente y dijo: «Muy bien, mi nieto puede hablarles de esto en teoría, pero yo estoy aquí para dar testimonio de ello a modo de experiencia práctica. Soy más viejo que él y debo brindarles mi testimonio como anciano». Luego, después de habernos dado su experiencia personal, añadió:

LA CAPACIDAD PARA EL DISCURSO *IMPROMPTU* [IMPROVISADO]

«Bien. Ahora mi nieto puede predicar el evangelio mucho mejor que yo, pero no puede predicar un mejor evangelio, ¿no es así?». Bueno, señores, de no haber poseído alguna capacidad de improvisación en aquel tiempo, puedo imaginar fácilmente que me hubiera sentido algo perturbado; pero como tal, todo fluyó tan natural como si hubiese sido arreglado de antemano.

Un buen discurso impromptu es en realidad la expresión de un pensador experimentado; un hombre bien informado que se levanta y permite que sus ideas fluyan al aire libre a través de su boca. Cuando te encuentres solo, piensa en voz alta tanto como puedas, y pronto estarás en el camino hacia el éxito en este asunto. La discusión y los debates en el aula son de vital importancia como un paso más, y yo insto a los hermanos más tímidos a tomar parte en ellos. Entre ustedes se ha introducido la práctica de invitar a un hermano a hablar sobre un tema tomado al azar, de entre una amplia selección, y debemos recurrir a esto con mayor frecuencia. Lo que condené como parte del culto religioso, podemos usarlo libremente como un ejercicio académico entre nosotros. Está diseñado con el fin de probar la preparación y el dominio propio de un hombre, y es posible que aquellos que fracasan en él, se beneficien tanto como aquellos que tienen éxito, ya que el autoconocimiento puede ser tan útil para unos, como la práctica para otros. Si al descubrir que todavía eres un chapucero en la oratoria, te lleva a estudiar con más esmero y a realizar mayores esfuerzos, entonces este puede ser el verdadero camino hacia la eminencia suprema.

Además de la práctica recomendada, debo insistir en que es necesario ser atrevido y seguro de sí mismo. Como Sydney

Smith plantea: «En el mundo se pierde muchísimo talento por falta de un poco de coraje». Para el joven orador esto no es fácil de adquirir. ¿No pueden ustedes, jóvenes oradores, identificarse con Blondin, el equilibrista? ¿No se sienten a veces, cuando están predicando, como si caminaran sobre una cuerda floja muy elevada, y no tiemblan y se preguntan si llegarán sanos y salvos al otro lado? A veces, cuando han estado blandiendo esa hermosa pértiga de equilibrio y observando las lentejuelas metafóricas que irradian poesía a su público, ¿no se han lamentado un poco de haberse expuesto a tales riesgos de caída repentina? O para poner a un lado el lenguaje figurado, ¿no se han preguntado si serán capaces de concluir la oración, o encontrar un verbo para el nominativo, o un acusativo para el verbo? Todo depende de que se mantengan sosegados y tranquilos. Los presentimientos de fracaso y temor al hombre los arruinarán. Mantengan su confianza en Dios, y todo saldrá bien. Si han cometido un error en la gramática, y se sienten algo inclinados a regresar para corregirlo, pronto cometerán otro, y esa vacilación los atrapará cual una red. Permítanme susurrar, porque es solo para sus oídos: regresar siempre es un error. Si cometen un error verbal, continúen, y no le presten atención.

Mientras aprendía a escribir, mi padre me enseñó una regla muy buena, y creo que es de igual utilidad para aprender a hablar. Él solía afirmar: «Si cometes un error ortográfico al escribir, o pones la palabra incorrecta, no la taches y ensucies la hoja, sino mira cómo puedes alterar lo que ibas a poner de la manera más rápida posible, a fin de introducir lo que has escrito, y no dejar ningún rastro de error». Entonces al hablar, si

LA CAPACIDAD PARA EL DISCURSO *IMPROMPTU* [IMPROVISADO]

la oración no termina de la mejor manera, dale una conclusión en otra. Volver para enmendar no es de provecho, ya que llamas la atención sobre un error que tal vez pocos han notado, y el enfoque cambia del tema al lenguaje, que es lo último que un predicador debería hacer. Sin embargo, si tu lapsus lingüístico se nota, todas las personas con sentido común perdonarán a un joven principiante, y más que otra cosa ellos te admirarán por dar poca importancia a tales deslices y seguir adelante con todo tu corazón hacia tu objetivo principal.

Un novato en el discurso público es como alguien que no está acostumbrado a montar a caballo; si el caballo tropieza, teme que este se incline y lo arroje sobre su cabeza. O si el corcel está un poco descansado, él está seguro de que este se desbocará, y la mirada de un amigo, o el comentario de un niño pequeño, lo harán sentirse tan desdichado como si estuviera amarrado a la espalda del gran dragón rojo. Pero cuando un hombre está acostumbrado a cabalgar, no conoce peligros, y no se tropieza con ellos, porque su valor los evita. Cuando un hablante siente que es dueño de una situación, generalmente lo es. Su confianza evita los desastres que el miedo crearía con toda certeza.

Hermanos, si el Señor realmente los ha ordenado para el ministerio, ustedes cuentan con las mejores razones para ser audaces y mantener la calma, ¿a quién han de temer? Tienen que cumplir el encargo de su Señor según Él los capacita, y si esto hacen, no tienen que dar cuentas a nadie más que a su Amo celestial, quien no es un juez severo. No subas al púlpito para brillar como orador, ni para gratificar los intereses de tu audiencia; tú eres un mensajero del cielo, no un servidor de los hombres. Recuerda las palabras del Señor a Jeremías, y ten miedo de tener miedo. «Tú, pues, ciñe tus lomos, levántate, y háblales todo cuanto te mande; no temas delante de ellos, para que no te haga yo quebrantar delante de ellos» (Jer. 1:17). Confía hoy en la ayuda del Espíritu Santo, y entonces el temor al hombre —que quiere atraparte— se apartará de ti.

Cuando puedas sentirte cómodo en el púlpito y puedas mirar a tu alrededor y hablar a la gente como un hermano habla con sus otros hermanos, entonces podrás hablar de manera espontánea, pero hasta entonces no lo lograrás. El apocamiento y la timidez, que se ven como algo hermoso en nuestros hermanos más jóvenes, serán reemplazados por esa modestia verdadera que se olvida del yo y no se preocupa de su propia reputación, sino de que Cristo sea predicado de la manera más poderosa que conoces.

Para ejercitar el discurso impromptu de una manera santa y útil, el ministro cristiano debe cultivar una confianza pueril en la ayuda inmediata del Espíritu Santo. «Creo en el Espíritu Santo», plantea el Credo; sin embargo, me temo que muchos no convierten esto en un verdadero elemento de fe. Andar para arriba y para abajo toda la semana perdiendo el tiempo, y luego entregarnos a la ayuda del Espíritu es una presunción perversa, un intento de hacer que el Señor ministre a nuestra pereza y autocomplacencia. No obstante, en una emergencia, el caso es muy diferente. Cuando un hombre es llamado a hablar sin ninguna preparación (y por causas ajenas a su voluntad), este puede confiar plenamente en el Espíritu de

LA CAPACIDAD PARA EL DISCURSO *IMPROMPTU* [IMPROVISADO]

Dios. Sin duda alguna, la mente divina entra en contacto con el intelecto humano, lo libra de su debilidad y su distracción, lo hace elevarse y le da fuerzas, y le permite a la vez comprender y expresar la verdad divina de una manera que va más allá de sus facultades humanas. Tales intervenciones no están destinadas (al igual que los milagros) a reemplazar nuestros esfuerzos o a relajar nuestra diligencia, sino que son la ayuda del Señor con la que podemos contar durante una emergencia. Su Espíritu estará siempre con nosotros, pero especialmente bajo una presión fuerte en el servicio. Con el mismo fervor que les aconsejo que no intenten hablar de manera totalmente improvisada, a no ser que se vean obligados a hacerlo, y hasta que hayan madurado un poco en su ministerio, también les exhorto a que hablen de esa manera cada vez que se vean obligados a hacerlo, con la certeza que en la misma hora les será dado lo que deben hablar.

Si ya se sienten muy contentos de poder adquirir el poder del habla espontánea, por favor, recuerden que también pueden perderlo fácilmente. Esto me ha sorprendido en mi propia experiencia, y lo menciono porque es la mejor evidencia que puedo darles. Si durante dos domingos sucesivos hago mis notas un poco más extensas y detalladas de lo habitual, en la tercera ocasión descubro que las necesito aún más extensas; y también observo que si en ocasiones me inclino un poco más por recordar mis ideas, y no soy tan espontáneo como acostumbro ser, aparece un deseo proporcional e incluso una mayor necesidad de precomposición. Si un hombre comienza a caminar con un bastón simplemente por capricho, pronto necesitará un bastón; si complaces con espejuelos a tus ojos, en poco tiempo estos los exigirán como un apéndice permanente; y si caminaras con muletas durante un mes, al terminar este periodo estas serían casi necesarias para moverte; aunque, naturalmente, tus miembros podrían estar tan sanos y saludables como los de cualquier otro hombre. Los malos usos crean una mala naturaleza.

Advertirles que habrá grandes variaciones en su capacidad de expresión, puede ahorrarles muchas sorpresas y dolores. Hoy tu lengua puede ser la pluma de un hábil escritor, y quizás mañana tus pensamientos y palabras estén congelados. Los seres vivos son sensibles y se ven afectados por diversos factores; solo se puede confiar con absoluta certeza en lo que es meramente mecánico.

Si con frecuencia sienten haber fracasado, no lo vean como algo extraño, ni se maravillen si resulta que es en esos momentos cuando mejor lo han hecho. No deben esperar ser suficientes en sí mismos; ningún hábito o ejercicio puede hacerlos independientes de la ayuda divina. Si han predicado bien 49 veces, al ser llamados sin previo aviso, esto no es excusa para que sientan confianza en sí mismos en la quincuagésima ocasión, porque si el Señor los abandonara, estarían perdidos. Sus variaciones en la fluidez y en las dificultades harán que, por la gracia de Dios, ustedes se mantengan mirando humildemente al Fuerte para recibir fuerzas.

Por encima de todo, cuídense mucho de que su lengua no vaya más rápido que su cerebro. Protéjanse de una fluidez débil, de la verborrea y de la facilidad para no comunicar nada. ¡Qué placer es escuchar sobre el fracaso de un hermano que presume

LA CAPACIDAD PARA EL DISCURSO *IMPROMPTU* [IMPROVISADO]

de sus facultades para seguir hablando cuando realmente no tiene nada que decir! Que tal final llegue a todos los que pecan en este sentido. Mis hermanos, hablar excesivamente y no decir nada es un don horrible que no quisiéramos poseer.

Tonterías prolongadas, tópicos parafrásticos, trivialidades extendidas, o fanfarronadas sagradas son bastante comunes, y son el escándalo y la vergüenza del discurso impromptu. Incluso cuando sentimientos carentes de valor se expresan de manera hermosa y se redactan con esmero, ¿de qué sirven? De la nada no sale nada. El discurso impromptu sin estudio es una nube sin lluvia, un pozo sin agua, un don fatal, perjudicial tanto para su poseedor como para su rebaño. Algunos hombres que han solicitado entrada a esta universidad, han recibido mi negativa, pues al carecer por completo de educación y de un sentido de su ignorancia propia, su engreimiento sin límites y su enorme locuacidad los convertían en sujetos peligrosos para ser capacitados. Algunos incluso me han recordado a la serpiente del Apocalipsis, que arrojaba agua de su boca como un río, de forma tan copiosa que probablemente arrastró a la mujer. Con toda la cuerda dada, cual relojes, ellos siguen, siguen y siguen hasta que se agotan, y bendito es aquel que tiene menos relación con ellos. Mejor sería perder, o más bien nunca tener, el don del habla espontánea, que degradarnos hasta ser simples creadores de ruido, las representaciones vivientes del metal que resuena y del címbalo que retiñe de Pablo.

Podría hablar mucho más si extendiera el tema a lo que habitualmente se llama predicación espontánea, es decir, la preparación del sermón en cuanto a las ideas, y luego dejar que las palabras salgan durante la presentación. Pero este es un asunto completamente diferente, y aunque algunos lo consideran un gran logro, yo lo veo como un requisito indispensable para el púlpito, y de ninguna manera un simple talento de lujo. Pero de esto hablaremos en otra ocasión.

Lección 10

Los ataques de depresión del ministro

❧

Quedó registrado que David se cansó en el fragor de la batalla, y lo mismo les sucede a todos los siervos del Señor. La mayoría de nosotros sufrimos ataques de depresión. Aunque por lo general seamos personas alegres, cada cierto tiempo pasamos por períodos de abatimiento. No siempre están vigorosos los fuertes, preparados los sabios, henchidos de coraje los valientes y contentos los felices. Esporádicamente encontramos hombres de hierro que no muestran señales visibles de desgaste, pero, incluso a esos, corrompe el óxido. El Señor sabe —y les enseña— que no son más que polvo, igual que los demás mortales.

Ya que conozco, a través de la experiencia más dolorosa, lo que significa caer en una profunda depresión espiritual, porque la he experimentado con bastante frecuencia y de forma ininterrumpida, pensé que podría consolar a algunos de mis hermanos si les compartiera mis opiniones sobre ella. De esta manera, los más jóvenes no se extrañarán cuando en determinados momentos sean presa de la melancolía, y los de carácter más sombrío comprenderán que aquel sobre quien el sol ha brillado con alegría no siempre caminó en luz.

No es necesario citar las biografías de ministros eminentes para demostrar que, si no todos, la mayoría pasaron por etapas de terrible desaliento. La vida de Lutero basta para ofrecernos miles de ejemplos, y de ninguna manera podemos afirmar que él fue alguien de temperamento frágil; su gran espíritu podía encontrarse lo mismo en el séptimo cielo de la euforia que en los bordes de la desesperación. Su lecho de muerte no estuvo exento de tempestades, y entró sollozando a su último sueño, como un niño totalmente rendido de cansancio.

Así que, en vez de multiplicar los ejemplos, examinemos con cuidado por qué se permiten estas cosas; por qué los hijos de luz a veces marchan rodeados de tinieblas, por qué los heraldos de la aurora quedan sumidos en la más espesa oscuridad. Son hombres, ¿no es esta la primera razón? Y al serlo, la debilidad les es innata y son herederos del dolor. Bien lo asevera el sabio de los apócrifos: «Grandes trabajos han sido creados para todo hombre, un yugo pesado hay sobre los hijos de Adán, desde el día en que salieron del vientre de su madre, hasta el día del retorno a la madre de todo. Sus reflexiones, el miedo de su corazón es la idea del futuro, el día de la muerte. Desde el que está sentado en un trono glorioso, hasta el que en tierra y ceniza está humillado, desde el que lleva púrpura y corona, hasta el que se cubre de tela barata, solo furor, envidia, turbación, inquietud, miedo a la muerte, resentimiento y discordia. A la hora del descanso en la cama, el sueño de la noche altera el conocimiento. Para toda carne, del hombre hasta la bestia, mas para los pecadores siete veces más».

La gracia nos protege de muchas de estas cosas, pero debido a que no tenemos más de ella, sufrimos incluso de enfermedades prevenibles. Aun bajo la obra de la redención, definitivamente tendremos que soportar las debilidades; de lo contrario, no necesitaríamos la promesa del Espíritu Santo para ayudarnos a enfrentarlas. Es imprescindible que en ocasiones experimentemos pesadumbre. Los justos enfrentarán tribulaciones en este mundo, y los ministros deben esperar una porción mayor que los demás, para que así aprendan a identificarse con el pueblo sufriente del Señor, de tal manera que puedan pastorear como es debido a un rebaño que adolece. Dios pudo haber enviado a los espíritus incorpóreos a proclamar la Palabra; pero hubieran sido incapaces de comprender los sentimientos de aquellos que, estando en este cuerpo, gimen con dolor y están agobiados. Él pudo haberles otorgado a los ángeles el cargo de evangelistas, pero dados sus atributos celestiales habrían sido incapaces de sentir compasión por los ignorantes. Dios podría haber formado hombres de mármol, pero su naturaleza impasible habría sido un sarcasmo a nuestra debilidad, y una burla a nuestras necesidades. Hombres, hombres comunes sujetos a pasiones humanas son los que el Omnisapiente ha elegido para que sean Sus vasos de gracia; de ahí las lágrimas, de ahí las incertidumbres y desalientos.

Además, la mayoría de nosotros, de una manera u otra, carecemos de una completa salud física. Ocasionalmente encontramos a algún anciano que no recuerda haber dejado de trabajar por un día; pero una gran parte de nosotros labora con alguna que otra enfermedad, ya sea física o mental. Ciertas dolencias del cuerpo, en especial las relacionadas con los órganos digestivos, el hígado y el bazo, constituyen manantiales fecundos de abatimiento; e independientemente de cuánto pueda un hombre resistirse a su influjo, habrá horas y circunstancias en que lo vencerán. En cuanto a las enfermedades mentales, ¿existe alguien del todo cuerdo? ¿No estamos todos un poco desequilibrados? Algunas mentes parecen tener un matiz sombrío inherente a su propia existencia; de estos puede decirse que «la melancolía los marcó para ser su dueña». Son mentes en su sano juicio, gobernadas por principios nobles, pero propensas a olvidar el lado bueno de las cosas y a recordar solo los nubarrones. Esos hombres pueden cantar aquello del poeta de antaño:

«Nuestros corazones, ¡cuán quebrantados!
Nuestras arpas sin cuerdas han quedado,
Nuestra música es solo suspiros y lamentos,
Nuestras canciones son lágrimas al viento,
Preocupados estamos por ser desechos de piel y huesos».

Tales debilidades no tienen por qué ser un obstáculo para la carrera específica de un hombre, incluso pudiera ser que la

LOS ATAQUES DE DEPRESIÓN DEL MINISTRO

sabiduría divina se las haya impuesto como requisitos necesarios para ejercer su propio servicio individual. Algunas plantas deben sus cualidades medicinales a los pantanos en donde crecen, y otras a las sombras donde florecen solitarias. Hay frutos preciosos que maduran bajo la luna y otros bajo el sol. Los barcos necesitan lastre, pero también velas; los frenos sobre la rueda del carruaje, no impiden que este avance cuando va cuesta abajo. Es probable que, en algunos casos, el dolor desarrollara el genio, despertara esa alma que, de otro modo, se habría quedado durmiendo como un león en su guarida. Muchos se habrían perdido en las nubes de no haber tenido un ala rota, incluso algunas de esas palomas selectas que ahora llevan la rama de olivo en la boca y muestran el camino al arca. Pero si en el cuerpo y en la mente existen factores que predisponen la caída del espíritu, no debe maravillarnos que el corazón sucumba ante ellos en momentos oscuros. En múltiples ocasiones, lo maravilloso es (y si las vidas íntimas pudieran escribirse, los hombres lo verían así) cómo algunos ministros continúan inmersos en la obra y son capaces de esbozar una sonrisa en sus rostros.

Todavía la gracia tiene sus triunfos y la paciencia tiene sus mártires; mártires, sin embargo, merecedores de honra aunque las llamas consumen solo sus espíritus, no sus cuerpos, y sus quemaduras son invisibles a los ojos humanos. El ministerio de Jeremías es tan aceptable como el de Isaías, y también el resentido Jonás es un verdadero profeta del Señor, como Nínive bien lo experimentó. No desprecies al cojo, porque escrito está que toma presa; más bien reverencia a esos que aunque desfallecen, continúan perseverando. Lea, la de ojos delicados, fue más fecunda que la bella Raquel, y el dolor de Ana recibió más bendición que las jactancias de Penina. «Bienaventurados los que lloran», dijo el varón de dolores (Mat. 5:4), y nadie puede considerarlos de otra forma porque sus lágrimas son saladas con gracia. Tenemos el tesoro del evangelio en vasos de barro y no debe sorprendernos que encontremos algunas imperfecciones en ellos.

Nuestro trabajo, cuando lo emprendemos con seriedad, nos hace vulnerables a ataques de depresión. ¿Quién puede soportar el peso de las almas sin hundirse en el polvo en ciertos momentos? El anhelo apasionado por la conversión de los hombres, si no está del todo satisfecho —¿y cuándo lo está?—, consume el alma con ansiedades y con decepciones. Ver cómo un discípulo prometedor se aparta, cómo el piadoso se enfría, cómo los profesores abusan de sus privilegios y cómo los pecadores se entregan más descaradamente al pecado, ¿no son motivos suficientes para derribarnos por tierra? El reino no se establece de la forma en que queremos, ni se santifica el nombre reverente como lo deseamos, y eso nos causa tristeza. ¿Cómo no sentirnos tristes cuando los hombres no creen nuestro mensaje y el brazo divino no se revela? Todo trabajo de la mente tiende a fatigar y deprimir, porque el mucho estudio es fatiga de la carne. Pero el nuestro es más que trabajo mental: es trabajo del corazón, es una dura faena en lo más profundo de nuestra alma. ¡Con qué frecuencia, al caer la tarde de un día del Señor, sentimos como si a nuestros cuerpos se les escapara la vida! Después de derramar nuestras almas

LOS ATAQUES DE DEPRESIÓN DEL MINISTRO

sobre las congregaciones nos sentimos como vasijas de barro vacías que un niño podría romper. Si nos pareciéramos más a Pablo y tuviéramos un mayor compromiso con ganar almas, seguro entenderíamos más el significado de ser consumidos por el celo de la casa del Señor. Es nuestro deber y privilegio gastar nuestras vidas por Jesús. No debemos ser especímenes de hombres en excelente estado de conservación, sino sacrificios vivos destinados a consumirse. Nuestro deber no es sumergirnos en agua de lavanda y alimentar la carne, sino desgastarnos y que nos desgasten. Esta dura empresa que un ministro fiel afronta en su alma, conducirá a períodos ocasionales de agotamiento, en los cuales el corazón y la carne desfallecerán. Los brazos de Moisés se cansaron en la intercesión, y Pablo clamó: «... Y para estas cosas, ¿quién es suficiente?» (2 Cor. 2:16). Incluso, se cree que Juan el Bautista sufrió sus ataques de depresión, y hubo una vez en que los apóstoles se maravillaron y sintieron gran temor. Nuestra posición en la iglesia también nos llevará a tal punto. Un ministro completamente preparado para su trabajo será, por lo general, un espíritu solitario que habita en un lugar más alto, más alejado y más apartado que los demás. El más amoroso entre su pueblo no puede discernir sus pensamientos, preocupaciones y tentaciones personales.

En el ejército, los hombres caminan hombro con hombro junto a muchos camaradas; pero en la medida en que el oficial asciende en rango, sus compañeros son menos numerosos. Hay muchos soldados, pocos capitanes y menos coroneles, mas solo existe un comandante en jefe. Asimismo en nuestras iglesias, el hombre que el Señor levanta como líder se convierte en un hombre solitario, en el mismo grado en que es un hombre superior. Las cimas de las montañas se mantienen apartadas con toda solemnidad, y conversan solo con Dios cuando Él visita sus terribles soledades. Los hombres de Dios que se elevan por encima de sus semejantes hacia una comunión más íntima con las cuestiones celestiales, en sus momentos más débiles, sienten la falta de simpatía humana. Al igual que su Señor en Getsemaní, buscan, inútilmente, consuelo en los discípulos que duermen a su alrededor; se sorprenden ante la indiferencia de su pequeño grupo de hermanos y regresan a su secreta aflicción con toda la pesada carga que los oprime al encontrar durmiendo a sus compañeros más queridos.

Solo quien la haya vivido, puede conocer la soledad de un alma que ha superado a sus compañeros en celo por el Señor de los ejércitos. No se atreve a revelar lo que siente, porque teme que los hombres la crean loca; no puede ocultarse, porque un fuego arde dentro de su piel; solo encuentra descanso ante la presencia de Dios. Nuestro Señor envió a Sus discípulos de dos en dos y así manifestó Su conocimiento de lo que había en los hombres; pero me parece que para una persona como Pablo no se encontró ningún ayudante. Bernabé, Silas y Lucas, fueron colinas demasiado bajas como para sostener ciertas conversaciones de altura con la cumbre Himalaya que fue el apóstol a los gentiles.

Esta soledad, que si no me equivoco, muchos de mis hermanos sienten, es una productiva fuente de depresión; y la reunión fraternal de nuestros ministros, y el cultivo de las relaciones sagradas con personas que tienen ideales afines a los nuestros, nos ayudarán en gran medida, si Dios quiere, a escapar de la trampa.

No cabe duda de que los hábitos sedentarios tienden a crear abatimiento en algunos. Burton, en su *Anatomy of Melancholy* [Anatomía de la melancolía], dedica un capítulo a esta causa de tristeza y, citando a uno de los miles de autores a los que atribuye su contribución, expresa:

> Los estudiantes son negligentes con sus cuerpos. Otros hombres cuidan sus herramientas: un pintor lava sus pinceles; un herrero tiene cuidado de su martillo, su yunque, su fragua; un granjero repara y afila su hacha si está mellada; un halconero o un cazador tiene especial cuidado de sus halcones, sabuesos, caballos, perros, etc. El músico tensa y afloja su laúd. Solo los eruditos olvidan ese instrumento (quiero decir, su cerebro y espíritus) que usan a diario. Bien dijo Lucano: «Ten cuidado de no torcer tanto la cuerda, no sea que la rompas».

Sentarse largo tiempo en la misma posición, estudiar minuciosamente un libro o escribir con un bolígrafo es, en sí mismo, una carga para nuestra naturaleza; pero añádase a esto una habitación mal ventilada, un cuerpo que durante mucho tiempo ha permanecido sin ejercicio muscular, y un corazón cargado de preocupaciones, y tendremos todos los elementos para preparar una olla hirviente de desesperación, en especial durante los sombríos meses de neblina, «cuando un manto envuelve todo, gotea el bosque podrido y las hojas caen al lodo». Difícilmente podrá un hombre soportar un proceso tan suicida, año tras año, aunque por naturaleza sea él tan despreocupado como un canario. Hará de su estudio una prisión, y de sus libros los guardias de una cárcel, mientras que la naturaleza, al otro lado de su ventana, lo llama a la salud y por señas lo invita a alegrarse. Aquel que olvida el zumbido de las abejas entre el brezo, el arrullo de las palomas en la floresta, el canto de los pájaros en el bosque, el murmullo de los arroyos entre los juncos y el susurro del viento entre los pinos, no tiene porqué sorprenderse si su corazón se olvida de cantar y su alma se vuelve pesada. Un día para respirar el aire fresco en las colinas o unas pocas horas de paseo en la tranquila calma del bosque de hayas, sacudirán las telarañas del cerebro de muchísimos de nuestros afanados ministros que ahora mismo están medio muertos. Respirar a todo pulmón el aire del mar, o una lenta caminata al aire libre no le concedería gracia al alma, pero le daría oxígeno al cuerpo, que, aunque no es lo principal, resulta provechoso. «Más que triste el corazón se siente en aires de calma; pero cada viento raudo, arranca el pesar del alma». Los helechos y los conejos, los riachuelos y las truchas, los abetos y las ardillas, las prímulas y las violetas, el corral, el heno recién cortado y los fragantes lúpulos, son la mejor medicina contra el sufrimiento, los tónicos más seguros para el cansancio, los mejores refrigerios para el desgaste. Por falta de ocasión o voluntad, estos grandes remedios se descuidan y el alumno se convierte en víctima de su propio sacrificio.

Los momentos más favorables para los ataques de depresión, por lo que he experimentado, pueden resumirse en un breve catálogo. Primero, debo mencionar las horas de grandes éxitos y triunfos, en las cuales se cumple finalmente un deseo muy anhelado, cuando a través de nosotros, Dios recibe la gloria; es precisamente ahí donde estamos propensos a flaquear. Pudiéramos suponer que en medio de favores especiales nuestra alma se remonte a las alturas del éxtasis, y que se regocije con una indescriptible alegría; no obstante, por lo general, sucede lo contrario. El Señor rara vez expone a Sus guerreros a los peligros de la exaltación que produce la victoria; Él sabe que pocos de ellos pueden soportar tal prueba y, por lo tanto, sirve amargura en sus copas. Mira a Elías, después que el fuego descendió del cielo, después que masacraron a los sacerdotes de Baal y que la lluvia inundó la tierra yerma; no hay para él notas de música autocomplaciente; no se pavonea como un conquistador en túnicas de triunfo, sino que huye de Jezabel, y al sentir la repugnancia de su intensa turbación, ruega que le llegue la muerte. Aquel que nunca ha de ver la muerte, anhela el descanso de la tumba; sucede asimismo al César, el monarca del mundo, quien en sus momentos de dolor, lloró como una niña enferma. La pobre naturaleza humana no puede soportar los arrebatos que producen los triunfos celestiales; debe haber una reacción, una respuesta.

Se paga el exceso de alegría o de emoción con subsecuentes depresiones. Mientras dura la prueba, la fuerza iguala a la contingencia; pero cuando termina, la debilidad natural reclama el derecho a mostrarse. Con una ayuda secreta, Jacob puede luchar toda la noche, pero debe cojear por la mañana cuando termine la prueba, para que no se jacte demasiado. Pablo es arrebatado hasta el tercer cielo, y allí escucha cosas indecibles;

sin embargo, una espina en la carne, un mensajero de Satanás que lo abofetee, debe ser la inevitable secuela. Los hombres no pueden resistir la felicidad pura; incluso los buenos no están preparados del todo para tener «la frente adornada de mirto y de laurel» sin soportar la humillación secreta que los mantiene en el lugar que les corresponde. Nos eleva el remolino de un avivamiento, la popularidad nos levanta, el éxito en ganar almas nos exalta; seríamos como el tamo que arrebata el viento si no fuera porque la divina disciplina de misericordia destruye los buques de nuestro orgullo con un recio ventarrón del oriente y nos hace naufragar, desnudos y desamparados, sobre la Roca de la Eternidad.

Antes de cualquier gran logro, es muy común que se manifieste cierta depresión. Al examinar las dificultades que nos retan, los corazones se sobrecogen en nuestro interior. Vemos a los hijos de Anac desfilar orgullosos, y somos nosotros, a nuestro parecer, como langostas en su presencia. Las ciudades de Canaán poseen murallas que llegan hasta el cielo, y ¿quiénes somos para que tengamos la esperanza de conquistarlas? Estamos listos para rendirnos, arrojar nuestras armas y emprender el regreso. Nínive es una gran ciudad, y huiríamos a Tarsis antes que enfrentarnos a su bulliciosa multitud. Buscamos enseguida un barco que nos pueda alejar silenciosamente de la terrible escena, y solo una horrenda tempestad frena nuestros cobardes pasos. Tal fue mi experiencia cuando pastoreé por primera vez en Londres. Mi éxito me consternó, y la idea de la carrera que parecía abrirse ante mis ojos, lejos de emocionarme, me arrojó a las más remotas profundidades. Desde ellas, expresé mi miseria y no encontré lugar para un *Gloria in excelsis*. ¿Quién era yo para continuar guiando tan enorme multitud? Hubiera preferido la oscuridad de mi pueblo, o emigrar a Estados Unidos, y encontrar un nido solitario en los bosques, donde sería apto para hacer las cosas que me exigieran.

Justo en ese momento, el telón se levantaba sobre la futura obra de mi vida, y yo temía lo que pudiera revelar. Esperaba que no me faltara la fe, pero estaba asustado y del todo consciente de mi propia incapacidad. Le temía a la obra que una providencia misericordiosa había preparado para mí. Me sentía como chiquillo y temblé al escuchar la voz que decía: «Levantate, trillarás montes y los molerás, y collados reducirás a tamo». Esta depresión me asalta siempre que el Señor está preparando una bendición más grande para mi ministerio. El nubarrón es oscuro antes de romperse, y extiende sus sombras antes de conceder su diluvio de misericordia. Así que la depresión se ha convertido para mí en un profeta de ropas ásperas, un Juan el Bautista, que anuncia la pronta llegada de una bendición más rica de mi Señor.

Hombres mucho mejores también lo han juzgado así. El vaso, ya limpio, puede servir al Amo. La inmersión en el sufrimiento ha precedido al bautismo del Espíritu Santo. El ayuno abre el apetito para el banquete. El Señor se revela en lo apartado del desierto, mientras que su siervo guarda las ovejas y espera en solitario temor. El desierto es el camino a Canaán. El valle profundo conduce a la imponente montaña. La derrota nos prepara para la victoria. Se envía el cuervo antes que la paloma. La hora más oscura de la noche precede al amanecer.

Los marineros descienden a lo hondo, pero la próxima ola los levanta hasta los cielos; las dificultades traspasan sus almas antes de que el mar los conduzca a su deseado refugio. En medio de una larga jornada de trabajo ininterrumpido, nos tornamos vulnerables a la misma aflicción. No siempre podemos tensar el arco sin temor a quebrarlo. El reposo es tan necesario para la mente como lo es el sueño para el cuerpo. Nuestros días de reposo son nuestros días de trabajo, y si no descansamos en otro momento, nos desmoronaremos. Incluso la tierra debe estar en barbecho y tener sus días de reposo, y lo mismo se aplica a nosotros. De ahí la sabiduría y la compasión de nuestro Señor cuando dijo a Sus discípulos: «... Venid vosotros aparte a un lugar desierto, y descansad un poco...» (Mar. 6:31). ¿Qué? ¿Cuándo desfallecen las personas? ¿Cuándo son las multitudes como ovejas sin pastor sobre las montañas? ¿Habla Jesús de descanso? En momentos en que los escribas y los fariseos, como lobos rapaces, despedazan el rebaño, ¿lleva Jesús a Sus seguidores a una excursión por un lugar tranquilo de descanso? ¿No hay ningún zelote enojado que denuncie un olvido tan atroz de las necesidades actuales y apremiantes? Si lo hay, ¡déjalo desvariar en su locura!

El Maestro bien sabe que no debe agotar a Sus siervos y apagar la luz de Israel. Tiempo de descanso no es tiempo perdido: es economizar para reunir nuevas fuerzas. Observa al segador en los días de verano. Le queda mucha mies por cortar antes de que el sol se ponga, pero hace una pausa en su trabajo; ¿es, acaso, perezoso? Busca su piedra de amolar y comienza a deslizarla por su guadaña arriba y abajo; ese trin-trin-trin, ¿es música inactiva?, ¿está desperdiciando momentos preciosos? ¡Cuánto podría haber cortado mientras ha estado repicando esas notas en su herramienta! Pero mira, la está afilando, y hará mucho más cuando de nuevo la empuñe con fuerza y, a largos barridos, deje las gavillas postradas en hileras delante de él. Asimismo, un pequeño receso prepara la mente para un mayor servicio a la buena causa. Los pescadores deben reparar sus redes, y nosotros, cada cierto tiempo, debemos restablecer nuestro gasto mental y alistar nuestra maquinaria para el servicio futuro. Remar día tras día, como un esclavo de galeras que no tiene vacaciones, no es afín a los hombres mortales. El agua que mueve los molinos corre en un ciclo interminable, pero nosotros debemos hacer nuestras pausas e intervalos. ¿Quién no se queda sin aliento cuando la carrera continúa sin interrumpirse? Aun las bestias de carga deben ser llevadas por momentos a pastar. El océano mismo hace una pausa entre el flujo y el reflujo; la tierra guarda el sabbat de los meses invernales; y también el hombre, cuando es exaltado para ser un embajador de Dios, debe descansar o dejarse desfallecer, debe poner aceite en su lámpara o permitir que se apague, debe guardar su vigor o envejecer prematuramente.

Es aconsejable tomarnos un descanso de vez en cuando. A la larga, haremos más si a veces hacemos menos. Trabajar, trabajar y trabajar sin parar nunca, sin recreación, puede ser propio de los espíritus emancipados de este «pesado barro»; pero mientras habitemos en este tabernáculo, debemos gritar de vez en cuando «¡alto!» y servir al Señor mediante la santa inactividad y el ocio consagrado. Que ninguna conciencia inflexible dude de la legitimidad de quitarse el arnés por un tiempo, sino que aprenda, de la experiencia de otros, la necesidad y el deber de descansar cuando es preciso. Un golpe demoledor a veces deja al ministro prácticamente inutilizado. El hermano más confiable se convierte en traidor. Judas levanta su talón contra el hombre que confiaba en él, y el corazón del predicador se abate por el momento. Todos somos muy propensos a confiar en la carne, y de esa tendencia surgen muchas de nuestras tristezas. Igual de doloroso resulta el golpe cuando un miembro honrado y querido cede ante la tentación y deshonra el santo nombre que se le confirió. Cualquier cosa es mejor que esto. Tales circunstancias hacen que el predicador anhele un refugio en el vasto desierto, donde pueda esconder su rostro para siempre y no escuchar más las burlas blasfemas de los impíos. Diez años de trabajo no nos quitan tanta vida como la que nos extirpan en unas pocas horas un traidor o un apóstata. También la contienda, la división, la calumnia y las vanas censuras, a menudo postraron a los hombres santos y los hicieron andar «como [si alguien hiriera sus] huesos» (Sal. 42:10). Las palabras duras laceran con agudeza a ciertas mentes delicadas. Muchos de los mejores ministros, dada la propia espiritualidad de su carácter, son emocionales en extremo, demasiado sensibles para un mundo como este. «Una patada que apenas haría moverse a un caballo podría matar al ministro más equilibrado». Por experiencia, los rudos golpes que son inevitables en nuestra batalla, endurecen el alma; pero al principio tales cosas nos asombran y nos envían de regreso a nuestros hogares envueltos en el horror de una gran oscuridad. No son pocas las pruebas de un verdadero ministro, y las que causan cristianos ingratos son más difíciles de soportar que los ataques más groseros de los enemigos declarados.

Ningún hombre que busca la tranquilidad mental y procure la quietud de la vida, debe ingresar al ministerio; si lo hace, lo abandonará lleno de disgusto. Poquísimas personas podrían experimentar tan sombrío horror como el que cayó sobre mí después del lamentable accidente en el Surrey Music Hall. Un enorme peso de miseria, desmedido e inconcebible, se apoderó de mí. De día y de noche rememoraba el tumulto, el pánico y las muertes. Se convirtieron en una carga para mi vida. Entonces canté en mi dolor: «Mi tumulto de recuerdos, solo aumenta mi aflicción, mi espíritu languidece, se postra mi corazón».

Me desperté de ese sueño de horror en un instante por la aplicación misericordiosa a mi alma del texto «A este, Dios ha exaltado». La realidad de que Jesús mantiene Su grandeza, sean cuales sean los sufrimientos de Sus siervos, me devolvió la razón sosegada y la paz. Si una calamidad terrible como esa afectara a alguno de mis hermanos, que con paciencia confíen y esperen en silencio la salvación de Dios. Cuando los problemas se multiplican y los desalientos acontecen en larga sucesión, como los mensajeros de Job, entonces, también en medio del desasosiego que en el alma ocasionan las malas noticias, el desaliento le roba toda su paz al corazón. El goteo constante erosiona las piedras, y las mentes más corajudas sienten el desgaste de las aflicciones constantes. Si a una despensa poco provista se le añade la tribulación de una esposa enferma o la pérdida de un hijo, y si a las observaciones poco generosas de los oyentes suceden la oposición de los diáconos y la frialdad de los miembros, entonces, como Jacob, irremediablemente clamaremos: «... contra mí son todas estas cosas» (Gén. 42:36). Cuando David regresó a Siclag y encontró que habían quemado la ciudad, que habían robado los bienes, que habían raptado a las mujeres y que sus tropas estaban listas para apedrearlo, leemos: «... David se fortaleció en Jehová su Dios» (1 Sam. 30:6). Y fue bueno para él que pudiera hacerlo, porque si no, habría desmayado si no hubiera creído ver la bondad del Señor en la tierra de los vivientes.

Al acumularse, las angustias aumentan mutuamente su peso; cada una agrava a la próxima y, cual bandas de ladrones, destruyen sin conmiseración nuestro bienestar. Una ola tras otra constituye un trabajo hercúleo para el nadador más fuerte. El lugar donde convergen dos océanos es un desafío para la quilla más marinera. Si hubiera una pausa regular entre los embates de la adversidad, el espíritu tendría tiempo para prepararse; pero cuando caen de repente y sin interrupción, como el golpeteo de enormes granizos, de seguro el peregrino se sorprenderá. La última onza rompe la espalda del camello, y cuando se nos eche la última onza, ¡qué sorpresa si, por un momento, estamos listos para darnos por vencidos! Este mal también nos sobrevendrá, no sabemos por qué, y entonces se nos hace difícil ahuyentarlo.

Con la depresión injustificada no se debe razonar, ni el arpa de David puede cautivarla con dulces reflexiones. También podemos luchar contra la niebla como lo hacemos con esta desesperanza carente de forma, indefinible, pero a

LOS ATAQUES DE DEPRESIÓN DEL MINISTRO

la vez angustiosa. Uno no se apiada de sí mismo en medio de tal situación, porque parece demasiado irracional, e incluso pecaminoso sentirse perturbado sin causa manifiesta; y sin embargo el hombre se siente atribulado en lo más profundo de su espíritu. Si aquellos que se ríen de tal melancolía sintieran la misma pena durante una hora, ¡su risa se tornaría en piedad! La determinación puede, tal vez, librarse de ella, pero ¿dónde vamos a encontrar la determinación cuando el hombre está por completo debilitado? El médico y el pastor pueden unir sus habilidades en tales casos, y ambos hallarse con las manos llenas, o más que llenas. El cerrojo de hierro que tan misteriosamente sujeta la puerta de la esperanza y mantiene a nuestros espíritus en una triste prisión, necesita una mano celestial para descorrerlo; y cuando al fin la vemos, clamamos con el apóstol: «Bendito sea el Dios y Padre de nuestro Señor Jesucristo, Padre de misericordias y Dios de toda consolación, el cual nos consuela en todas nuestras tribulaciones, para que podamos también nosotros consolar a los que están en cualquier tribulación, por medio de la consolación con que nosotros somos consolados por Dios» (2 Cor. 1:3-4). Solo el Dios de toda consolación puede «con un dulce antídoto de olvido, limpiar nuestros pechos fatigados, de todo el peligro que pesa sobre nuestros corazones». Simón Pedro se hunde hasta que Jesús lo toma de la mano. El demonio dentro de un niño lo desgarra y descuartiza hasta que la Palabra de autoridad le ordena que salga de él. Cuando estamos llenos de horribles temores y agobiados por un íncubo intolerable, solo necesitamos que salga el Sol de Justicia para que esos males que nuestras tinieblas conciben, puedan ser expulsados; pero nada menos que esto alejará la pesadilla del alma.

Timothy Rogers, autor de un tratado sobre la melancolía, y Simon Browne, escritor de algunos himnos de notable dulzura, demostraron en sus propios casos cuán inútil es la ayuda del hombre si el Señor retira la luz del alma. Si se pregunta por qué los siervos del Rey Jesús deben atravesar tan a menudo el valle de sombra de muerte, no es difícil encontrar la respuesta. Todo esto revela el modo de obrar del Señor, que se resume en las siguientes palabras: «No con ejército, ni con fuerza, sino con mi Espíritu, ha dicho Jehová de los ejércitos.» (Zac. 4:6). Es preciso usar instrumentos, mas su debilidad intrínseca se manifestará claramente; no habrá partición de la gloria, no disminuirá el honor que solo el Gran Obrero merece. El hombre tiene que vaciarse a sí mismo y luego será lleno del Espíritu Santo. En su propia aprehensión será como una hoja marchita que el viento arrastra para luego ganar la fortaleza de una muralla de bronce y hacer frente a los enemigos de la verdad.

Le resulta difícil al obrero ocultar la soberbia. El éxito ininterrumpido y la alegría indescriptible que ello provoca serían más de lo que nuestro débil raciocinio puede soportar. Nuestro vino debe mezclarse con agua; si no, embotará nuestros cerebros. Mi testimonio es que aquellos a quienes su Señor honra en público, por lo general tienen que resistir un castigo secreto, o llevar una cruz característica, no sea que se ensalcen y caigan en el lazo del diablo. ¡Con cuánta frecuencia el Señor llama a Ezequiel «hijo de hombre»! En medio de su vuelo hacia los máximos esplendores, justo cuando se ve con fuerzas para contemplar la excelente gloria, las palabras «hijo de hombre» caen sobre sus oídos, aleccionando su corazón que, de otro modo, podría haberse enorgullecido con el honor que se le confirió. Nuestras depresiones nos susurran tales mensajes, que humillan pero convienen; nos recuerdan, de manera que no nos confundamos, que somos hombres, frágiles, débiles, propensos a flaquear.

Dios es glorificado mediante todos estos desfallecimientos de Sus siervos, porque los conduce a magnificarlo cuando, de nuevo, los pone en pie. Incluso, mientras están postrados en el polvo, su fe le rinde alabanza. Hablan aún más dulcemente de Su fidelidad, y permanecen establecidos con firmeza en Su amor. Hombres maduros, como lo son algunos predicadores ancianos, apenas podrían haberse desarrollado si Dios no los hubiera vaciado de un recipiente a otro, para que contemplaran su propio vacío y la vanidad de todo cuanto les rodea.

Gloria a Dios por el horno, el martillo y la lima. Los cielos estarán más llenos de felicidad por causa de las muchas angustias que hemos enfrentado aquí abajo, y la tierra estará mejor labrada gracias a nuestro entrenamiento en la escuela de la adversidad. La lección de sabiduría es esta: no te desanimes por los problemas del alma. No pienses que es algo extraño, son simplemente una parte de la experiencia habitual del ministerio. Si el poder de la depresión va más allá de lo normal, no pienses que ya nunca servirás para nada. Mantén la confianza, porque esto trae una enorme recompensa. Aun si el pie del enemigo está sobre tu cuello, espera levantarte y derrocarlo. Pon las cargas del presente, junto con los pecados del pasado y los temores del futuro, sobre el Señor, quien no abandona a Sus santos. Vive el día, sí, vive cada hora. No confíes en formalidades y sentimientos. Preocúpate más por un grano de fe que por una tonelada de emoción. Confía solo en Dios, y no te apoyes en el delicado junco de la ayuda humana. No te sorprendas cuando tus amigos te decepcionan; este es un mundo decepcionante. Nunca cuentes con la inmutabilidad en la raza humana, sino más bien con la inconstancia del hombre, esto sí no va a desilusionarte. Los discípulos de Jesús lo abandonaron; no te sorprendas si tus seguidores se desvían tras otros maestros. Ellos no lo eran todo para ti cuando estaban contigo; por tanto, cuando se vayan, no lo perderás todo. Sirve a Dios con todas tus fuerzas mientras la vela está ardiendo; así luego, cuando se apague por un tiempo, tendrás menos de qué arrepentirte. Conténtate con ser nada, porque eso es lo que eres. Cuando sobre tu conciencia se imponga dolorosamente tu propio vacío, repróchate que alguna vez soñaste con estar lleno de algo que no fuera el Señor. Atesora satisfecho las pequeñas recompensas actuales; agradece sentirte fervoroso en el camino, pero procura el gozo de la recompensa en el más allá. Continúa tu servicio al Señor con un fervor redoblado cuando, ante ti, no haya ningún resultado visible. Cualquier simplón puede seguir el camino estrecho en la luz; la inusual sabiduría de la fe nos permite marchar en la oscuridad con infalible precisión, ya que ella pone su mano en la de su Gran Guía.

Entre la tierra y el cielo puede haber el clima más adverso, pero todo está provisto por nuestro Representante. En nada nos apartemos de la senda que el llamado divino nos ha instado a seguir. Haga buen o mal tiempo, el púlpito es nuestra atalaya, y el ministerio nuestra guerra; y aunque no podamos ver el rostro de nuestro Dios, ojalá que, aun así, seamos capaces de confiar bajo la sombra de Sus alas.

Todo de gracia

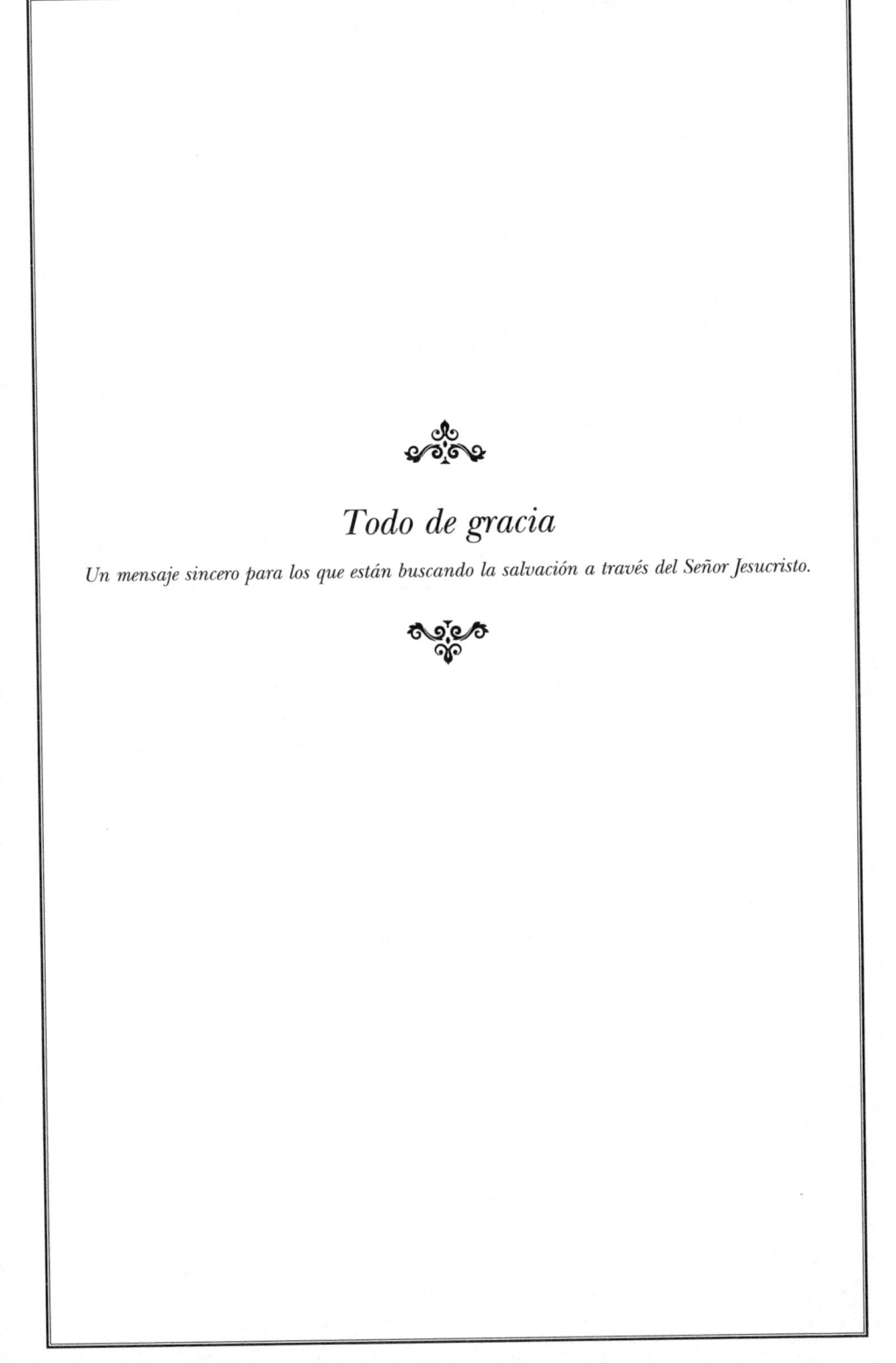

Un mensaje sincero para los que están buscando la salvación a través del Señor Jesucristo.

«... mas cuando el pecado abundó, sobreabundó la gracia»
(Rom. 5:20)

Contenido

Capítulo 1: Para ti 283
Capítulo 2: ¿A qué venimos? 285
Capítulo 3: Dios justifica a los impíos 289
Capítulo 4: «Dios es el que justifica» 301
Capítulo 5: El justo y el que justifica 309
Capítulo 6: En cuanto a la liberación del pecado 317
Capítulo 7: Por gracia por medio de la fe 325
Capítulo 8: La fe, ¿qué es? 329
Capítulo 9: ¿Cómo se puede ilustrar la fe? 335
Capítulo 10: ¿Por qué somos salvos por la fe? 345
Capítulo 11: ¡Ay! ¡No puedo hacer nada! 351
Capítulo 12: El aumento de la fe 367
Capítulo 13: La regeneración y el espíritu santo 375
Capítulo 14: «Mi redentor vive» 379
Capítulo 15: El arrepentimiento y el perdón deben ir
   de la mano 383
Capítulo 16: Cómo se otorga el arrepentimiento 393
Capítulo 17: El temor a la caída final 399
Capítulo 18: Confirmación 407
Capítulo 19: Por qué perseveran los santos 415
Capítulo 20: Conclusión 421

Capítulo 1

Para ti

❧

Para ti que hablaste y escribiste, este mensaje será muy decepcionante si no lleva a muchos al Señor Jesús; no obstante, es enviado con una dependencia pueril en el poder de Dios Espíritu Santo, para que lo use en la conversión de millones de personas; si así le agrada. Indudablemente, muchos hombres y mujeres humildes tomarán este volumen y el Señor los visitará con gracia. Con este fin, hemos escogido el lenguaje más corriente, y hemos utilizado muchas expresiones sencillas. No obstante, si personas acaudaladas y de rango miraran este libro, el Espíritu Santo también puede impactarlos, pues lo que es entendible para los indoctos no es menos atractivo para los instruidos.

¡Oh, que algunos que lo lean se conviertan en grandes ganadores de almas! ¿Quién sabe cuántos encuentren la paz a través de lo que lean aquí? Pero querido lector, una pregunta más importante es esta: ¿serás tú uno de ellos?

Cierto hombre colocó una fuente al borde del camino, y ató una jarra a esta mediante una pequeña cadena. Algún tiempo después le comentaron que un reconocido crítico de arte le encontró muchos defectos a su diseño. Preguntó: «Pero ¿han bebido muchos sedientos de la fuente?». Le contaron que miles de hombres, mujeres y niños pobres saciaron su sed en ella. Él sonrió y expresó que la observación del crítico no le preocupaba mucho, y que solo esperaba que en algún día sofocante de verano, el crítico mismo llenara la jarra, refrescara su sed y alabara el nombre del Señor. Aquí está mi fuente, y aquí mi jarra. Encuéntrale defectos si quieres, pero bebe del agua de vida. Eso es lo único que me importa. Prefiero bendecir el alma del barrendero de calles más pobre, o del recolector de harapos, que agradar a uno de sangre noble, y que este no se convierta a Dios.

Lector, ¿tienes un propósito serio al leer estas páginas? Si es así, estamos de acuerdo desde el principio; pero el propósito de este libro no es más ni menos que encontrar a Cristo y el cielo. ¡Oh, que podamos procurar esto juntos! Al hacerlo, yo dedico este pequeño libro en oración. ¿No te unirás a mí al levantar la vista a Dios y pedirle que te bendiga mientras lees?

La Providencia ha puesto estas páginas en tu camino. Tienes poco tiempo libre para leerlas, y aun así estás dispuesto a prestarles atención. Estas son buenas señales. ¿Quién sabe si el tiempo establecido de bendición ha llegado para ti? En todo caso: «… Si oyereis hoy su voz, no endurezcáis vuestros corazones…» (Heb. 3:15).

Capítulo 2

¿A qué venimos?

En una ocasión escuché una historia; creo que provenía del norte del país. Un ministro visitó a una mujer pobre con la intención de ayudarla, porque sabía que estaba muy necesitada. Con su dinero en la mano, tocó a la puerta; pero ella no respondió. Él pensó que la mujer no estaba en casa, y se marchó. Poco tiempo después, el ministro la encontró en la iglesia, y le expresó que había recordado su necesidad:

—Fui a visitarla, toqué varias veces a su puerta, y supuse que no estaba en casa, porque no recibí respuesta.

—¿A qué hora fue eso, señor? —preguntó ella.

—Era alrededor del mediodía —respondió.

—¡Dios mío! —exclamó—. Lo escuché, señor, y lamento mucho no haber respondido; mas pensé que era el hombre que venía a cobrar el alquiler.

Muchas mujeres pobres saben lo que esto significa. Ahora, yo deseo ser escuchado, y por lo tanto, quiero decir que no vengo a cobrar el alquiler; de hecho, no es el propósito de este libro pedirte nada, sino anunciarte que la salvación es *solo por gracia*, lo cual significa gratis, sin cargo, por nada. A menudo, cuando deseamos ganar la atención de una audiencia, nuestros oyentes piensan: «¡Ah! ahora me vana hablar de mis obligaciones. Es el hombre que viene a pedir lo que es de Dios, y estoy seguro de que no tengo nada con qué pagar. No estaré en casa». No, este libro no viene a exigirte, sino a traerte algo. No vamos a hablar sobre la ley, el deber y el castigo, sino sobre el amor, la bondad, el perdón, la misericordia y la vida eterna. Por lo tanto, no actúes como si no estuvieras en casa; no cierres los oídos, ni el corazón. No estoy pidiendo nada de ti en nombre de Dios o del hombre. No es mi intención exigir algo de tus manos; sino que vengo en el nombre de Dios para traerte un regalo, que al recibirlo experimentarás un gozo presente y eterno. Abre la puerta, y deja pasar mis súplicas.

«Venid luego, dice Jehová, y estemos a cuenta...» (Isa. 1:18).

El Señor mismo te invita a una conferencia sobre tu felicidad inmediata e infinita, y Él no habría hecho esto si no tuviera buenas intenciones contigo. No rechaces al Señor Jesús que llama a tu puerta; porque Él toca con una mano que fue clavada al madero por alguien como tú. Ya que su único objetivo es tu bien, inclina tu oído y ven a Él. Escucha con diligencia y deja que la buena palabra penetre en tu alma. Puede ser que haya llegado la hora en que entrarás a esa nueva vida que es el principio del cielo. La fe viene por el oír, y la lectura es una forma de oír; por lo tanto, mientras lees este libro la fe puede llegar a ti. ¿Por qué no? ¡Oh bendito Espíritu de toda gracia, hazlo!

Capítulo 3

Dios justifica a los impíos

❧

Su mensaje es para ti. Encontrarás el texto en la epístola a los Romanos 4:5: «Mas al que no obra, sino cree en aquel que justifica al impío, su fe le es contada por justicia».

Quisiera que prestes mucha atención a esas palabras: «… aquel que justifica al impío». Me parecen palabras maravillosas. ¿No te sorprende que exista una expresión como esta en la Biblia: «… que justifica al impío»? He escuchado que los enemigos de las doctrinas de la cruz la usan como una acusación contra Dios, que salva a hombres malvados y recibe al más vil de los viles. ¡Mira cómo esta porción de la Escritura acepta la acusación, y lo expresa claramente! Por boca de Su siervo Pablo, por la inspiración del Espíritu Santo, Él asume el título de «aquel que justifica al impío». Dios hace justos a los injustos, perdona a los que merecen ser castigados y favorece a aquellos que no merecen ningún favor.

TODO DE GRACIA

¿No es cierto que pensaste que la salvación era para los buenos? ¿Que la gracia de Dios era para los puros y santos, para aquellos sin pecado? Has llegado a creer que si fueras excelente Dios te recompensaría; y has pensado que porque no eres digno, no habrá manera de que disfrutes de Su favor. Debes sentirte algo sorprendido al leer un texto como este: «Aquel que justifica al impío». No me maravilla que estés sorprendido; porque con todo lo familiarizado que estoy con la inmensurable gracia de Dios, nunca dejo de maravillarme ante ella. De hecho, ¿no suena en verdad sorprendente que sea posible que un Dios santo justifique a un hombre impío? Nosotros, de acuerdo con la legalidad natural de nuestros corazones, siempre hablamos de nuestra propia bondad y nuestra propia valía, y obstinadamente nos aferramos a que debe haber algo en nosotros que merezca la atención de Dios. No obstante, Dios, que ve más allá de todo engaño, sabe que no hay bondad en nosotros. Él afirma: «... No hay justo, ni aun uno» (Rom. 3:10). Él sabe que son «...todas nuestras justicias como trapo de inmundicia...» (Isa. 64:6), y por lo tanto, el Señor Jesús no vino al mundo para guardar Su bondad y justicia para sí mismo, sino para otorgarlas a personas que no tienen nada de esto. Él viene, no porque somos justos, sino para hacernos justos. Él justifica al impío.

Cuando un abogado acude a la corte —si es un hombre honesto—, desea defender el caso de un hombre inocente y justificarlo ante el tribunal por las cosas que le imputan falsamente. El objetivo del abogado debe ser justificar a la persona inocente, y no debe intentar proteger al culpable.

DIOS JUSTIFICA A LOS IMPÍOS

El hombre no tiene el derecho ni el poder para justificar al culpable. Este es un milagro reservado solo para el Señor. Dios, el Soberano e infinitamente justo, sabe que no hay un hombre justo sobre la faz de la tierra que haga el bien y no peque, y por lo tanto, en la soberanía infinita de Su naturaleza divina y en el esplendor de Su amor inefable, Él emprende la tarea de justificar no tanto al justo, sino al impío. Dios ha ideado formas y medios para hacer que el impío comparezca justamente acepto ante Él. Es decir, Dios ha establecido un sistema por el cual, con perfecta justicia, Él puede tratar al culpable como si hubiera estado libre de delito toda su vida; sí, puede tratarlo como si estuviera completamente libre de pecado. Él justifica al impío. Jesucristo vino al mundo para salvar a los pecadores. Es algo muy sorprendente, algo para maravillarse, sobre todo por aquellos que lo disfrutan.

Estoy seguro de que el mayor milagro que hasta hoy conozco es que Dios me justificó. Aparte de Su amor todopoderoso, yo siento que soy un bulto de indignidad, una masa de corrupción y un montón de pecado. Tengo plena seguridad que soy justificado por la fe que es en Cristo Jesús, y que soy tratado como si hubiera sido perfectamente justo, y que fui hecho heredero de Dios y coheredero con Cristo; sin embargo, por naturaleza, debo tomar mi lugar entre los más pecaminosos. Yo, que no merezco absolutamente nada, soy tratado como si fuera merecedor. Soy amado con tanto amor como si siempre hubiera sido piadoso; sin embargo, antes era impío. ¿Quién puede evitar asombrarse ante esto? La gratitud ante tal favor se viste con túnicas de asombro.

Ahora, aunque esto es muy sorprendente, quiero que noten cuán disponible se encuentra el evangelio para ti y para mí, gracias a nuestra condición. Si Dios justifica al impío, entonces, querido amigo, Él puede justificarte. ¿No es esa la clase exacta de persona que eres? Si en este momento tú no eres convertido, esta es una descripción muy adecuada de ti; has vivido sin Dios, has sido lo opuesto de una persona piadosa; en una palabra, has sido y eres impío. Tal vez ni siquiera has asistido a un lugar de adoración el domingo, sino que has vivido sin darle importancia al día, a la casa y a la Palabra de Dios; esto demuestra que has vivido impíamente. Aún más triste, es posible que hayas intentado dudar de la existencia de Dios y hayas llegado a afirmar que lo hiciste. Has vivido en esta hermosa tierra, que está llena de muestras de la presencia de Dios, y todo el tiempo has cerrado los ojos a las claras evidencias de Su poder y Divinidad. Has vivido como si no hubiera Dios. De hecho, hubieras estado muy complacido si pudieras haberte demostrado con certeza que Dios no existe. Posiblemente hayas vivido muchos años de esta manera, de modo que ahora estás muy bien establecido en tus caminos; sin embargo, Dios no se encuentra en ninguno de ellos. Si fueras calificado de impío, esto te describiría tan bien como si el mar fuera calificado como una masa de agua salada. ¿No es así?

Posiblemente eres una persona de otro tipo; has asistido regularmente a todas las formas externas de religión; no obstante, tu corazón no ha estado en ellas, has sido realmente impío. Aunque te has reunido con el pueblo de Dios, nunca te has encontrado con Dios por ti mismo; has cantado en el coro;

DIOS JUSTIFICA A LOS IMPÍOS

sin embargo, no has alabado al Señor con tu alma. Has vivido sin amor alguno a Dios en tu corazón, o sin tener en cuenta Sus mandamientos en tu vida. Bueno, eres justo el tipo de hombre a quien este evangelio es enviado; este evangelio que afirma que Dios justifica a los impíos. Es muy maravilloso, pero está disponible sin ningún problema para ti. Simplemente te viene muy bien. ¿No es así? ¡Cómo me gustaría que lo aceptaras! Si eres un hombre sensato, verás la extraordinaria gracia de Dios al brindar justificación para alguien como tú. Entonces te dirás a ti mismo: «¡Justifica al impío! ¿Entonces por qué no ser justificado, y serlo de inmediato?».

Ahora, observa más allá, pues tiene que ser así: la salvación de Dios es para aquellos que no la merecen y no están preparados para ella. Es razonable que esta declaración esté plasmada en la Biblia; porque, querido amigo, nadie necesita que lo justifiquen, a no ser que no tenga justificación propia. Si alguno de mis lectores es perfectamente justo, no necesita ser justificado. Sientes que estás cumpliendo bien tu deber, y que el cielo casi que tiene una obligación contigo. ¿Para qué quieres un Salvador o misericordia? ¿Para qué quieres justificación? Por ahora ya estarás cansado de mi libro, pues este no tendrá nada interesante para ti. Si alguno de ustedes se está dando aires de tanto orgullo, escúchame por un momento. Estarás perdido, tan seguro como que estás vivo. Ustedes, hombres justos, cuya justicia se fundamenta solo en sus propias obras, o son engañadores o están siendo engañados; porque la Escritura no puede mentir, y esta afirma claramente: «… No hay justo, ni aun uno» (Rom. 3:10). En cualquier caso, no tengo evangelio que predicar a los que se creen justos; no, ni una sola palabra. Jesucristo mismo no vino a llamar a los justos, y yo no haré lo que Él no hizo. Si te llamara, tú no vendrías, y por lo tanto, no te llamaré en esas condiciones. No, más bien te pido que observes esa rectitud tuya hasta que comprendas lo ilusoria que es. Es mucho menos sólida que una telaraña. ¡Termina con eso! ¡Huye de eso! ¡Oh, cree que las únicas personas que pueden necesitar justificación son aquellas que no son justas en sí mismas! Necesitan que se haga algo por ellos que los haga justos delante del tribunal de Dios. Dalo por sentado, el Señor solo hace lo que es necesario. La sabiduría infinita nunca intenta lo innecesario. Jesús nunca emprende algo superfluo. Justificar a uno que ya es justo no es obra para Dios; eso es trabajo para un necio; pero hacer justo al injusto, eso es obra de una misericordia y amor infinitos. Justificar a los impíos, este es un milagro digno de un Dios. Y con certeza así es.

Ahora mira. Si en algún lugar del mundo hay un médico que ha descubierto remedios seguros y valiosos, ¿a quién será enviado este médico? ¿A aquellos que están perfectamente sanos? Creo que no. Pónganlo en un distrito donde no haya personas enfermas, y sentirá que no está en su lugar. No tiene nada que hacer: «… Los sanos no tienen necesidad de médico, sino los enfermos…» (Mar. 2:17). ¿No es igualmente evidente que los grandes remedios de la gracia y la redención son para los enfermos del alma? No pueden ser para los sanos, ya que no son útiles para ellos. Si tú, querido amigo, sientes que estás espiritualmente enfermo, el Médico ha venido al mundo por ti. Si estás completamente quebrantado debido a tu pecado, entonces eres la persona precisa en la que el plan de salvación pone sus ojos. Yo digo que el Señor de amor tenía gente como tú en Su mente cuando diseñó el sistema de la gracia. Supongamos que un hombre de espíritu generoso decidiera perdonar a todos los que estaban en deuda con él; está claro que esto solo se puede aplicar a quienes realmente le debían algo. Una persona le debe 1000 libras; otra le debe 50 libras; lo único que cada uno tiene que mostrar es el recibo de las cuentas a pagar, y la deuda se anula. Sin embargo, la persona más generosa no puede perdonar las deudas de aquellos que no le deben nada. Está fuera del poder de la Omnipotencia perdonar donde no hay pecado. Por lo tanto, para ti que no tienes pecado, no puede haber perdón. El perdón debe ser para los culpables. El perdón debe ser para los pecadores. Es absurdo hablar de perdonar a aquellos que no necesitan perdón; de perdonar a aquellos que nunca han pecado.

¿Piensas que estás perdido porque eres pecador? Esta es precisamente la razón por la que puedes ser salvado. Ya que reconoces ser pecador, yo te animo a creer que la gracia está destinada para gente como tú. Uno de nuestros escritores de himnos se atrevió incluso a plantear: «Un pecador es algo sagrado; el Espíritu Santo así lo hizo».[1] Es verdad, Jesús busca y salva lo que está perdido. Él murió e hizo una verdadera expiación por los pecadores verdaderos. Cuando los hombres se llaman a sí mismos «pecadores miserables» y no lo hacen

---

[1] Joseph Hart, Un pecador es algo sagrado.

a modo de juego de palabras, o por mero cumplido, yo me siento muy feliz de reunirme con ellos. Me alegraría hablar toda la noche con pecadores auténticos. A estos, el mesón de la misericordia nunca cierra sus puertas, ni los días entre semana, ni el domingo. Nuestro Señor Jesús no murió por pecados imaginarios, sino que la sangre de Su corazón se derramó para quitar las intensas manchas carmesí que ninguna otra cosa puede eliminar. Ese individuo, ese pecador sucio, es el tipo de hombre que Jesucristo vino a blanquear.

En una ocasión, un predicador del evangelio dio un sermón sobre Lucas 3:9 que expresa: «Y ya también el hacha está puesta a la raíz de los árboles». Este pronunció un sermón tal que uno de sus oyentes le dijo:

—Alguien podría pensar que usted ha predicado a criminales. Su sermón debería haber sido predicado en la cárcel del condado.

—Oh, no —respondió el buen hombre—, si hubiera predicado en la cárcel del condado, no hubiese utilizado ese texto. Allí debería predicar: «Palabra fiel y digna de ser recibida por todos: que Cristo Jesús vino al mundo para salvar a los pecadores...» (1 Tim. 1:15).

Así es. La ley es para los que se creen justos, para humillar su orgullo; el evangelio es para los perdidos, para quitar su desesperación. Si no estás perdido, ¿para qué quieres al Salvador? ¿Debería el pastor ir tras aquellas ovejas que nunca se extraviaron? ¿Por qué debería una mujer barrer su casa en busca de monedas que nunca cayeron de su bolsa? No, la medicina es para el enfermo; el avivamiento es para los muertos; el perdón es para los culpables; la liberación es para aquellos que están atados; la apertura de los ojos es para los ciegos.

¿Cómo puede justificarse la existencia del Salvador, y de Su muerte en la cruz, y del evangelio del perdón, a no ser sobre la base de que los hombres son culpables y dignos de condenación? El pecador es la razón de existencia del evangelio. Tú, mi amigo, a quien ahora llega esta palabra, si eres desmerecedor, si mereces el castigo, o si mereces el infierno, eres el tipo de hombre por quien el evangelio es ordenado, preparado y proclamado.

Dios justifica al impío. Me gustaría dejar esto muy claro. Espero haberlo logrado ya; pero aun así, por claro que sea, solo el Señor puede hacer que un hombre lo comprenda. Al principio, al hombre que ha sido levantado le parece algo muy sorprendente que la salvación pueda llegar a él estando perdido y siendo culpable. Él piensa que debe llegarle como a un hombre arrepentido, pero olvida que su arrepentimiento es parte de su salvación. Piensa: *Oh, yo debo ser esto y aquello,* lo cual es cierto, porque él será esto y aquello como resultado de la salvación; pero la salvación viene a él antes de que tenga alguno de los resultados de la salvación. De hecho, esta llega a él mientras solo hay una descripción escueta, miserable, baja y abominable que le encaja: «impío». Eso es todo lo que es cuando el evangelio de Dios viene a justificarlo. Por lo tanto, permíteme exhortar a cualquiera que no tenga nada bueno en sí mismo —que teme no albergar siquiera un buen sentimiento, o cualquier cosa que pueda presentar ante Dios—, que crea firmemente que nuestro Dios misericordioso es capaz y está dispuesto a aceptarlo sin nada, y perdonarlo espontáneamente, no porque él sea bueno, sino porque Él es bueno. ¿No hace Dios que Su sol brille sobre malos y buenos? ¿No concede Él estaciones fructíferas, y envía la lluvia y la luz del sol en su tiempo sobre las naciones más impías? Sí, incluso Sodoma tuvo su sol, y Gomorra su rocío. ¡Oh amigo, la magnífica gracia de Dios sobrepasa mis concepciones y tus concepciones, y me gustaría que la consideras dignamente! «Como son más altos los cielos que la tierra, así son mis caminos más altos que vuestros caminos, y mis pensamientos más que vuestros pensamientos» (Isa. 55:9). Él puede perdonar abundantemente. Jesucristo vino al mundo a salvar a los pecadores; el perdón es para los culpables. No intentes retocarte y hacerte algo diferente a lo que realmente eres; sino ven tal como eres ante Aquel que justifica al impío.

Hace poco, un gran artista había pintado una parte del ayuntamiento de la ciudad en la que vivía, y deseaba, por razones históricas, incluir en su cuadro a ciertos personajes famosos de la ciudad. Todos conocían al barrendero de aspecto descuidado, andrajoso y sucio, y en el cuadro había un lugar para él. El artista le dijo a este individuo andrajoso y tosco: «Te pagaré bien si vienes a mi estudio y me dejas pintar tu imagen». El barrendero acudió por la mañana, sin embargo pronto lo enviaron de regreso a sus quehaceres; pues se había lavado la cara, peinado y puesto una ropa respetable. Lo necesitaban como mendigo, y solo en esa condición había sido invitado. De igual forma, el evangelio te recibirá en sus salones si te presentas como pecador, no de otra manera. No esperes ser reformado, sino ven de inmediato para obtener la salvación. Dios justifica al impío, y eso te incluye estés como estés ahora; aunque te encuentres en tu peor estado. Ven con tus harapos. Quiero decir, ven a tu Padre celestial con todo tu pecado y pecaminosidad. Ven a Jesús tal como eres, leproso, inmundo, desnudo, no apto para vivir ni apto para morir. Ven, tú que eres la mismísima escoria de la creación; ven, aunque apenas te atrevas a esperar algo que no sea la muerte. Ven, aunque la desesperación se cierne sobre ti, y presione tu pecho cual una horrible pesadilla. Ven y pide al Señor que justifique a otro impío. ¿Por qué no lo haría? Ven, pues esta gran misericordia de Dios es para aquellos como tú.

Lo puse en el lenguaje del texto, y no puedo expresarlo con más fuerza: el mismo Señor Dios asume este título misericordioso: «… aquel que justifica al impío…» (Rom. 4:5). Él justifica, y hace que sean tratados como justos, a aquellos que por naturaleza son impíos. ¿No es esta una palabra maravillosa para ti? Lector, no te entretengas hasta que hayas considerado este asunto adecuadamente.

Capítulo 4

«Dios es el que justifica»

El ser justificado o ser hecho justo es algo maravilloso. Si nunca hubiéramos quebrantado las leyes de Dios, no lo necesitaríamos, pues seríamos justos en nosotros mismos. Aquel que toda su vida ha hecho las cosas que debería haber hecho, y nunca ha hecho nada que no debería haber hecho, está justificado por la ley. Pero querido lector, estoy bastante seguro que tú no eres de ese tipo. Eres demasiado honesto para fingir no tener pecado, y por lo tanto necesitas ser justificado. Ahora, si te justificas a ti mismo, simplemente te autoengañas. Por lo tanto, no lo intentes; nunca vale la pena. Si les pides a tus compañeros mortales que te justifiquen, ¿qué pueden hacer estos? Quizás logres que algunos de ellos hablen bien de ti a cambio de pequeños favores, y otros te desacreditarán por menos. Su juicio no vale mucho. Nuestro texto plantea: «... Dios es el que justifica» (Rom. 8:33), y esto es más directo. Es un hecho asombroso, y debemos considerarlo con cuidado. Ven y mira.

En primer lugar, nadie más que Dios hubiera pensado en justificar a los culpables. Estos han vivido en rebelión abierta; han hecho el mal con ambas manos; han ido de mal en peor; han vuelto al pecado incluso después de haber sufrido por su causa, y por lo tanto, durante un tiempo se han visto obligados a abandonarlo. Han violado la ley y pisoteado el evangelio. Han rechazado las declaraciones de misericordia y han persistido en la impiedad. ¿Cómo pueden ser perdonados y justificados? Sus compañeros, habiendo perdido toda esperanza, aseveran: «Son casos perdidos». Incluso los cristianos los miran con más pena que esperanza. Pero no así su Dios. Él, en el esplendor de Su gracia para elegir, habiendo escogido a algunos de ellos antes de la fundación del mundo, no descansará hasta que los haya justificado, y los haya hecho aceptos en el Amado. ¿No está escrito: «Y a los que predestinó, a éstos también llamó; y a los que llamó, a éstos también justificó; y a los que justificó, a éstos también glorificó»? (Rom. 8:30). Por lo tanto, ves que hay algunos a quienes el Señor decide justificar: ¿por qué no deberíamos estar tú y yo entre ellos? Nadie más que Dios hubiera pensado alguna vez en justificarme. Yo mismo me asombro. No dudo que la gracia se manifieste igualmente en otros. Fíjate en Saulo de Tarso, que ardía de ira contra los siervos de Dios. Como un lobo hambriento, acosaba a los corderos y las ovejas a derecha e izquierda; sin embargo, Dios lo derribó en el camino a Damasco, y cambió su corazón, y lo justificó de manera tan plena que en poco tiempo este hombre se convirtió en el mayor predicador de la justificación por la fe que jamás haya existido. A menudo debió maravillarse de haber sido justificado por la fe en Cristo Jesús; porque una vez fue un firme defensor de la salvación por las obras de la ley. Solo Dios habría pensado alguna vez en justificar a un hombre como Saulo el perseguidor; no obstante, el Señor Dios es glorioso en gracia. Pero, incluso si alguien hubiera considerado justificar a los impíos, solo Dios podría haberlo hecho. Es completamente imposible que alguien perdone ofensas que no hayan sido cometidas contra él mismo. Imaginemos que una persona te ha herido profundamente; tú puedes perdonarla, y espero que lo hagas; sin embargo, ninguna tercera persona puede hacerlo aparte de ti. Si fue a ti al que dañaron, el perdón debe venir de ti. Si hemos pecado contra Dios, perdonar está en manos de Dios; porque el pecado es contra Él. Es por eso que David plantea, en el Salmo 51: «Contra ti, contra ti solo he pecado, y he hecho lo malo delante de tus ojos…» (v. 4), entonces Dios, contra quien se comete la ofensa, puede perdonar la ofensa. Lo que le debemos a Dios, nuestro gran Creador puede remitirlo, si así le place; y si Él lo remite, remitido está. Solamente el gran Dios, contra quien hemos cometido el pecado, es capaz de borrar ese pecado; por lo tanto, debemos asegurarnos de acudir a Él y procurar la misericordia de Sus manos. No nos dejemos llevar por quienes desean que les confesemos nuestros pecados; ellos no tienen un respaldo en la Escritura para apoyar sus pretensiones. Pero incluso si fueran ordenados para pronunciar la absolución en nombre de Dios, debe ser mejor ir al gran

Señor a través de Jesucristo, el Mediador, y buscar y encontrar el perdón de Su mano; ya que estamos seguros de que este es el camino correcto. La religión apoderada implica un riesgo demasiado grande; es mejor que te ocupes de las cuestiones de tu alma y no las dejes en manos de nadie. Solo Dios puede justificar al impío; pero Él puede hacerlo a la perfección. Él se echa nuestros pecados a la espalda; Él los borra; Él afirma que aunque los busquen, no serán encontrados. Sin otra razón más que Su infinita bondad, Él ha preparado un camino glorioso mediante el cual puede hacer que los pecados como la grana sean tan blancos como la nieve, y alejar nuestras transgresiones como lejos está el oriente del occidente. Él plantea: «No recordaré tus pecados». Él llega incluso a poner fin al pecado. Alguien de antaño exclamó con asombro: «¿Qué Dios como tú, que perdona la maldad, y olvida el pecado del remanente de su heredad? No retuvo para siempre su enojo, porque se deleita en misericordia» (Miq. 7:18).

No estamos hablando ahora de justicia, ni de que Dios trate con los hombres de acuerdo a lo que merecen. Si profesas tratar con el Señor justo en términos de ley, quedas bajo el peligro de la ira eterna, porque eso es lo que mereces. Bendito sea Su nombre, pues no nos ha tratado según nuestros pecados; sino que ahora Él trata con nosotros en términos de gracia gratuita e infinita compasión, y afirma: «Te recibiré con gracia, y te amaré abundantemente». Créelo, porque es completamente cierto que el gran Dios puede tratar a los culpables con abundante misericordia; sí, Él puede tratar a los impíos como si hubieran sido piadosos siempre.

«DIOS ES EL QUE JUSTIFICA»

Lee con atención la parábola del hijo pródigo, y mira cómo el padre perdonador recibió con tanto amor al errante que regresaba como si nunca se hubiera marchado, ni contaminado con rameras. Llegó a tal punto, que el hermano mayor comenzó a refunfuñar; no obstante, el amor del padre nunca menguó. ¡Oh hermano mío, por muy culpable que seas, si solo regresas a tu Dios y Padre, Él te tratará como si nunca hubieras hecho mal! Él te considerará justo, y te tratará como tal. ¿Qué dices a esto? ¿No ves —porque quiero revelar lo espléndido que es con toda claridad— que solo Dios pensaría en justificar a los impíos, y solo Dios podría hacerlo, y con todo, el Señor puede hacerlo? Mira cómo el apóstol presenta el desafío: «¿Quién acusará a los escogidos de Dios? Dios es el que justifica» (Rom. 8:33). Si Dios ha justificado a un hombre, está bien hecho, está hecho correctamente, está hecho con justicia, está hecho para siempre. Leí una declaración en una revista llena de veneno contra el evangelio y contra aquellos que lo predican, donde se afirma que tenemos algún tipo de teoría por la cual imaginamos que el pecado puede ser quitado de los hombres. No tenemos ninguna teoría, publicamos un hecho. El hecho más grandioso bajo el cielo es este: que Cristo, por Su sangre preciosa, quita el pecado en verdad, y que Dios, por amor de Cristo, al tratar con los hombres en términos de misericordia divina, perdona a los culpables y los justifica, no según nada que Él vea en ellos, o prevé que habrá en ellos, sino de acuerdo a las riquezas de Su misericordia que nacen en Su propio corazón. Esto es lo que hemos predicado, predicamos y predicaremos mientras vivamos. «Dios es el que justifica», el que justifica al impío. Él no se avergüenza de hacerlo, ni nosotros de predicarlo. La justificación que proviene de Dios mismo debe estar más allá de toda duda. Si el Juez me absuelve, ¿quién puede condenarme? Si la corte suprema del universo me ha declarado justo, ¿quién podrá acusarme? La justificación de Dios es una respuesta suficiente para una conciencia apercibida. El Espíritu Santo, por sus medios, inspira paz sobre toda nuestra naturaleza, y ya no temamos. Con esta justificación podemos responder a todos los rugidos y calumnias de Satanás y, de los hombres impíos. Con esto seremos capaces de morir; con esto nos levantaremos confiadamente otra vez, y enfrentaremos el último gran juicio. «Con valentía en pie me pondré en ese gran día, porque ¿quién acusarme podrá? Por mi Señor absuelto estoy de la tremenda maldición y culpa del pecado y del error». Amigo, el Señor puede borrar todos tus pecados. No es una hipótesis cuando afirmo: «... Todo pecado y blasfemia será perdonado a los hombres...» (Mat. 12:31). Aunque estés hasta el cuello de delitos, Él puede, con una palabra, eliminar la impureza y declarar: «... Quiero; sé limpio...» (Mat. 8:3). El Señor es un gran perdonador.

El Credo de los Apóstoles plantea: «Creo en el perdón de los pecados», ¿verdad? Él puede, incluso en esta hora, pronunciar la frase: «Tus pecados te son perdonados; ve en paz»; y si lo hace, ningún poder en el cielo, ni en la tierra, ni debajo de la tierra puede ponerte bajo sospecha, y mucho menos bajo la ira. No dudes del poder del amor todopoderoso. Si tu prójimo te hubiera ofendido como tú ofendiste a Dios, no lo podrías perdonar; pero no debes medir el trigo de Dios con tu almud;

«DIOS ES EL QUE JUSTIFICA»

Sus pensamientos y caminos se encuentran tan por encima de los tuyos como están los cielos más altos que la tierra.

Tú dirás: «Bueno, sería un gran milagro si el Señor me perdonara». Así es. Sería un milagro supremo, y por lo tanto es posible que lo haga; porque Él «... hace cosas grandes e inescrutables...» (Job 5:9) que no esperamos. Yo mismo me encontraba abatido por una horrible sensación de culpabilidad, que hacía miserable mi vida; pero cuando escuché la orden: «Mirad a mí, y sed salvos, todos los términos de la tierra, porque yo soy Dios, y no hay más» (Isa. 45:22), miré, y en un momento el Señor me justificó. Lo que vi fue a Jesucristo hecho pecado por mí, y esa visión me dio descanso. Cuando aquellos que fueron mordidos por las serpientes ardientes en el desierto miraron a la serpiente de bronce, fueron sanados de inmediato; y lo mismo me ocurrió a mí, cuando miré al Salvador crucificado. El Espíritu Santo, quien me permitió creer, me dio paz por medio de la fe. Me sentí tan seguro de haber sido perdonado, como antes me sentía de estar bajo condena. Había estado seguro de mi condena porque la Palabra de Dios lo declaraba, y mi conciencia lo atestiguaba; pero cuando el Señor me justificó, los mismos testigos me ofrecieron igual certeza. La Palabra del Señor en la Escritura plantea: «El que en él cree, no es condenado...» (Juan 3:18), y mi conciencia da testimonio de que yo creía, y de que Dios es justo al perdonarme. Por lo tanto, tengo el testimonio del Espíritu Santo y de mi propia conciencia, y estos dos concuerdan. ¡Oh, cómo desearía que mi lector recibiera el testimonio de Dios sobre este asunto, y luego, muy pronto, también tendría el testimonio en sí mismo!

TODO DE GRACIA

Me atrevo a plantear que un pecador justificado por Dios se encuentra sobre un terreno más firme que incluso un hombre justo que por sus obras ha sido justificado; si es que el tal existiera. Nunca podríamos tener mayor certeza de haber hecho suficientes obras; la conciencia siempre estaría incómoda por temor a que, después de todo, nos quedáramos cortos, y solo pudiéramos contar con el veredicto tembloroso de un juicio falible. Sin embargo, cuando Dios mismo justifica, y el Espíritu Santo da testimonio de ello al darnos paz con Dios, sentimos que el asunto está seguro y resuelto, y obtenemos descanso. Ninguna lengua puede expresar la profundidad de esa quietud que viene sobre el alma que ha recibido la paz de Dios que sobrepasa todo entendimiento.

Capítulo 5

El justo y el que justifica

❦

Hemos visto al impío justificado, y hemos considerado la grandiosa verdad de que solo Dios puede justificar a cualquier hombre. Ahora damos un paso más y nos preguntamos: ¿cómo puede un Dios justo justificar a los hombres culpables? Aquí nos encontramos con una respuesta completa en las palabras de Pablo, en Romanos 3:21-26. Leeremos seis versículos del capítulo para tener una idea del pasaje:

> Pero ahora, aparte de la ley, se ha manifestado la justicia de Dios, testificada por la ley y por los profetas; la justicia de Dios por medio de la fe en Jesucristo, para todos los que creen en él. Porque no hay diferencia, por cuanto todos pecaron, y están destituidos de la gloria de Dios, siendo justificados gratuitamente por su gracia, mediante la redención que es en Cristo Jesús, a quien Dios puso

como propiciación por medio de la fe en su sangre, para manifestar su justicia, a causa de haber pasado por alto, en su paciencia, los pecados pasados, con la mira de manifestar en este tiempo su justicia, a fin de que él sea el justo, y el que justifica al que es de la fe de Jesús.

Ahora permíteme compartir un poco de mi experiencia personal. Cuando estaba bajo la mano del Espíritu Santo, bajo convicción de pecado, tenía un sentido claro e intenso de la justicia de Dios. El pecado, independientemente de lo que pueda ser para otras personas, se convirtió en una carga intolerable para mí. No era tanto que temiera al infierno, sino que temía al pecado. Sabía que era tan terriblemente culpable, que recuerdo haber pensado que si Dios no me castigaba por el pecado, debería hacerlo. Sentí que el Juez de toda la tierra debería condenar un pecado como el mío. Me senté en el tribunal y me condené a muerte; porque confesé que si fuera Dios, no habría podido hacer otra cosa que enviar a una criatura tan culpable como yo a lo más profundo del infierno. Mientras tanto, en mi mente tenía una gran preocupación por el honor del nombre de Dios y la integridad de Su gobierno moral. Sentí que mi conciencia no estaría satisfecha si llegara a ser perdonado injustamente. El pecado que yo había cometido tenía que ser castigado. Pero luego estaba la pregunta de cómo Dios podía ser justo y, sin embargo, justificar a alguien como yo, que había sido tan culpable. Le pregunté a mi corazón: «¿Cómo puede Dios ser justo y, no obstante, ser el que justifica?». Esta pregunta me preocupaba y me agotaba; y tampoco podía ver ninguna respuesta para ella. Ciertamente, nunca podría haber inventado una respuesta que pudiera satisfacer mi conciencia.

En mi opinión, la doctrina de la expiación es una de las pruebas más convincentes de la inspiración divina de las Sagradas Escrituras. ¿Quién imaginaría o podría haber imaginado que el Gobernante justo muriera por el rebelde injusto? Esta no es una enseñanza de la mitología humana, ni el sueño de la imaginación poética. Este método de expiación se conoce entre los hombres solo porque es un hecho; la ficción no podría haberlo ideado. Dios mismo lo ordenó; no es un asunto que podría haber sido imaginado. Desde mi juventud, yo había escuchado el plan de salvación por el sacrificio de Jesús, pero en lo más profundo de mi alma no sabía nada más de ello que si hubiera nacido y crecido entre los hotentotes. La luz estaba allí, pero yo estaba ciego; era necesario que el Señor mismo me aclarase el asunto. Vino a mí como una nueva revelación, tan fresca como si nunca hubiera leído en las Escrituras que Jesús fue declarado propiciación por los pecados; de modo que Dios sea justo. Creo que a cada hijo de Dios recién nacido, esto tendrá que venir como una revelación cada vez que la vea; me refiero a la gloriosa doctrina de la sustitución del Señor Jesús. Llegué a entender que la salvación era posible a través del sacrificio vicario; y que las previsiones para tal sustitución se habían hecho en la primera constitución y disposición de las cosas. Se me hizo ver que Aquel que es el Hijo de Dios, al mismo nivel de Dios y coeterno con el Padre, había sido hecho desde antaño la Cabeza del pacto de un pueblo escogido, para que en esa posición pudiera sufrir por ellos y salvarlos. Puesto que al comienzo nuestra caída no fue personal, porque caímos en nuestro representante federal, el primer Adán, fue posible que un segundo representante nos levantara, incluso Aquel que se ha comprometido a ser la Cabeza del pacto de Su pueblo, para ser su segundo Adán. Comprendí que antes de pecar realmente, yo había caído por el pecado de mi primer padre; y me regocijé de que así me era posible, por la ley, levantarme por una segunda cabeza y representante. La caída de Adán dejó una brecha de escape; otro Adán puede deshacer la ruina que el primero produjo. Cuando me sentía inquieto por la posibilidad de que un Dios justo me perdonara, entendí y vi por fe que Él, que es el Hijo de Dios, se hizo hombre, y en Su propia bendita persona cargó con mi pecado en Su propio cuerpo sobre el madero. Vi que el castigo de mi paz fue sobre él, y que por Sus llagas fui sanado (Isa. 53:5). Querido amigo, ¿has visto eso alguna vez? ¿Has entendido alguna vez cómo Dios puede ser plenamente justo, sin remitir el castigo ni embotar el filo de la espada, y aun así puede ser infinitamente misericordioso, y puede justificar a los impíos que se vuelven a Él? Fue porque el Hijo de Dios, sumamente glorioso en Su persona inigualable, se comprometió a reivindicar la ley al llevar la condena que me pertenecía, de manera que Dios pueda pasar por alto mi pecado. La muerte de Cristo vindicó la ley de Dios más que si todos los transgresores hubieran sido enviados al infierno. Que el Hijo de Dios sufriera por el pecado, constituyó un establecimiento más glorioso del gobierno de Dios que si toda la humanidad sufriera el castigo. Jesús ha llevado la pena de muerte por nosotros. ¡Contempla el milagro! ¡Allí Él cuelga de la cruz! Este es el panorama más grandioso que podrás ver. Hijo de Dios e Hijo de Hombre, colgado allí, soportando dolores indecibles, el justo por los injustos, para llevarnos a Dios. ¡Oh, la gloria de ese panorama! ¡El inocente castigado! ¡El Santo condenado! ¡El siempre bendito hecho maldición! ¡El infinitamente glorioso condenado a una muerte vergonzosa!

Mientras más miro los sufrimientos del Hijo de Dios, más seguro estoy que estos resolverán mi caso. ¿Por qué sufrió, si no para apartar el castigo de nosotros? Si entonces Él lo apartó mediante Su muerte, apartado está, y aquellos que creen en Él no necesitan temer tal castigo. Así ha de ser, pues desde que la expiación se llevó a cabo, Dios puede perdonar sin estremecer el fundamento de Su reino, o en menor grado sin borrar el libro de los estatutos. La conciencia recibe una respuesta completa a su enorme inquietud. La ira de Dios contra la iniquidad, sea como sea, debe ir más allá de toda terrible noción. Bien expresó Moisés: «¿Quién conoce el poder de tu ira…? (Sal. 90:11). Sin embargo, cuando oímos al Señor de la gloria exclamar: «… ¿por qué me has desamparado?» (Mat. 27:46) y lo vemos entregar el espíritu, sentimos que la justicia de Dios ha recibido una vindicación abundante por la obediencia tan perfecta y la terrible muerte presentadas por alguien tan divino. Si Dios mismo se somete a Su propia ley, ¿qué más se puede hacer? En la expiación hay más a modo de mérito, que en todos los pecados humanos a modo de demérito. El gran abismo del sacrificio amoroso de Jesús puede tragarse las montañas de nuestros pecados, todas ellas. Por el bien infinito de este único hombre representativo, el Señor puede perfectamente mirar con agrado a otros hombres, por indignos que sean en sí mismos. Fue un milagro de milagros que el Señor Jesucristo se pusiera en nuestro lugar para que nunca tengamos que soportar la justa ira de Su Padre. Pero Él lo hizo: «… Consumado es…» (Juan 19:30).

    Dios perdonará al pecador porque no perdonó a Su Hijo. Dios puede pasar por alto tus transgresiones porque Él colocó esas transgresiones sobre Su Hijo unigénito hace casi dos mil años. Si crees en Jesús (esa es la esencia), entonces tus pecados fueron llevados por Aquel que fue constituido el chivo expiatorio de Su pueblo. ¿Qué es creer en Él? No es meramente decir: «Él es Dios y Salvador», sino confiar en Él plenamente, y tenerlo como tu salvación desde ahora y para siempre; tu Señor, tu Maestro, tu todo. Si tienes a Jesús, Él ya te tiene a ti. Si crees en Él, te aseguro que no puedes ir al infierno; porque eso invalidaría el sacrificio de Cristo. No puede ser que se acepte un sacrificio, y sin embargo, luego muera el alma por la cual se ha recibido ese sacrificio. Si el alma que cree puede ser condenada, entonces, ¿por qué un sacrificio? Si Jesús murió en mi lugar, ¿por qué debería yo morir también? Cada creyente puede afirmar que el sacrificio fue hecho realmente por él: por fe él ha puesto sus manos sobre ese sacrificio, y lo ha hecho suyo, y así puede estar seguro de que nunca perecerá. El Señor no recibiría esta ofrenda a nuestro favor, para luego condenarnos a morir. El Señor no puede leer nuestro perdón escrito en la sangre de Su propio Hijo, y luego castigarnos. Eso es imposible. ¡Oh, que de inmediato te sea concedida la gracia para mirar a Jesús y comenzar desde el principio, incluso en Jesús, que es la Fuente de la misericordia para el hombre culpable! «Dios justifica a los impíos». «Dios es el que justifica», por lo tanto, y solo por esa razón esto se puede hacer, y Él lo hace a través del sacrificio expiatorio de Su divino Hijo. Por lo tanto, puede estar justamente hecho; tan justamente hecho que nadie lo cuestionará jamás, hecho de manera tan perfecta que en el último y grandioso día, cuando el cielo y la tierra pasen, no habrá nadie que niegue la validez de la justificación.

«¿Quién es el que condenará? Cristo es el que murió [...] ¿Quién acusará a los escogidos de Dios? Dios es el que justifica» (Rom. 8:34,33).

¡Ahora, alma miserable! ¿Entrarás a este bote salvavidas, tal como eres? ¡Aquí hay seguridad contra el naufragio! Acepta la liberación segura. «No tengo nada conmigo», aseguras tú. No se te pide que traigas nada contigo. Los hombres que escapan para salvar la vida, dejarán incluso sus ropas detrás. Salta al bote, tal como eres.

Te diré esto sobre mí para animarte. Mi única esperanza para llegar al cielo se fundamenta en la expiación completa hecha por los impíos en la cruz del Calvario. En eso confío firmemente. No tengo ni sombra de esperanza en ningún otro lado. Tú estás en las mismas condiciones que yo; pues ninguno de nosotros tiene nada de valor propio como motivo de confianza. Démonos las manos y permanezcamos unidos al pie de la cruz, y confiemos nuestras almas de una vez por todas a Aquel que derramó Su sangre por los culpables. Seremos salvos por el mismo y único Salvador. Si pereces confiando en Él, también pereceré yo. ¿Qué más puedo hacer para demostrar mi propia confianza en el evangelio que pongo delante de ti?

Capítulo 6

En cuanto a la liberación del pecado

Ahora quisiera dirigir algunas palabras sencillas para aquellos que entienden el método de justificación por la fe que es en Cristo Jesús, pero cuyo problema es que no pueden dejar de pecar. Nunca podremos estar felices, tranquilos o espiritualmente sanos hasta que lleguemos a ser santos. Debemos librarnos del pecado; pero ¿cómo se producirá la liberación? Esta es la pregunta de vida o muerte de muchos. La vieja naturaleza es muy fuerte, y ellos han tratado de refrenarla y domarla; pero esta no se somete, y descubren que aunque anhelan ser mejores, los resultados son peores que antes. El corazón es tan duro, la voluntad tan obstinada, las pasiones tan furiosas, los pensamientos tan volátiles, la imaginación tan ingobernable, los deseos tan salvajes, que el hombre siente que tiene una guarida de bestias feroces en su interior, que lo devorarán antes que él las pueda controlar. Sobre nuestra naturaleza caída, podemos afirmar lo que el Señor le dijo a Job del Leviatán: «¿Jugarás con él como con pájaro, o lo atarás para tus niñas?» (Job 41:5). Para un hombre sería lo mismo esperar sostener el viento del norte en el cuenco de la mano, que esperar controlar en su propia fuerza esos poderes bulliciosos que habitan dentro de su naturaleza caída. Esta es una hazaña mayor que cualquiera de los fabulosos trabajos de Hércules. Aquí se necesita a Dios.

Alguien expresa: «Podría creer que Jesús perdona el pecado, no obstante, mi problema es que vuelvo a pecar, y en mi interior siento una terrible tendencia al mal. Tan cierto como que si lanzo una piedra al aire, esta pronto vuelve a descender al suelo, yo también, aunque una predicación ferviente puede enviarme al cielo, regreso de nuevo a mi estado insensible. ¡Ay! Los ojos basiliscos del pecado me fascinan sin dificultad, por lo tanto, me siento como hechizado, de modo que no puedo escapar de mi propia insensatez».

Querido amigo, la salvación sería un asunto tristemente incompleto si no tratara con esta parte de nuestro arruinado estado. Necesitamos ser purificados y perdonados. La justificación sin santificación no sería para nada salvación. Sería declarar limpio al leproso, y dejarlo morir de su enfermedad; perdonar la rebelión y permitir que el rebelde siga siendo enemigo de su rey. Eliminaría las consecuencias pero pasaría por alto la causa, y esto pondría ante nosotros una tarea interminable e imposible. Detendría la corriente por un tiempo,

EN CUANTO A LA LIBERACIÓN DEL PECADO

pero dejaría una fuente de contaminación abierta, la cual tarde o temprano irrumpiría con mayor poder. Recuerda que el Señor Jesús vino a quitar el pecado de tres maneras; Él vino a eliminar el castigo del pecado, el poder del pecado y finalmente, la presencia del pecado. De inmediato puedes llegar a la segunda parte; el poder del pecado puede romperse muy rápido, y de esta forma te encontrarás en camino hacia la tercera, es decir, la eliminación de la presencia del pecado.

«Y sabéis que él apareció para quitar nuestros pecados...» (1 Jn. 3:5).

El ángel afirmó de nuestro Señor: «... y llamarás su nombre JESÚS, porque él salvará a su pueblo de sus pecados» (Mat. 1:21).

Nuestro Señor Jesús vino a destruir en nosotros las obras del diablo. Lo que se afirmó sobre nuestro Señor en Su nacimiento, también se declaró en Su muerte; pues cuando el soldado traspasó Su costado, sangre y agua brotaron de Su herida, para establecer la doble cura por la cual somos librados de la culpa y la contaminación del pecado.

Sin embargo, si estás preocupado —como bien puedes estarlo— por el poder del pecado y las tendencias de tu naturaleza, aquí hay una promesa para ti. Ten fe en ella, pues se encuentra en ese pacto de gracia que está ordenado en todas las cosas y es segura. Dios, que no puede mentir, ha afirmado en Ezequiel 36:26: «Os daré corazón nuevo, y pondré espíritu nuevo dentro de vosotros; y quitaré de vuestra carne el corazón de piedra, y os daré un corazón de carne».

Ves, todo es «daré», «pondré», «quitaré» y «daré». Este es el estilo real del Rey de reyes, quien puede cumplir toda Su voluntad. Ninguna palabra Suya caerá jamás al suelo. El Señor sabe muy bien que no puedes cambiar tu propio corazón, ni puedes limpiar tu propia naturaleza; pero también sabe que Él es capaz de hacer ambas cosas. Él puede hacer que el etíope mude su piel y el leopardo sus manchas. Escucha esto, y asómbrate: Él puede crearte por segunda vez; Él puede hacerte nacer de nuevo. Este es un milagro de gracia, pero el Espíritu Santo lo hará. Sería maravilloso si uno pudiera pararse al pie de las cataratas del Niágara, y pronunciar una palabra que hiciera que el río Niágara empiece a correr contra la corriente, y salte ese gran precipicio sobre el que ahora corre con una fuerza formidable. Solo el poder de Dios podría lograr esa maravilla; pero eso sería más que un paralelismo adecuado a lo que sucedería si el curso de tu naturaleza fuera completamente revertido. Nada hay imposible para Dios. Él puede revertir la dirección de tus deseos y la corriente de tu vida, y en lugar de correr en dirección contraria a Dios, Él puede hacer que todo tu ser tienda hacia Dios. De hecho, eso es lo que el Señor ha prometido hacer por todos los que están en el pacto; y sabemos por la Escritura que todos los creyentes están en el pacto.

Déjame leer las palabras nuevamente: «… pondré espíritu nuevo dentro de vosotros; y quitaré de vuestra carne el corazón de piedra, y os daré un corazón de carne» (Ezeq. 36:26). ¡Qué maravillosa promesa! Y es sí y amén en Cristo Jesús para la gloria de Dios que está sobre nosotros. Echemos mano de eso; aceptémoslo como cierto y aprovechémoslo para nosotros.

EN CUANTO A LA LIBERACIÓN DEL PECADO

Entonces se cumplirá en nosotros, y tendremos que cantar —después de días y años— sobre ese cambio maravilloso que la gracia soberana de Dios ha obrado en nosotros. Es bueno considerar que cuando el Señor quita el corazón de piedra, esa obra ya está hecha; y una vez hecha, ningún poder conocido puede quitar ese nuevo corazón que Él da, y ese espíritu recto que Él pone dentro de nosotros.

«Porque irrevocables son los dones y el llamamiento de Dios» (Rom. 11:29). Es decir, son irrevocables por parte de Dios. Él no quita lo que una vez dio. Deja que Él te renueve y serás renovado. Las reformas y limpiezas del hombre terminan pronto, porque el perro vuelve a su vómito; pero cuando Dios pone un corazón nuevo en nosotros, el nuevo corazón está allí para siempre, y nunca se convertirá en piedra otra vez. El que lo hizo carne lo mantendrá así. En esto podemos regocijarnos y alegrarnos para siempre, en lo que Dios crea en el reino de Su gracia. Para expresarlo en palabras muy sencillas, ¿escuchaste alguna vez la ilustración del Sr. Rowland Hill sobre el gato y la cerda? La narraré a mi manera, para ilustrar las expresivas palabras de nuestro Salvador: «Os es necesario nacer de nuevo» (Juan 3:7).

¿Ves esa gata? ¡Qué criatura tan limpia! ¡Cuán hábilmente se lava con la lengua y las patas! ¡Es un espectáculo lindísimo! ¿Viste alguna vez a una cerda hacer eso? No, nunca. Es contrario a su naturaleza. Prefiere revolcarse en el fango. Ve y enséñale a una cerda a lavarse a sí misma, y verás qué poco éxito tendrás. Si los cerdos estuvieran limpios, sería una gran mejora sanitaria. ¡Enséñales a lavarse y limpiarse como lo hace la gata! Tarea inútil. Puedes lavar a esa cerda a la fuerza, pero con prontitud se irá al fango, y en poco tiempo estará tan sucia como siempre. La única forma en que puedes lograr que una cerda se lave, es transformarla en una gata; y entonces se lavará y estará limpia, ¡pero hasta entonces no lo hará! Supongamos que se produce la transformación, y ahora lo que era difícil o imposible se hace bastante fácil; la cerda a partir de este momento podrá entrar a tu sala y acostarse en la alfombrilla de la chimenea. Lo mismo sucede con un hombre impío; no puedes obligarlo a hacer lo que un hombre renovado hace de buena gana; puedes enseñarle y darle un buen ejemplo, pero no puede aprender el arte de la santidad, porque no lo anhela; su naturaleza lo lleva por otro camino. Cuando el Señor lo hace un hombre nuevo, entonces todas las cosas tienen un aspecto diferente. Tan grande es este cambio, que una vez escuché a un nuevo convertido expresar: «O todo el mundo ha cambiado, o yo he cambiado». La nueva naturaleza va en pos de lo bueno con la misma naturalidad con que la vieja naturaleza deambula tras el error. ¡Que bendición recibir esa naturaleza! Solo el Espíritu Santo puede otorgarla. ¿Alguna vez te ha llamado la atención lo maravilloso que es para el Señor otorgar un corazón nuevo y un espíritu recto a un hombre? Tal vez has visto a una langosta que ha peleado con otra langosta, y ha perdido una de sus pinzas, y cómo una nueva ha crecido en su lugar. Eso es algo sorprendente; pero un hecho mucho más asombroso es que a un hombre le sea dado un nuevo corazón. Realmente, es un milagro más allá de los poderes de la naturaleza. Tenemos un árbol. Si le cortas una de sus ramas, otra puede crecer en su lugar; sin embargo, ¿puedes cambiar el árbol; endulzar la savia agria; hacer que el espino dé higos? Puedes injertar algo mejor en él y esa es la analogía que la naturaleza nos brinda sobre la obra de la gracia; pero desde luego, cambiar la savia vital del árbol sería un verdadero milagro. Dios realiza tal prodigio y misterio de poder en todos los que creen en Jesús. Si te rindes a Su obra divina, el Señor cambiará tu naturaleza; Él subyugará la vieja naturaleza y te infundirá vida nueva.

Pon tu confianza en el Señor Jesucristo, y Él sacará de tu carne el corazón de piedra, y te dará un corazón de carne. Allí donde todo era duro, ahora todo será tierno; donde todo era vicioso, todo será virtuoso, donde todo corría hacia abajo, todo irá hacia arriba con impetuosa fuerza. El león de la ira dará lugar al cordero de la mansedumbre; el cuervo de la inmundicia volará delante de la paloma de la pureza; la serpiente vil del engaño será hollada bajo el talón de la verdad. He visto con mis propios ojos esos cambios maravillosos de carácter moral y espiritual que no pierdo la esperanza con ninguna persona. Si fuera apropiado, yo podría señalar a aquellas que una vez fueron mujeres impuras y que ahora son puras como el agua, y a hombres blasfemos que ahora deleitan a todos los que les rodean con su intensa devoción. Los ladrones se hacen honestos, los borrachos sobrios, los mentirosos veraces y los escarnecedores celosos. Dondequiera que la gracia de Dios se ha manifestado a un hombre, lo ha capacitado para renunciar a la impiedad y a las pasiones mundanas, y para vivir sobria, justa y piadosamente en este presente mundo malo; y querido lector, por ti hará lo mismo.

«No puedo lograr este cambio», afirma uno.

¿Quién dijo que podrías? La Escritura que hemos citado no habla de lo que el hombre hará, sino de lo que Dios hará. Es promesa de Dios, y a Él le toca cumplir Sus propios compromisos. Confía que Él cumplirá Su Palabra en ti, y así se hará.

«¿Pero, cómo se va a hacer?».

¿Qué derecho tienes tú para hacer tal pregunta? ¿Tiene el Señor que explicar Sus métodos antes de que le creas? La obra del Señor en este asunto es un gran misterio: el Espíritu Santo la lleva a cabo. El que hizo la promesa tiene la responsabilidad de cumplir la promesa, y Él está a la altura del desafío. Dios, que promete este maravilloso cambio, seguramente lo llevará a cabo en todos los que reciban a Jesús, porque a todos estos les da el poder de convertirse en hijos de Dios. ¡Oh, que puedas creerlo! ¡Oh, que tomes al misericordioso Señor como lo que es, y creas que Él puede y hará esto por ti, por grande que sea este milagro! ¡Oh, que creas que Dios no puede mentir! ¡Oh, que confíes que Él te dará un corazón nuevo y un espíritu recto, porque Él te los puede dar! ¡Que el Señor te dé fe en Su promesa, fe en Su Hijo, fe en el Espíritu Santo y fe en Él, y a Él sea alabanza, honra y gloria por los siglos de los siglos! Amén.

Capítulo 7

Por Gracia Por Medio de la Fe

❧

«Porque por gracia sois salvos por medio de la fe...» (Ef. 2:8).

Creo que es bueno dirigir la atención a un lado, por un momento, con el fin de pedirle a mi lector que observe, en actitud de adoración, la fuente de nuestra salvación, que es la gracia de Dios. «Porque por gracia sois salvos...» (Ef. 2:8). Por la gracia de Dios, los pecadores son perdonados, convertidos, purificados y salvados. Estos no son salvos por algo que haya en ellos, o que pueda haber en ellos en algún momento; sino por el ilimitado amor, bondad, compasión, misericordia y gracia de Dios. Entonces, quédate un momento en el manantial. ¡Contempla el río puro de agua de vida, que proviene del trono de Dios y del Cordero!

¡Cuán inmensa es la gracia de Dios! ¿Quién puede medir su amplitud? ¿Quién puede comprender su profundidad? Es infinita, como todos los demás atributos divinos. Dios está lleno de amor, porque «… Dios es amor» (1 Jn. 4:8). Bondad y amor ilimitados constituyen la esencia misma de la Deidad. Es «… porque para siempre es su misericordia» (Sal. 136:1) que los hombres no son destruidos; es «… porque nunca decayeron sus misericordias» (Lam. 3:22) que los pecadores son llevados a Él y encuentran perdón.

Recuerda esto, o puedes caer en el error de centrarte tanto en la fe, que es el canal de la salvación, que olvidarás la gracia, que es la fuente y origen incluso de la fe misma. La fe es la obra de la gracia de Dios en nosotros. Ningún hombre puede afirmar que Jesús es el Cristo, si el Espíritu Santo no se lo revela. Jesús expresó: «Ninguno puede venir a mí, si el Padre que me envió no le trajere…» (Juan 6:44). De modo que esa fe, que es ir a Cristo, es el resultado de la atracción divina. La gracia es de principio a fin la causa de la salvación; y la fe, por fundamental que sea, es solo una pieza importante de la maquinaria que la gracia emplea. Somos salvos «por medio de la fe», pero la salvación es «por gracia». Proclama estas palabras como si tuvieras la trompeta del arcángel: «Por gracia sois salvos». ¡Qué buenas noticias para los indignos!

La fe ocupa la posición de un canal o tubería de agua. La gracia es la fuente y la corriente; la fe es el acueducto por el cual el torrente de misericordia fluye para refrescar a los sedientos hijos de los hombres. Es una gran pena cuando se rompe el acueducto. Es triste ver que muchos de los acueductos de Roma ya no conducen agua a la ciudad, porque los arcos están rotos y las maravillosas estructuras están en ruinas. Para trasladar el agua, el acueducto debe mantenerse intacto; así mismo, la fe debe ser verdadera y sana, que llegue hasta Dios en lo alto y descienda hasta nosotros mismos, de modo que pueda ser un canal útil de misericordia para nuestras almas. Una vez más, te recuerdo que la fe es solo el canal o acueducto, y no el manantial, y no debemos contemplarla tanto como para exaltarla por encima de la fuente divina de toda bendición que se encuentra en la gracia de Dios. Nunca hagas de tu fe un Cristo, ni la consideres la fuente independiente de tu salvación. Nuestra vida se encuentra al tener «puestos los ojos en Jesús», no en nuestra propia fe. Por fe, todo nos es posible; no obstante, el poder no está en la fe, sino en el Dios de quien la fe depende. La gracia es el motor poderoso, y la fe es la cadena que une el vagón del alma con la gran fuerza motriz. La justicia de la fe no es la excelencia moral de la fe, sino la justicia de Jesucristo, que la fe capta y de la cual se apropia. La paz del alma no es el resultado de contemplar nuestra propia fe; viene a nosotros de Aquel que es nuestra paz, cuando la fe toca el borde de Su manto, y poder sale de Él hacia el alma.

Entonces, querido amigo, verás que la debilidad de tu fe no te destruirá. Una mano temblorosa puede recibir un regalo de oro. La salvación del Señor puede llegar a nosotros aunque solo tengamos fe como un grano de mostaza. El poder radica en la gracia de Dios, y no en nuestra fe. Se pueden enviar grandes mensajes a través de cables muy finos, y el testimonio de paz del Espíritu Santo puede llegar al corazón por medio de una fe tan delgada que parece casi incapaz de sostener su propio peso. Piensa más en *Aquel* a quien miras que en la mirada misma. Debes cambiar la vista, incluso de tu propia mirada, y no ver nada más que a Jesús, y la gracia de Dios revelada en Él.

Capítulo 8

La fe, ¿qué es?

❧

¿Qué es esta fe de la cual se plantea: «Porque por gracia sois salvos por medio de la fe...» (Ef. 2:8)? Existen muchas descripciones de la fe, pero casi todas las definiciones con las que me he encontrado me han dejado más confundido que antes. El Negro[2] expresó, cuando leyó el capítulo, que confundiría el concepto de fe; y es muy probable que lo haya hecho, aunque tenía la intención de exponerla. Podemos explicar la fe hasta que nadie la entienda; no obstante, yo espero no incurrir en la misma falta. La fe es la cosa más sencilla de todas, y

---

[2][N. del E.] En los primeros siglos del cristianismo, algunas personas se referían al diablo como «El Negro». En el original el término aparece con mayúscula, y probablemente se refiera a Satanás, como hacían en el pasado. El contexto parece apoyar esta teoría.

tal vez por su sencillez es la más difícil de explicar. ¿Qué es la fe? Se compone de tres cosas: conocimiento, creencia y confianza.

El conocimiento es lo primero. «... ¿Y cómo creerán en aquel de quien no han oído? [...]» (Rom. 10:14). Yo necesito ser informado de un hecho antes de que pueda creerlo. «Así que la fe es por el oír...» (Rom. 10:17). Primero tenemos que escuchar, para que podamos conocer lo que se debe creer. «En ti confiarán los que conocen tu nombre...» (Sal. 9:10). Poseer cierto conocimiento es esencial para la fe; de ahí la importancia de obtener conocimiento. «Inclinad vuestro oído, y venid a mí; oíd, y vivirá vuestra alma» (Isa. 55:3). Esa fue la palabra del antiguo profeta, y aún es la palabra del evangelio. Escudriña la Escritura y aprende lo que el Espíritu Santo enseña sobre Cristo y Su salvación. Procura conocer a Dios: «... porque es necesario que el que se acerca a Dios crea que le hay, y que es galardonador de los que le buscan» (Heb. 11:6). ¡Que el Espíritu Santo te dé el espíritu de conocimiento y de temor del Señor! Conoce el evangelio, conoce cuáles son las buenas nuevas, cómo hablan del perdón gratuito y del cambio de corazón, de adopción en la familia de Dios y de otras innumerables bendiciones. Conoce especialmente a Cristo Jesús, el Hijo de Dios, el Salvador de los hombres; unido a nosotros por Su naturaleza humana, y sin embargo uno con Dios, y así capaz de actuar como mediador entre Dios y el hombre, capaz de poner Su mano sobre ambos, y ser el vínculo de conexión entre el pecador y el Juez de toda la tierra.

Procura conocer más y más de Cristo Jesús. Procura sobre todo conocer la doctrina del sacrificio de Cristo; porque

LA FE, ¿QUÉ ES?

el fundamento sobre el cual la fe salvadora descansa es principalmente este: «Que Dios estaba en Cristo reconciliando consigo al mundo, no tomándoles en cuenta a los hombres sus pecados...» (2 Cor. 5:19). Tienes que saber que Jesús fue «... hecho por nosotros maldición (porque está escrito: Maldito todo el que es colgado en un madero)» (Gál. 3:13). Sumérgete profundamente en la doctrina de la obra sustitutiva de Cristo; pues en ella radica el consuelo más dulce posible para los hijos culpables de los hombres, ya que el Señor «... lo hizo pecado, para que nosotros fuésemos hechos justicia de Dios en él» (2 Cor. 5:21). La fe comienza con el conocimiento. La mente pasa a creer que estas cosas son verdaderas. El alma cree que Dios es, y que escucha el clamor de los corazones sinceros; que el evangelio es de Dios; que la justificación por la fe es la gran verdad que Dios ha revelado en estos últimos días por Su Espíritu, de manera más clara que antes. Entonces el corazón cree que Jesús es en verdad nuestro Dios y Salvador, el Redentor de los hombres, el Profeta, el Sacerdote y el Rey de Su pueblo. Todo esto es aceptado como verdad cierta, que no ha de ser cuestionada. Pido al Señor que puedas aferrarte de inmediato a esto. Cree firmemente que «... la sangre de Jesucristo su Hijo nos limpia de todo pecado» (1 Jn. 1:7); que Su sacrificio es completa y plenamente aceptado por Dios a favor del hombre, de modo que el que cree en Jesús no es condenado.

Lo segundo es cree en estas verdades como crees en cualquier otra declaración; porque la diferencia entre la fe ordinaria y la fe salvadora radica principalmente en las áreas sobre las cuales esta se ejerce. Cree el testimonio de Dios tal como crees en el testimonio de tu propio padre o amigo. «Si recibimos el testimonio de los hombres, mayor es el testimonio de Dios...» (1 Jn. 5:9).

Hasta ahora has avanzado hacia la fe; solo se necesita un ingrediente más para completarla, y este es la confianza. Encomiéndate al Dios misericordioso; pon tu esperanza en el evangelio de la gracia; confía tu alma al Salvador moribundo y viviente; lava tus pecados en la sangre expiatoria; acepta Su justicia perfecta, y todo estará bien. La confianza es el alma de la fe; no hay fe salvadora sin ella. Los puritanos estaban acostumbrados a explicar la fe mediante la palabra «recostado». Significaba apoyarse en algo. Recuéstate con todo tu peso sobre Cristo. Todavía una mejor ilustración sería si te dijera: cae a todo lo largo, y acuéstate sobre la Roca de los Siglos. Échate sobre Jesús; descansa en Él; encomiéndate a Él. Hecho esto, habrás ejercido una fe salvadora.

La fe no es ciega; porque comienza con el conocimiento. No es especulativa; porque cree en hechos de los cuales está segura. No es poco práctica y soñadora; pues confía, y apuesta su destino a la verdad de la revelación. Esta es una forma de describir lo que es la fe. Déjame intentarlo de nuevo. La fe es creer que Cristo es lo que se afirma que Él es, y que hará lo que prometió hacer, y luego esperar esto de Él.

La Escritura habla de Jesucristo como Dios, Dios hecho carne; como perfecto en Su carácter; como una ofrenda por el pecado a favor nuestro; como el que llevó nuestros pecados en Su propio cuerpo en el madero. La Escritura lo considera como el que puso fin a la transgresión y al pecado, y trajo justicia eterna. Los registros sagrados nos dicen que resucitó de entre los muertos: «...viviendo siempre para interceder por ellos» (Heb. 7:25), que subió a la gloria y tomó posesión del cielo en nombre de Su pueblo, y que pronto vendrá otra vez: «... Juzgará al mundo con justicia, y a los pueblos con rectitud» (Sal. 98:9). Debemos creer firmemente que es así; porque este es el testimonio de Dios el Padre cuando expresó: «... Este es mi Hijo amado; a él oíd (Luc. 9:35). Dios el Espíritu Santo también ha dado testimonio de Cristo, tanto en la Palabra inspirada como por diversos milagros, y por Su obra en los corazones de los hombres. Tenemos que creer que este testimonio es verdadero.

La fe también cree que Cristo hará lo que ha prometido; que dada Su promesa de no echar fuera a ninguno que venga a Él, de seguro no nos echará fuera si venimos a Él. La fe cree que como Jesús afirmó: «... el agua que yo le daré será en él una fuente de agua que salte para vida eterna» (Juan 4:14), esto tiene que ser verdad; y si recibimos esa agua viva de Cristo, esta permanecerá en nosotros y brotará dentro de nosotros en corrientes de vida santa.

Todo lo que Cristo ha prometido hacer lo hará, y debemos creer esto, a fin de buscar el perdón, la justificación, la preservación y la gloria eterna en Sus manos, según lo que Él les ha prometido a los que creen en Él. Luego viene el siguiente paso necesario. Jesús es lo que se dice que es, Jesús hará lo que Él dice que hará; por lo tanto, cada uno de nosotros debe confiar en Él, al afirmar: «Él será para mí lo que Él dice que es, y hará en mí lo que prometió hacer; me entrego en manos de Aquel que está comisionado para salvar, para que Él me salve. Descanso en Su promesa de que hará lo que Él ha dicho». Esta es una fe salvadora, y el que la posee tiene vida eterna. Cualesquiera que sean sus peligros y dificultades, cualesquiera que sean sus tinieblas y depresiones, cualesquiera que sean sus debilidades y pecados, el que cree en Cristo Jesús no es condenado, y nunca vendrá a condenación.

¡Que esta explicación sirva de algo! Confío en que el Espíritu de Dios pueda usarla para dirigir a mi lector a la paz inmediata. «No temas, cree solamente» (Mar. 5:36). Confía y descansa. Mi temor es que el lector se conforme con entender lo que se debe hacer, y sin embargo, nunca lo ponga en práctica. Mejor es la fe verdadera por poca que sea pero en acción, que el mejor ideal que permanece en el ámbito de la especulación. La cuestión primordial es creer de inmediato en el Señor Jesús. No te preocupes por las distinciones y las definiciones. Un hombre hambriento come aunque no comprenda la composición de su comida, la anatomía de su boca o el proceso de digestión: él vive porque come. Otra persona mucho más inteligente entiende a fondo la ciencia de la nutrición; pero si no come, morirá con todo su conocimiento. Sin duda, ahora mismo hay muchos en el infierno que entendieron la doctrina de la fe, pero no creyeron. Por otro lado, nadie que haya confiado en el Señor Jesús ha sido echado fuera, aunque nunca haya sido capaz de definir su fe de manera inteligente. ¡Oh querido lector, recibe al Señor Jesús en tu alma, y vivirás para siempre!

«El que cree en el Hijo tiene vida eterna...» (Juan 3:36).

Capítulo 9

¿Cómo se puede ilustrar la fe?

ara aclarar más la cuestión de la fe, les pondré algunas ilustraciones. Aunque solo el Espíritu Santo puede hacer que mi lector vea, es mi deber y mi gozo proporcionar toda la luz que pueda, y orar al divino Señor para que abra los ojos a los ciegos. ¡Oh, que esta sea también la oración de mi lector!

La fe salvadora tiene sus analogías en el cuerpo humano. El que ve es el ojo. A través de los ojos, traemos a la mente lo que está lejos; podemos tener conciencia del sol y las lejanas estrellas con solo una mirada. Así mismo, mediante la confianza, traemos al Señor Jesús cerca de nosotros; y aunque esté lejos en el cielo, Él entrará en nuestro corazón. Solo mira a Jesús; pues las palabras de este himno son verdaderas: «Hay vida con una mirada al Crucificado, hay vida en ese momento para ti».[3]

La fe es la mano que agarra. Cuando nuestra mano toma algo por sí misma, hace precisamente lo que hace la fe cuando se apropia de Cristo y de las bendiciones de Su redención. La fe declara: «Jesús es mío». La fe oye hablar de la sangre perdonadora y clama: «La acepto para obtener perdón». La fe hace suya la herencia del Jesús moribundo; y suya es, porque la fe es la heredera de Cristo; Él se ha dado a Sí mismo y todo lo que posee a la fe. Oh amigo, toma lo que la gracia ha provisto para ti. No serás un ladrón, pues tienes un permiso divino: «... y el que quiera, tome del agua de la vida gratuitamente» (Apoc. 22:17). Quien pueda tener un tesoro solo con tomarlo, será un necio si continúa en la pobreza.

La fe es la boca que se alimenta de Cristo. Antes de que la comida pueda nutrirnos, debe ser recibida en nuestra boca. Comer y beber es una actividad sencilla. De buena gana recibimos el alimento en la boca, y luego damos nuestro consentimiento para que continúe hacia nuestras partes internas, donde es acogido y absorbido en nuestro cuerpo. Pablo afirma, en su epístola a los Romanos 10: «Cerca de ti está la palabra, en tu boca...» (v. 8). Ahora bien, todo lo que se debe hacer es tragarlo, dejar que descienda al alma. ¡Oh, esos hombres tenían apetito! Porque el que tiene hambre y ve carne delante de él, no necesita que se le enseñe a comer.

---

[3]Amelia M. Hull y Custer V. Cox, *Life for a Look* [Vida por una mirada] 1860.

¿CÓMO SE PUEDE ILUSTRAR LA FE?

Uno de ellos expresó «Dame un cuchillo, un tenedor y una oportunidad»; estaba completamente preparado para hacer el resto. En verdad, un corazón que tiene hambre y sed de Cristo solo tiene que saber que Él le es dado libremente, y de inmediato lo recibirá. Si mi lector está en ese caso, no dudes en recibir a Jesús; porque puedes estar seguro de que nunca serás culpado por hacerlo; pues «… a todos los que le recibieron, a los que creen en su nombre, les dio potestad de ser hechos hijos de Dios» (Juan 1:12). Él nunca rechaza a nadie, sino más bien autoriza a todos los que vienen a permanecer como hijos para siempre.

Las diferentes ocupaciones ilustran la fe de muchas maneras. El agricultor entierra la buena semilla en la tierra, y no solo espera que viva, sino que se multiplique. Él tiene fe en la modificación del pacto, de que «… no cesarán la sementera y la siega…» (Gén. 8:22), y es recompensado por su fe. El comerciante pone su dinero al cuidado de un banquero y confía por completo en la honestidad y solvencia del banco. Él confía su capital en manos de otros, y se siente mucho más tranquilo que si tuviera el oro macizo encerrado en una caja fuerte de hierro. El marinero se encomienda al mar. Cuando nada, levanta sus pies del fondo y descansa sobre el boyante océano. Él no podría nadar si no se arroja completamente al agua. El orfebre coloca el metal precioso en el fuego que parece ansioso por devorarlo; sin embargo, el horno se lo devuelve ya purificado por el calor. No existe un ámbito de la vida al que mires y no veas la fe en funcionamiento, ya sea entre los hombres, o entre el hombre y las leyes naturales. Ahora, del mismo modo que confiamos en las diferentes áreas de la vida cotidiana, así también debemos confiar en Dios tal como se revela en Cristo Jesús.

La fe se manifiesta en diversos grados en las diferentes personas, de acuerdo con su conocimiento o crecimiento en la gracia. A veces la fe es apenas un simple apego a Cristo; un sentido de dependencia y una disposición para depender. Cuando estás en la orilla del mar verás las lapas pegadas a las rocas. Caminas con cuidado hasta la roca; le pegas un golpe rápido con tu bastón a la lapa y esta se cae. Inténtalo con la próxima lapa de la misma forma. Ya la advertiste; ella escuchó el golpe que le asestaste a su vecina, y ahora se aferra a la roca con todas sus fuerzas. Nunca la arrancarás; ¡no podrás! Golpea una y otra vez, pero quizás primero se quiebre la roca. Nuestra pequeña amiga, la lapa, no sabe mucho, pero se aferra. Ella no conoce la formación geológica de la roca, pero se aferra. Ella puede aferrarse, y ha encontrado algo a que aferrarse; esto es todo su conocimiento, y lo usa para su seguridad y salvación. La vida de la lapa depende de aferrarse a la roca, y la vida del pecador de aferrarse a Jesús. Miles de hijos de Dios no tienen más fe que esto; ellos saben lo suficiente como para aferrarse a Jesús con todo su corazón y alma, y esto es suficiente para encontrar la paz presente y la seguridad eterna. Para ellos Jesucristo es un Salvador fuerte y poderoso, una roca inamovible e inmutable; se aferran a Él desesperadamente, y este aferrarse los salva. Lector, ¿no puedes tú aferrarte? Hazlo de inmediato.

La fe se manifiesta cuando un hombre confía en otro sobre la base del conocimiento de la superioridad del otro. Esta es una fe más elevada, la fe que conoce la razón de su dependencia y actúa consecuentemente. No creo que la lapa sepa mucho sobre la roca, pero a medida que la fe crece se vuelve más y más inteligente. Un ciego se encomienda a su guía porque sabe que su amigo puede ver, y con esa confianza, camina donde su guía lo lleva. Si el pobre hombre nace ciego, no sabe qué es la visión; pero él sabe que esta existe, y que su amigo la posee; por lo tanto, coloca la mano con toda confianza sobre la mano del que ve y sigue su liderazgo. «Porque por fe andamos, no por vista» (2 Cor. 5:7). Sin embargo: «... bienaventurados los que no vieron, y creyeron» (Juan 20:29). Esta es una imagen casi perfecta de la fe; sabemos que Jesús posee los méritos, el poder y la bendición que nosotros no tenemos, y por lo tanto nos encomendamos con todo gusto a Él, de modo que sea para nosotros lo que no podemos ser por nosotros mismos. Confiamos en Él como el ciego confía en su guía. Jesús nunca traiciona nuestra confianza; sino que Él «... nos ha sido hecho por Dios sabiduría, justificación, santificación y redención» (1 Cor. 1:30).

Todo niño que va a la escuela tiene que ejercer fe al aprender. Su maestro de escuela le enseña geografía y lo instruye sobre la forma de la tierra y la existencia de grandes ciudades e imperios. El niño no sabe que estas cosas son ciertas, a no ser que crea en su maestro y en los libros puestos a su disposición. Eso es lo que tendrás que hacer con Cristo, si has de ser salvo; debes conocer sencillamente porque Él te lo dice, creer porque Él te asegura que así es, y encomendarte a Él porque Él te promete que el resultado será la salvación.

Casi todo lo que tú y yo sabemos ha llegado a nosotros por fe. Se ha realizado un descubrimiento científico, y estamos seguros de ello. ¿Sobre qué base lo creemos? Sobre el fundamento de la autoridad de ciertos hombres de ciencia reconocidos, de reputación establecida. Nunca hemos hecho o visto sus experimentos, pero creemos en su testimonio. Tenemos que hacer lo mismo con respecto a Jesús; debido a que Él te enseña ciertas verdades, debes ser Su discípulo y creer en Sus palabras; debido a que Él ha realizado ciertos actos, debes depender de Él y confiar en Él. Jesús es infinitamente superior a ti, y para seguridad tuya Él se presenta a sí mismo como tu Amo y Señor. Si lo recibes a Él y Sus palabras, serás salvo.

Otro tipo de fe aún superior es esa fe que crece por amor. ¿Por qué confía un niño en su padre? La razón por la cual el niño confía en su padre es porque lo ama. Bienaventurados y felices son aquellos que tienen una dulce fe en Jesús, ligada a un profundo cariño por Él, porque esta es una confianza que brinda descanso. Estos amantes de Jesús están encantados con Su carácter, y Su misión los deleita; ellos se dejan llevar por la benevolencia que Él ha manifestado, y por lo tanto no pueden dejar de confiar en Él, pues lo admiran, lo veneran y lo aman mucho. La confianza amorosa en el Salvador puede ilustrarse de la siguiente manera. Cierta mujer es la esposa del médico más eminente de su tiempo. De repente ella es afectada por una enfermedad peligrosa, la cual quebranta su salud; sin embargo, ella se mantiene asombrosamente calmada, porque su esposo se ha especializado en este padecimiento y ha sanado

¿CÓMO SE PUEDE ILUSTRAR LA FE?

a miles de personas afligidas de manera similar. Ella no está preocupada en absoluto, porque se siente perfectamente a salvo en manos de alguien que ama tanto, y en quien la habilidad y el amor se mezclan en sus formas más elevadas. Su fe en él es razonable y natural; y su esposo, desde todos los puntos de vista, se la ha ganado. Este es el tipo de fe que los creyentes más felices ejercen con respecto a Cristo. No hay médico como Él, nadie como Él puede salvar; lo amamos, y Él nos ama, y por lo tanto nos ponemos en Sus manos, aceptamos cualquier cosa que Él nos recete y hacemos lo que Él nos pida. Creemos que nada puede suceder de forma errónea, mientras Él sea el director de nuestros asuntos; porque Él nos ama demasiado como para dejarnos perecer, o sufrir un solo dolor innecesario.

La fe es la raíz de la obediencia, y esto se puede ver claramente en los diferentes ámbitos de la vida. Cuando un capitán confía en el timonel para que dirija su embarcación hacia el puerto, este lo hace según las indicaciones del primero. Cuando un viajero confía en un guía para que lo conduzca a través de un paso difícil, sigue el sendero que su guía señala. Cuando un paciente cree en un médico, sigue cuidadosamente sus prescripciones e indicaciones. La fe que se niega a obedecer los mandamientos del Salvador es una mera simulación, y nunca salvará el alma. Nosotros confiamos en que Jesús nos salvará; Él nos da instrucciones en cuanto al camino de la salvación; seguimos esas instrucciones y somos salvos. Espero que mi lector no olvide esto. Confía en Jesús y demuestra tu confianza al hacer todo lo que Él te mande.

TODO DE GRACIA

Una forma notable de fe brota sobre la base del conocimiento acertado; esto es resultado del crecimiento en la gracia, y es la fe que cree en Cristo porque lo conoce, y confía en Él porque ha demostrado que Él es infaliblemente fiel. Una vieja cristiana tenía la costumbre de escribir P y D en el margen de su Biblia cada vez que ponía a prueba y demostraba la validez de una promesa. ¡Qué fácil es confiar en un Salvador probado y demostrado! Quizás todavía no puedas hacer esto, pero lo harás. Todo debe tener un comienzo. A su debido tiempo, te levantarás con una fe vigorosa. Esta fe madura no pide señales y pruebas, sino que cree valientemente. Mira la fe del marinero maestro, a menudo me he maravillado de esto. Él afloja las amarras, y se aleja de la tierra. Durante días, semanas o incluso meses, nunca ve otro barco ni la orilla; sin embargo, continúa día y noche sin miedo, hasta que una mañana se encuentra exactamente frente al puerto deseado, hacia el que ha navegado. ¿Cómo ha encontrado el camino en un océano que no tiene senderos? Él ha confiado en su brújula, en su almanaque náutico, en sus anteojos y en los cuerpos celestes; y al obedecer la guía que estos le ofrecen, sin ver tierra, ha conducido con tanta precisión que no tiene que desviarse en absoluto para entrar en el puerto. Ese navegar sin ver es algo maravilloso. Espiritualmente, es una bendición dejar por completo las costas de la vista y los sentimientos, y decir «adiós» a los sentimientos interiores, a los hechos providenciales que te animan, a las señales, a las demostraciones, etc. Es glorioso encontrarse muy lejos en el océano del amor divino, creer en Dios y dirigirse directamente al cielo según la dirección que la Palabra de Dios nos da. Juan 20:29 nos recuerda: «… bienaventurados los que no vieron, y creyeron». A ellos se les dará una entrada abundante al final, y un viaje seguro durante el camino. Querido lector, ¿no pondrás la confianza en Dios y en Cristo Jesús? Allí descanso yo con feliz confianza. Hermano, ven conmigo, y cree en nuestro Padre y nuestro Salvador. Ven de inmediato.

Capítulo 10

¿Por qué somos salvos por la fe?

❦

¿Por qué se selecciona la fe como el canal de salvación? Sin duda, esta interrogante se plantea con frecuencia. «Porque por gracia sois salvos por medio de la fe» (Ef. 2:8), es ciertamente la enseñanza de la Sagrada Escritura y la ordenanza de Dios; pero ¿por qué es así? ¿Por qué se selecciona la fe y no la esperanza, el amor o la paciencia? Nos conviene ser modestos al responder esta pregunta, porque los caminos de Dios no siempre se pueden comprender, ni se nos permite cuestionarlos de manera arrogante. Humildemente, nosotros responderíamos que, a nuestro entender, la fe ha sido seleccionada como el canal de gracia, porque tiene una capacidad de adaptación natural que le permite ser usada como receptor.

TODO DE GRACIA

Supongamos que estoy a punto de darle una limosna a un pobre; entonces la pongo en su mano, ¿por qué? Bien, no sería apropiado ponérsela en el oído, o colocarla en su pie; la mano parece estar hecha con el propósito de recibir. Entonces, en nuestro plano mental, la fe se crea con el propósito de ser un receptor; es la mano del hombre, y posee aptitud para recibir la gracia por sus medios. Déjame ilustrarlo de forma clara. La fe que recibe a Cristo constituye un acto tan sencillo como cuando le das una manzana a tu hijo, pues tú la ofreces y prometes dársela si él viene a tomarla. La creencia y la recepción se relacionan solo con una manzana; pero constituyen precisamente el mismo acto que la fe, la cual se ocupa de la salvación eterna. Lo que la mano del niño es para la manzana, lo es tu fe para la salvación perfecta de Cristo. La mano del niño no hace la manzana, ni mejora la manzana, ni se merece la manzana; solo la toma; y Dios elige la fe para ser el receptor de la salvación, pues ella no pretende crear la salvación, ni ayudar en ella, sino que se contenta con recibirla humildemente. «La fe es la lengua que pide perdón, la mano que lo recibe y el ojo que lo ve; pero no es el precio que lo compra». La fe nunca se defiende a sí misma, ella pone todo el caso sobre la sangre de Cristo. Ella se convierte en una buena sierva que trae las riquezas del Señor Jesús al alma, porque reconoce de dónde las sacó, y admite que solo la gracia se las confió. Una vez más, la fe sin duda es seleccionada porque le da toda la gloria a Dios. Es por fe para que pueda ser por gracia, y es por gracia para que no puede haber jactancia; porque Dios no soporta el orgullo: «… al altivo mira de lejos» (Sal. 138:6) y no desea acercarse a ellos.

¿POR QUÉ SOMOS SALVOS POR LA FE?

Él no dará la salvación de una manera que sugiera o fomente el orgullo. Pablo expresa: «No por obras, para que nadie se gloríe» (Ef. 2:9). Ahora, la fe excluye toda jactancia. La mano que recibe limosnas no dice: «Hay que darme las gracias por aceptar el regalo». Eso sería absurdo. Cuando la mano lleva el pan a la boca, no le dice al cuerpo: «¡Dame las gracias porque yo te alimento!». Lo que la mano hace es una cosa muy sencilla, a pesar de ser algo muy necesario; y nunca se atribuye la gloria a sí misma por lo que hace. Por lo tanto, Dios ha seleccionado la fe para recibir el don inefable de Su gracia, porque esta no puede atribuirse ningún mérito, sino que debe adorar al Dios misericordioso que es el dador de todo bien. La fe coloca la corona sobre la cabeza correcta, y por eso el Señor Jesús solía poner la corona sobre la cabeza de la fe, al expresar: «… Tu fe te ha salvado, ve en paz» (Luc. 7:50).

Luego, Dios selecciona la fe como el canal de salvación porque constituye un método seguro que vincula al hombre con Dios. Cuando el hombre confía en Dios, hay un punto de unión entre ellos, y esa unión garantiza la bendición. La fe nos salva porque nos hace aferrarnos a Dios, y de esta forma, nos conecta con Él.

Yo he utilizado con frecuencia la siguiente ilustración, pero debo repetirla porque no se me ocurre una mejor. Me contaron que hace años se volcó un bote en las cataratas del Niágara, y la corriente ya arrastraba a dos hombres río abajo, cuando unas personas en la orilla lograron lanzarles una soga, que ambos pudieron agarrar. Uno de ellos se aferró a la cuerda y fue sacado de manera segura hasta la orilla; pero el otro, al ver acercarse un gran tronco, soltó imprudentemente la cuerda y se aferró a este, porque era el más grande entre los dos, y al parecer era mejor aferrarse a él. ¡Ay! El tronco con el hombre sobre él cayó al inmenso abismo, porque no había unión entre el tronco y la orilla. La dimensión del tronco no fue beneficiosa para quien se aferró a él; se necesitaba una conexión con la orilla para brindar seguridad. Entonces, cuando un hombre confía en sus obras, o en los sacramentos, o en cualquier otra cosa, no será salvo, porque no hay unión entre él y Cristo; pero la fe, aunque parezca ser una cuerda delgada, está en las manos del gran Dios en la orilla; y un poder infinito tira de la cuerda que los une, y aleja al hombre de la destrucción. ¡Oh, cuán bendita es la fe, porque nos une a Dios!

La fe es elegida una vez más, porque toca los resortes de la acción. Incluso en cosas ordinarias, la fe —de cualquier tipo— está en la raíz de todo. Me pregunto si me equivoco al afirmar que nunca hacemos nada excepto mediante algún tipo de fe. Si camino por mi habitación es porque creo que mis piernas me sostendrán. Un hombre come porque cree en la necesidad de alimentarse; va a los negocios porque cree en el valor del dinero; acepta un cheque porque cree que el banco lo admitirá. Colón descubrió América porque creía que más allá del océano había otro continente; y los padres peregrinos lo colonizaron porque creían que Dios estaría con ellos en aquellas costas rocosas. La mayoría de las grandes hazañas tienen conexión con la batería, y ahora Él puede enviar la sagrada corriente a cada parte de nuestro ser. Cuando creemos en Cristo, y el corazón ya pertenece a Dios, entonces somos salvos del pecado y nos

¿POR QUÉ SOMOS SALVOS POR LA FE?

movemos hacia el arrepentimiento, la santidad, el fervor, la oración, la consagración y cualquier otra cosa concerniente a la piedad. «Lo que el aceite es para las ruedas, las pesas para un reloj, las alas para un pájaro, las velas para un barco, lo es esa fe para todos los deberes y servicios sagrados». Ten fe, y todas las otras virtudes de la gracia vendrán detrás y mantendrán su curso. La fe, nuevamente, tiene el poder de obrar por amor; influye en el afecto hacia Dios y hace que el corazón vaya en pos de las mejores cosas. El que cree en Dios, amará a Dios sin lugar a dudas. La fe es un acto del entendimiento; pero también procede del corazón. «Porque con el corazón se cree para justicia...» (Rom. 10:10). Por lo tanto, Dios da la salvación a la fe porque esta reside al lado de los afectos, y es casi similar al amor; y el amor es padre y nodriza de cada sentimiento y acto sagrados. El amor a Dios es obediencia, el amor a Dios es santidad. Amar a Dios y amar al prójimo es ser conformado a la imagen de Cristo; y esto es la salvación.

Además, la fe crea paz y gozo; y el que la posee descansa, y está tranquilo, contento y alegre, y esto es una preparación para el cielo. Dios le entrega todos los dones celestiales a la fe, por esta razón, entre otras, esa fe produce en nosotros la vida y el espíritu que se manifestarán eternamente en el mundo mejor que está más allá. La fe nos brinda una armadura para esta vida y formación para la vida venidera; capacita al hombre para vivir y morir sin miedo, lo prepara tanto para la acción como para el sufrimiento; y por lo tanto, el Señor la escoge como el medio más conveniente para transmitirnos la gracia, y de ese modo, llevarnos de manera segura a la gloria. Ciertamente, la fe hace por nosotros lo que ninguna otra cosa puede hacer; nos brinda gozo y paz, y nos hace descansar. ¿Por qué intentan los hombres obtener la salvación por otros medios? Un veterano predicador plantea: «Un sirviente tonto al que se le ordena abrir una puerta, pone el hombro contra ella y empuja con todas sus fuerzas; no obstante la puerta no se mueve, y no puede entrar, por muy fuerte que empuje. Otro viene con una llave, abre la puerta fácilmente y entra enseguida. Aquellos que desean ser salvos por obras están empujando la puerta del cielo sin resultado; pero la fe es la llave que abre de inmediato la puerta». Lector, ¿no usarás esa llave? El Señor te ordena que creas en Su Hijo amado, por lo tanto puedes hacerlo; y al hacerlo, vivirás. ¿No es esta la promesa del evangelio: «El que creyere y fuere bautizado, será salvo…» (Mar. 16:16)? ¿Cuál puede ser tu objeción a un camino de salvación que se encomienda a la misericordia y a la sabiduría de nuestro Dios lleno de gracia?

Capítulo 11

¡Ay! ¡No puedo hacer nada!

❦

Una vez que el corazón angustiado ha aceptado la doctrina de la expiación, y ha aprendido la gran verdad de que la salvación es por fe en el Señor Jesús, a menudo lo atormenta un sentimiento de incapacidad para hacer lo bueno. Muchos gimen: «No puedo hacer nada». Ellos no hacen de esto una excusa, sino que lo sienten como una carga diaria. Lo harían si pudieran. Ellos pueden afirmar con honestidad: «Porque el querer el bien está en mí, pero no el hacerlo». Este sentimiento parece invalidar todo el evangelio; pues ¿de qué sirven los alimentos a un hombre hambriento si no puede conseguirlos? ¿De qué sirve el río del agua de vida si no se puede beber? Recordamos la historia del médico y el hijo de la mujer pobre. El sabio doctor le dijo a la madre que su pequeño pronto estaría mejor con el tratamiento adecuado, pero era absolutamente necesario que su hijo bebiera con regularidad el mejor vino, y que pasara una temporada en uno de los balnearios alemanes. ¡Esto a una viuda que apenas podría conseguir pan para comer! Ahora, a veces al corazón atribulado le parece que el evangelio sencillo de «cree y vivirás» no es, después de todo, tan sencillo; porque le pide al pobre pecador que haga lo que no puede hacer. Para los realmente apercibidos, aunque poco instruidos, parece haber un eslabón perdido; allá queda la salvación de Jesús, pero ¿cómo se puede llegar a ella? El alma no tiene fuerza y no sabe qué hacer. A la vista se encuentra la ciudad de refugio, y no puede entrar por su puerta. ¿Existe alguna provisión en el plan de salvación para esta necesidad de fortaleza? Existe. La obra del Señor es perfecta; comienza donde estamos y no nos pide nada para completarla. Cuando el buen samaritano vio que el viajero yacía herido y medio muerto, no le pidió que se levantara y fuera a él, montara el asno y cabalgara hasta el mesón. No, el samaritano «… vino cerca de él…» (Luc. 10:33), y le ministró, y lo puso sobre la bestia y lo llevó al mesón. De la misma manera, El Señor Jesús trata con nosotros en nuestra baja y miserable condición. Hemos visto que Dios justifica, que justifica a los impíos y que los justifica mediante la fe en la sangre preciosa de Jesús; ahora tenemos que ver la condición en que se encuentran estos impíos cuando Jesús lleva a cabo su salvación.

Muchas personas apercibidas no solo están preocupadas por su pecado, sino también por su flaqueza moral. No tienen fuerza para escapar del lodo en el que cayeron presos, ni para mantenerse fuera de él pasados unos días. No solo se lamentan por lo que han hecho, sino por lo que no pueden hacer. Se sienten impotentes, indefensos y espiritualmente sin vida. Afirmar que se sienten muertos podría sonar extraño; sin embargo, es así. En su propia estima, ellos son incapaces de hacer algo bueno. No pueden viajar por el sendero al cielo, porque sus huesos están quebrantados: «... no hizo uso de sus manos ninguno de los varones fuertes» (Sal. 76:5). De hecho, ellos están «... débiles...» (Rom. 5:6). Afortunadamente, está escrito, para alabanza del amor de Dios hacia nosotros: «Porque Cristo, cuando aún éramos débiles, a su tiempo murió por los impíos» (Rom. 5:6). Aquí vemos que la incapacidad consciente es aliviada, aliviada por la mediación del Señor Jesús. Nuestra incapacidad es extrema. No está escrito: «Cuando éramos comparativamente débiles, Cristo murió por nosotros»; o, «Cuando solo nos quedaban pocas fuerzas»; sino que la descripción es absoluta y sin restricciones; «cuando aún éramos débiles». No teníamos fuerza alguna que pudiera ayudar a lograr la salvación; las palabras de nuestro Señor fueron contundentemente verdaderas: «... porque separados de mí nada podéis hacer» (Juan 15:5).

Puedo ir más allá del texto y recordarles el gran amor con que el Señor los amó, aun «... cuando estabais muertos en vuestros delitos y pecados (Ef. 2:1). Estar muerto es incluso más que estar débil. En lo único que el pobre y el débil pecador tiene que fijar su mente, como su único fundamento de esperanza, es la seguridad divina de que «... Cristo... a su tiempo murió por los impíos», y esto debe retenerlo firmemente. Créelo y toda incapacidad desaparecerá. Como el Midas de leyendas convirtió todo en oro por su toque, en la realidad la fe convierte todo lo que toca en algo bueno. Nuestras mismas necesidades y debilidades se convierten en bendiciones cuando la fe trata con ellas. Vamos a detenernos en ciertas maneras en las que esta falta de fuerza se manifiesta.

Para comenzar, un hombre dirá: «Señor, parece que no tengo fuerzas para aglutinar mis pensamientos y mantenerlos fijos en los temas solemnes que conciernen a mi salvación. Una oración corta es casi demasiado para mí. En parte, esto es así, tal vez, por mi debilidad natural, en parte porque mi vida desenfrenada me he dañado, y en parte también porque me preocupo por las cosas del mundo, de modo que no soy capaz de alcanzar esos pensamientos elevados que son necesarios antes de que un alma pueda salvarse». Esta es una forma muy común de debilidad pecaminosa. ¡Ten presente esto! Tú eres débil en este momento; y hay muchos como tú. No pudieron mantener una línea sucesiva de pensamiento para salvar sus vidas. Muchos hombres y mujeres pobres son analfabetos y no poseen capacitación, y a estos el pensamiento profundo les parecería una carga muy pesada. Otros son tan livianos y triviales por naturaleza, que no podrían seguir un largo proceso de argumentación y razonamiento; les sería tan difícil como volar. Aunque pasaran su vida entera esforzándose, nunca podrían llegar al conocimiento de ningún misterio profundo. Por lo tanto, no tienes que desesperarte: lo que se necesita para la salvación no es un pensamiento continuo, sino una dependencia sencilla de Jesús. Aférrate a este único hecho: «... Cristo... a su tiempo murió por los impíos». Esta verdad no exigirá de ti ninguna investigación o razonamiento profundos, ni un argumento convincente. Ahí está: «… Cristo… a su tiempo murió por los impíos». Fija tu mente en eso y descansa allí. Permite que este hecho grandioso, misericordioso y glorioso permanezca en tu espíritu hasta que perfume todos tus pensamientos y te haga regocijarte aunque seas débil, ya que el Señor Jesús se ha convertido en tu fuerza y tu cántico, sí, se ha convertido en tu salvación. De acuerdo con la Escritura es un hecho revelado, que a su debido tiempo Cristo murió por los impíos cuando todavía estos eran débiles. Tú has escuchado estas palabras cientos de veces, tal vez; sin embargo, nunca antes has percibido su significado. Hay un sabor esperanzador en ellas, ¿verdad? Jesús no murió por nuestra justicia, sino que murió por nuestros pecados. Él no vino a salvarnos porque merecíamos la salvación, sino porque no teníamos ningún valor, estábamos arruinados y deshechos. Él no vino a la tierra por ninguna razón que se encontrara en nosotros, sino únicamente por razones que extrajo de las profundidades de Su propio amor divino. A su debido tiempo, Él murió por aquellos a quienes describe, no como piadosos, sino como impíos, aplicándoles el adjetivo más desesperanzador que pudo haber elegido. Aunque tengas muy poca capacidad mental, aférrate a esta verdad, que se adapta a la capacidad más pequeña, y puede animar al corazón más apesadumbrado. Deja que este texto permanezca bajo tu lengua como un dulce bocado, hasta que se disuelva en tu corazón y dé sabor a todos tus pensamientos; y luego no importará que esos pensamientos estén tan dispersos como las hojas de otoño. Personas que nunca se han destacado en las ciencias, ni mostrado la más mínima originalidad mental, han sido completamente capaces de aceptar la doctrina de la cruz, y de ese modo se han salvado. ¿Por qué no deberías salvarte tú?

Escucho a otro clamar: «¡Oh, señor, mi falta de fuerza radica principalmente en esto, en que no puedo arrepentirme lo suficiente!». ¡Los hombres tienen una idea curiosa de lo que es el arrepentimiento! Muchos imaginan que se deben derramar muchas lágrimas, y emitir muchos gemidos, y soportar gran desesperación. ¿De dónde viene esta idea irrazonable? La incredulidad y la desesperación son pecados, y por lo tanto no entiendo cómo pueden ser elementos componentes de un arrepentimiento aceptable; sin embargo, hay muchos que los consideran partes necesarias de la verdadera experiencia cristiana. Están en un gran error. No obstante, sé lo que ellos quieren expresar, porque en los días de mi oscuridad, yo solía sentirme de la misma manera. Deseaba arrepentirme, pero pensaba que no podría hacerlo, y sin embargo todo el tiempo me arrepentía. Por extraño que pueda sonar, sentía que no podía sentir. Solía arrinconarme y llorar, porque no podía llorar; y entré en amarga aflicción porque no podía afligirme por el pecado. ¡Qué confuso se torna todo cuando en nuestro estado de incredulidad comenzamos a juzgar nuestra propia condición! Es como un ciego que mira sus propios ojos. Mi corazón se moría de miedo en mi interior porque pensaba que era tan duro como una roca inamovible. Mi corazón se quebrantó de pensar que era inquebrantable. Ahora puedo ver que yo mostraba exactamente lo que pensaba que no poseía; pero entonces yo no sabía dónde me encontraba. ¡Oh, cuánto deseo poder ayudar a otros a entrar en la luz que ahora disfruto! Estoy ansioso por pronunciar una palabra que acorte el tiempo de su desconcierto. Diré algunas palabras sencillas, y oro al «Consolador» para que las aplique al corazón.

Recuerda que el hombre que se arrepiente verdaderamente nunca está satisfecho con su propio arrepentimiento. No podemos arrepentirnos de manera perfecta como tampoco podemos vivir de manera perfecta. Por puras que sean nuestras lágrimas, siempre habrá algo de suciedad en ellas; incluso en nuestro mejor arrepentimiento habrá algo de que arrepentirnos. ¡Pero escucha! Arrepentirse es cambiar la mentalidad en cuanto al pecado, en cuanto a Cristo, y en cuanto a todas las cosas grandiosas de Dios. Esto implica un dolor; pero el punto principal es la conversión del corazón del pecado a Cristo. Si esta conversión se produce, entonces tienes la esencia del verdadero arrepentimiento, aunque ninguna alarma o desesperación proyecte su sombra sobre tu mente. Si no puedes arrepentirte como quisieras, te será de gran ayuda creer firmemente que «... Cristo... a su tiempo murió por los impíos». Piensa en esto una y otra vez. ¿Cómo puedes continuar con un corazón de piedra cuando sabes que por amor supremo «... Cristo... murió por los impíos»? Permíteme persuadirte para que razones de esta forma: impío como soy, aunque este corazón de acero no quiera ablandarse, aunque golpee en vano mi pecho; no obstante, Él murió por alguien como yo, pues murió por los impíos. ¡Oh, que pueda creer esta verdad y sentir su poder sobre mi corazón de piedra! Borra de tu alma todos los demás pensamientos, y siéntate a meditar profundamente por horas sobre esta muestra resplandeciente de amor inmerecido, inesperado y sin igual: «… Cristo… murió por los impíos».

Lee con detenimiento la narración de la muerte del Señor que se encuentra en los cuatro evangelios. Si algo puede ablandar tu corazón obstinado, será contemplar los sufrimientos de Jesús, y meditar en que Él sufrió todo esto por Sus enemigos.

«¡Oh Jesús! Que dulces las lágrimas que derramo, mientras de rodillas a tus pies contemplo tu cabeza herida y desfallecida, y todas tus penas siento. Mi corazón se deshace al verte sangrar, este corazón que fue tan duro una vez; te escucho interceder por los culpables, y mi pena rebosa aún más.

Fue por los pecadores que moriste, y yo un pecador, me quedo convencido por tus ojos moribundos, herido por tu mano atravesada».

Seguramente la cruz es esa vara milagrosa que puede sacar agua de la roca. Si tú comprendes el significado completo del sacrificio divino de Jesús, tendrás que arrepentirte de haberte opuesto alguna vez a Aquel que está tan lleno de amor. Está escrito: «Y derramaré sobre la casa de David, y sobre los moradores de Jerusalén, espíritu de gracia y de oración; y mirarán a mí, a quien traspasaron, y llorarán como se llora por hijo unigénito, afligiéndose por él como quien se aflige por el primogénito» (Zac. 12:10). El arrepentimiento no te hará ver a Cristo; pero ver a Cristo te dará arrepentimiento. Tu arrepentimiento no producirá un Cristo, pero deberás mirar a Cristo para arrepentimiento. El Espíritu Santo, al convertirnos a Cristo, nos aparta del pecado. Entonces aparta la vista del efecto

¡AY! ¡NO PUEDO HACER NADA!

y mira la causa, aparta la vista de tu propio arrepentimiento y mira al Señor Jesús, quien es exaltado en lo alto para dar arrepentimiento.

Escuché a otro decir: «Me atormentan pensamientos horribles. A donde sea que vaya, las blasfemias entran en mí furtivamente. Cuando estoy trabajando, con frecuencia me sobrevienen terribles tentaciones, e incluso en mi cama, los susurros del maligno me quitan el sueño. No puedo alejarme de esta horrible tentación». Amigo, comprendo a qué te refieres, porque este lobo a mí también me ha perseguido. Sería lo mismo intentar luchar contra un enjambre de moscas con una espada, que tratar de dominar nuestros propios pensamientos cuando el diablo los ataca. Una pobre alma tentada, asaltada por insinuaciones satánicas, es como un viajero del que leí, cuya cabeza y oídos y todo el cuerpo fueron rodeados por un enjambre de abejas enfurecidas. No podía contenerlas ni escapar de ellas. Lo picaron en todas partes y por poco le causan la muerte. No me sorprende si tú sientes que no tienes fuerzas para detener estos pensamientos horrendos y abominables que Satanás derrama en tu alma; pero aun así, quisiera recordarte el pasaje de la Escritura que tenemos ante nosotros: «Porque Cristo, cuando aún éramos débiles, a su tiempo murió por los impíos». Jesús sabía dónde estábamos y dónde debíamos estar; vio que no podíamos vencer al príncipe de las potestades del aire; sabía que él nos sería causa de mucha preocupación; pero incluso entonces, cuando nos vio en esa condición, Cristo murió por los impíos. Echa el ancla de tu fe en este lugar. El diablo mismo no puede decirte que no eres impío; entonces cree que Jesús murió incluso por alguien como tú. Recuerda la forma en que Martín Lutero le cortó la cabeza al diablo con su propia espada. «Ah, tú eres un pecador», le dijo el diablo a Martín Lutero. «Sí», respondió él, «Cristo murió para salvar a los pecadores». Y de esta forma lo hirió de muerte con su propia espada. Escóndete en este refugio y quédate allí: «Porque Cristo [...] a su tiempo murió por los impíos». Si te paras sobre esa verdad, esos pensamientos blasfemos que tú no tienes la fuerza para alejar de tu mente, se irán por sí mismos; pues Satanás verá que no cumple ningún propósito al plagarte con ellos. Si tú odias estos pensamientos, debes saber que no son tuyos, son inyecciones del diablo, de las cuales él es responsable, y no tú. Si luchas contra ellos, debes saber que no son tuyos, como tampoco son tuyas las maldiciones y falsedades de los alborotadores en la calle. Es por medio de estos pensamientos que el diablo quiere llevarte a la desesperación, o al menos impedir que confíes en Jesús. La pobre mujer enferma no podía llegar a Jesús a causa de la multitud (Luc. 8:43-48). Tú estás en una condición similar, debido a que estos terribles pensamientos llegan en tropel a tu mente. No obstante, ella extendió el dedo, y tocó el borde del manto del Señor, y fue sanada. Haz tú lo mismo. Jesús murió por aquellos que son culpables de «... Todo pecado y blasfemia...» (Mat. 12:31). Por lo tanto, estoy seguro de que Él no rechazará a los que involuntariamente son cautivos de los malos pensamientos. Échate sobre Él, con tus pensamientos y todo, y comprueba si Él no es poderoso para salvar. Él puede silenciar esos horribles susurros del demonio, o puede hacer que los veas en su verdadera luz, para que no te preocupes más por ellos. A Su manera, Él puede salvarte y te salvará, y finalmente te dará la paz perfecta. Confía en Él solo por esto y por todo lo demás.

Ese tipo de incapacidad, que consiste en una supuesta falta de poder para creer, es lamentablemente desconcertante. No somos ajenos a este clamor: «Oh, si pudiera creer; entonces todo sería fácil; creería, pero no puedo; Señor, socórreme, mi ayuda debe venir de ti». Muchos permanecen en la oscuridad durante años porque no tienen poder —según expresan— para renunciar a todo poder y reposar en el poder de otro: el Señor Jesús. De hecho, toda esta cuestión de creer es algo muy curioso, porque no es de mucha ayuda que las personas intenten creer. Creer no es el resultado de intentar. Si alguien comentara algo que sucedió hoy, yo no le diría que intentaré creerle. Si creyera en la veracidad del hombre que me contó el incidente y aseguró haberlo visto, yo debería aceptar la declaración de inmediato. Si no lo considerara un hombre sincero, por supuesto que no debería creerle; pero yo no haría ningún intento de hacerlo. Ahora, cuando Dios declara que hay salvación en Cristo Jesús, yo debo creerle de inmediato, o hacerlo un mentiroso. Seguramente tú no vacilarás en cuanto al camino correcto en este caso, el testimonio de Dios tiene que ser verdadero, y estamos obligados a creer en Jesús en el acto. No obstante, es posible que hayas intentado creer demasiado. Ahora no seas muy ambicioso en este sentido; conténtate con tener una fe que pueda sostener en su mano esta única verdad: «Porque Cristo, cuando aún éramos débiles, a su tiempo murió por los impíos». Él puso Su vida por los hombres cuando todavía no creían en

Él, ni eran capaces de creer en Él. Murió por los hombres, no en condición de creyentes, sino como pecadores. Él vino para hacer creyentes y santos a estos pecadores; pero cuando murió por ellos, los vio completamente débiles. Si te aferras a la verdad de que Cristo murió por los impíos, y la crees, tu fe te salvará y podrás ir en paz. Si encomiendas tu alma a Jesús, que murió por los impíos (aunque no puedas creer en todas las cosas, ni mover montañas, ni hacer otras obras maravillosas), eres salvo por esto. Lo que salva no es una gran fe, sino una fe verdadera; y la salvación no está en la fe, sino en el Cristo en quien la fe confía. La fe como un grano de mostaza traerá salvación. Lo que hay que considerar no es la medida de la fe, sino la sinceridad de la fe. Sin duda, un hombre puede creer lo que sabe que es verdad; y como sabes que Jesús es verdad, mi amigo, tú puedes creer en Él. La cruz que es el objeto de la fe, también es —por el poder del Espíritu Santo— la causa de la fe. Detente y contempla al Salvador moribundo hasta que la fe brote espontáneamente en tu corazón. No existe un lugar como el Calvario para crear confianza. El aire de esa sagrada colina aporta salud a la fe débil. Muchos observadores han dicho: «Al contemplarte herido, afligido, sin aliento en el maldito madero, Señor, siento que mi corazón cree que tú sufriste así por mí».

«¡Ay!», exclama otro: «Mi debilidad consiste en que no puedo renunciar a mi pecado, y sé que no puedo ir al cielo y llevar el pecado conmigo». Me alegro de que lo sepas, porque es completamente cierto. Para estar casado con Cristo tienes que estar divorciado de tu pecado. Recuerda la interrogante que resplandeció en la mente del joven Bunyan mientras se

¡AY! ¡NO PUEDO HACER NADA!

divertía ejercitando en el campo de deportes el domingo: «¿Vas a quedarte con tus pecados e irás al infierno, o abandonarás tus pecados e irás al cielo?». Esto lo paró en seco. Esa es una pregunta que todo hombre tendrá que responder, porque no se puede continuar en el pecado e ir al cielo. Eso no puede ser. Tienes que abandonar el pecado o abandonar la esperanza. ¿Respondes tú: «Sí, estoy lo suficientemente dispuesto. Porque el querer el bien está en mí, pero no el hacerlo. El pecado me domina y soy débil»? Entonces, ven si eres débil, pues este texto sigue siendo verdadero: «Porque Cristo, cuando aún éramos débiles, a su tiempo murió por los impíos». ¿Puedes aun así creer esto? ¿Lo creerás sin importar cuantas cosas pueden parecer contradecirlo? Dios lo aseguró, y es un hecho; por lo tanto, aférrate a esto con todas tus fuerzas, porque tu única esperanza se encuentra allí. Créelo y confía en Jesús, y pronto encontrarás poder para matar tu pecado; pero, aparte de Él, el hombre fuerte y armado te hará su esclavo para siempre. En lo personal, yo nunca podría haber superado mi propia pecaminosidad. Lo intenté y fracasé. Mis malas inclinaciones eran demasiado para mí, hasta que, al creer que Cristo murió por mí, eché mi alma culpable sobre Él, y luego recibí un principio conquistador mediante el cual vencí mi yo pecaminoso. La doctrina de la cruz se puede usar para matar el pecado, al igual que los guerreros antiguos usaban sus enormes espadas para dos manos, y barrían a sus enemigos con cada golpe. No hay nada como tener fe en el Amigo de los pecadores; esta fe vence todo mal. Si Cristo murió por mí, tan impío como soy, débil como soy, entonces ya no puedo vivir en pecado, sino que debo levantarme para amar y servir al que me ha redimido. No puedo jugar con la maldad que mató a mi mejor Amigo. Debo ser santo por amor a Él. ¿Cómo puedo vivir en pecado cuando Él murió para salvarme del pecado? Mira qué espléndida ayuda para ti que eres débil, saber y creer que a su debido tiempo Cristo murió por los impíos como tú. ¿Ya entendiste la idea? De alguna manera, comprender la esencia del evangelio es muy difícil para nuestras mentes oscurecidas, prejuiciosas e incrédulas. A veces, al terminar de predicar, he pensado que mi exposición del evangelio ha sido tan clara como el agua; sin embargo, luego percibo que incluso los oidores inteligentes no comprendieron el significado de «Mirad a mí, y sed salvos» (Isa. 45:22).

Los conversos generalmente plantean que no conocieron el evangelio hasta tal o cual día; a pesar de haberlo escuchado por años. El evangelio se desconoce, no por falta de explicación, sino por falta de revelación personal; la cual el Espíritu Santo está dispuesto a dar, y dará a los que se lo piden. No obstante, cuando es dada, el resumen de la verdad revelada consiste en estas palabras: «Cristo murió por los impíos».

Escucho a otro que se lamenta así: «¡Oh, señor, mi debilidad radica en mi falta de convicciones! Escucho la Palabra un domingo, y me impresiona; pero en la semana me reúno con malas compañías, y todos mis buenos sentimientos desaparecen. Mis compañeros de trabajo no creen en nada, y hablan cosas tan terribles, y no sé cómo responderles, y entonces me siento derrotado». Conozco muy bien a este señor moldeable, y me estremezco por él; pero al mismo tiempo, si es realmente

¡AY! ¡NO PUEDO HACER NADA!

sincero, la gracia divina puede solucionar su debilidad. El Espíritu Santo puede expulsar al espíritu maligno del temor al hombre. Él puede hacer que el cobarde sea valiente. Recuerda, mi pobre amigo titubeante, no puedes quedarte en ese estado. De nada sirve que seas vil y miserable contigo mismo. Ponte de pie, mírate y fíjate si alguna vez fuiste hecho para ser un sapo bajo una grada, lleno de miedo al no saber si moverte o quedarte quieto para salvar tu vida. Ten opinión propia. Esto no es solo un asunto espiritual, sino que también guarda relación con la masculinidad ordinaria. Yo haría muchas cosas para agradar a mis amigos; pero nunca me arriesgaría a ir al infierno por complacerlos. Puede ser muy bueno hacer esto y aquello a fin de conservar una amistad saludable; pero lo que no funciona es perder la amistad de Dios por mantener buenas relaciones con los hombres. Este individuo afirma: «Lo sé, pero aun así, a pesar de saberlo, no puedo armarme de valor. No puedo ser yo mismo. No puedo mantenerme firme». Bueno, para ti tengo también el mismo texto: «Porque Cristo, cuando aún éramos débiles, a su tiempo murió por los impíos». Si Pedro estuviera aquí, él diría: «El Señor Jesús murió por mí, incluso cuando era una criatura tan débil y baja que la criada que atendía el fuego me llevó a mentir, y jurar que yo no conocía al Señor». Sí, Jesús murió por aquellos que lo abandonaron y huyeron. Aférrate firmemente a esta verdad: «Cristo murió por los impíos cuando todavía eran débiles». Esta es la solución para que dejes tu cobardía. Graba esto en tu alma: «Cristo murió por mí», y pronto estarás listo para morir por Él. Créelo, que Él sufrió en tu lugar y posición, y ofreció una expiación completa, verdadera y satisfactoria por ti. Si crees en ese hecho, te verás obligado a sentir: «No puedo avergonzarme de Aquel que murió por mí». Una convicción plena de que esto es cierto te armará de un tenaz valor. Mira a los santos en la época de los mártires. En los primeros días del cristianismo, cuando esta grandiosa idea del amor desbordante de Cristo resplandecía en toda su frescura en la Iglesia, los hombres no solo estaban listos para morir, sino que se sentían deseosos de sufrir, e incluso se presentaban por centenares en los tribunales de los gobernantes, para confesar su fe en Cristo. No digo que fueran sabios al exponerse a una muerte cruel; pero esto demuestra lo que quiero expresar, que un sentido del amor de Jesús eleva la mente sobre todo miedo a lo que el hombre puede hacernos. ¿Por qué no debería producir el mismo efecto en ti? ¡Oh, que esto te inspire ahora a tomar una decisión valiente de ponerte al lado del Señor y ser Su seguidor hasta el fin! ¡Que el Espíritu Santo nos ayude a llegar hasta aquí por fe en el Señor Jesús, y todo estará bien!

Capítulo 12

El aumento de la fe

¿Cómo podemos obtener un aumento de la fe? Para muchos, esta es una pregunta muy seria. Manifiestan que desean creer, pero no pueden. Sobre este tema se hablan muchas tonterías. Seamos estrictamente prácticos al abordarlo. El sentido común es tan necesario en la religión como en cualquier otro ámbito. «¿Qué debo hacer para poder creer?». Alguien a quien le preguntaron cuál era la mejor manera de llevar a cabo determinado acto sencillo, respondió que la mejor manera de hacerlo era hacerlo de inmediato. Perdemos el tiempo discutiendo métodos, cuando la acción es sencilla. El camino más corto para creer es creer. Si el Espíritu Santo está obrando en ti, creerás en cuanto escuches la verdad. La creerás porque es verdad. El mandato del evangelio es claro: «… Cree en el Señor Jesucristo, y serás salvo…» (Hech. 16:31).

Es inútil evadir esto mediante preguntas y objeciones. El mandato es sencillo; que sea obedecido.

Pero aun así, si tienes dificultades, llévalo a Dios en oración. Cuéntale al gran Padre qué es exactamente lo que te desconcierta, y suplícale por medio de Su Espíritu Santo que resuelva el asunto. Si al leer un libro, tengo problemas para creer alguna declaración que en este aparece, yo le preguntaría al autor qué intentó expresar con eso; y si es un hombre sincero, su explicación me convencerá; ¡cuánto más la explicación divina de los aspectos difíciles de la Escritura convencerá el corazón del buscador auténtico de la verdad! El Señor está dispuesto a darse a conocer a sí mismo; ve a Él y comprueba si no es así. Ve de inmediato a tu aposento y clama: «¡Oh Espíritu Santo, llévame a la verdad! Enséñame lo que no conozco». Además, si la fe parece difícil, es posible que Dios el Espíritu Santo te capacite para creer si escuchas con mucha frecuencia y empeño lo que se te ordena que creas. Creemos varias cosas porque las hemos escuchado con mucha frecuencia. ¿No has visto que así se cumple en la vida ordinaria, que si oyes algo cincuenta veces al día, al final lo crees? Mediante este proceso, algunos hombres han llegado a creer declaraciones muy inverosímiles, y por lo tanto, no me sorprende que el buen Espíritu a menudo bendice el método de escuchar con frecuencia la verdad, y lo usa para producir fe con respecto a lo que se debe creer. Está escrito: «... la fe es por el oír...» (Rom. 10:17). Por lo tanto, oye a menudo. Si escucho el evangelio atentamente y con seriedad, un día de estos descubriré que creo lo que oigo, por medio de la bendita operación del Espíritu de Dios en mi mente.

EL AUMENTO DE LA FE

Solo es necesario que escuches el evangelio y no distraigas tu mente escuchando o leyendo aquellas cosas que están diseñadas para hacerte dudar. No obstante, si esto te parece un consejo insuficiente, yo agregaría entonces que consideres el testimonio de otros. Los samaritanos creyeron por lo que la mujer les contó sobre Jesús. Muchas de nuestras creencias surgen del testimonio de otros. Creo que existe un país llamado Japón; nunca lo he visto, sin embargo, lo creo porque otros han estado allí. Yo creo que moriré; nunca he muerto, pero muchos que conocí ya han fallecido, por lo tanto, tengo la convicción de que yo también pereceré. El testimonio de muchos me convence de ese hecho. Entonces, escucha a aquellos que te cuentan cómo fueron salvos, cómo fueron perdonados, cómo su carácter fue cambiado. Si te adentras en el asunto, descubrirás que alguien como tú ha sido salvado. Si has sido ladrón, verás que un ladrón se regocijó por lavar su pecado en la fuente de la sangre de Cristo. Si por desgracia has sido un inmoral sexual, encontrarás que hombres y mujeres que han caído de esa manera han sido limpiados y cambiados. Si estás desesperado, solo tienes que acercarte al pueblo de Dios y averiguar un poco, y descubrirás que algunos de los santos también han estado desesperados, a fin de que los pecadores tengan una mejor opinión sobre Dios. Agradece a la providencia que te hizo pobre, que produjo en ti alguna enfermedad o tristeza; porque a través de todo esto, Jesús da vida a tu espíritu y te lleva a sí mismo. La misericordia del Señor a menudo cabalga hasta la puerta de nuestros corazones en el caballo negro de la aflicción. Jesús usa toda nuestra gama de experiencias para alejarnos de la tierra y atraernos al cielo.

Cristo es exaltado al trono del cielo y la tierra a fin de que, mediante todos los procesos de Su providencia, pueda someter los corazones duros al reblandecimiento misericordioso del arrepentimiento. Además, Él está obrando en este momento mediante todos Sus susurros a la conciencia, mediante Su Libro inspirado, mediante aquellos de nosotros que hablamos de ese Libro, y mediante los amigos que oran y los corazones sinceros. Él puede enviarte una palabra que golpeará tu corazón de piedra como con la vara de Moisés, y hará fluir manantiales de arrepentimiento. Él puede traerte a la mente algún texto de la Sagrada Escritura que penetre tu alma y te conquiste pronto. Él puede ablandarte de forma misteriosa, y no provocar conciencia, y en contra del Espíritu Santo, y en contra del amor de Jesús, todavía hay lugar para el arrepentimiento. Aunque en ocasiones puedas ser tan duro como incrédulo, a esos hermanos les encantará contarte cómo el Señor los liberó. Al escuchar uno tras otro a los que han probado la Palabra de Dios y han visto que es verdad, el Espíritu divino te guiará a creer.

¿No has oído hablar del africano a quien el misionero le aseguró que el agua a veces se volvía tan sólida que un hombre podía caminar sobre ella? Él declaró que creía muchas cosas que el misionero le había dicho; pero que nunca creería esto. Cuando visitó Inglaterra, sucedió que ese día de helada vio el río congelado, pero no se atrevió a acercarse a él. Sabía que era un río profundo, y estaba seguro de que si se aventuraba a caminar sobre él, se ahogaría. Nadie lo pudo convencer de caminar sobre el agua congelada hasta que su amigo y muchos otros lo hicieron; luego fue persuadido y fue confiadamente donde otros ya se habían aventurado a caminar. Entonces, al ver a otros creer en el Cordero de Dios y notar su gozo y paz, tú mismo serás inducido poco a poco a creer. Una de las maneras en que Dios nos ayuda a tener fe es conocer la experiencia de los demás. Tienes que creer en Jesús o morir; no hay esperanza para ti aparte de Él. Un mejor plan es este: fíjate en la autoridad sobre la que se te ordena creer, y esto te ayudará mucho en cuanto a la fe. La autoridad no es mía, o muy bien podrías rechazarla. Más bien se te ordena creer en la autoridad de Dios mismo. Él te pide que creas en Jesucristo, y tú no debes negarte a obedecer a tu Creador.

El capataz de cierta fábrica había escuchado el evangelio con frecuencia, pero el temor de no poder ir a Cristo lo atormentaba. Un día su buen jefe le envió una tarjeta a la fábrica, que señalaba: «Ven a mi casa inmediatamente después del trabajo». El capataz apareció en la puerta de su jefe. Este salió y expresó de manera algo brusca:

—¿Qué quieres, Juan? ¿Por qué me molestas a estas horas? El trabajo ya terminó, ¿qué derecho tienes para venir aquí?

—Señor —contestó él—, recibí una tarjeta suya que indicaba que tenía que venir después del trabajo.

—¿Quieres decir que por tener simplemente una tarjeta mía puedes venir a mi casa y llamarme después del horario de trabajo?

—Bueno, señor —respondió el capataz—, no lo comprendo, pero me parece que al mandarme a buscar, yo tenía el derecho a venir.

—Entra, Juan —dijo su jefe—. Tengo otro mensaje que quiero leerte, —y se sentó y leyó estas palabras—: «Venid a mí todos los que estáis trabajados y cargados, y yo os haré descansar» (Mat. 11:28). ¿Crees que después de un mensaje así de parte de Cristo puedes equivocarte si vas a Él?

El pobre hombre lo comprendió todo de una vez, y creyó en el Señor Jesús para vida eterna, pues percibió que tenía la garantía y autoridad adecuadas para creer ¡Tú, pobre hombre, también tienes lo mismo! Tienes la autoridad adecuada para ir a Cristo, porque el Señor mismo te pide que confíes en Él. Si eso no genera fe en ti, medita en qué es lo que tienes que creer: que el Señor Jesucristo sufrió en el lugar y la posición de los pecadores, y puede salvar a todos los que confían en Él. Bueno, este es el hecho más bendito que se les haya presentado a los hombres para que lo crean; el más adecuado, el más reconfortante, la verdad más divina que alguna vez haya sido expuesta a las mentes mortales. Te aconsejo que medites mucho en ella y busques la gracia y el amor que contiene. Estudia los cuatro Evangelios, estudia las epístolas de Pablo y luego verás si el mensaje no es tan creíble que te verás forzado a creerlo. Si eso no funciona, entonces medita en la persona de Jesucristo. Piensa en quién es Él, y qué hizo, y dónde está, y lo que Él es. ¿Cómo puedes dudar de Él? Desconfiar del siempre veraz Jesús es una barbaridad. Él no ha hecho nada para merecer desconfianza; por el contrario, debería ser fácil confiar en Él. ¿Por qué crucificarlo nuevamente por la incredulidad? ¿No es esto coronarlo con espinas otra vez, y escupirlo otra vez? ¡Qué! ¿No es Él digno de confiar?

¿Le profirieron los soldados un insulto peor que este? Ellos lo hicieron un mártir; pero tú lo haces un mentiroso; y esto es mucho peor. No preguntes: ¿cómo puedo creer? Más bien responde otra pregunta: ¿cómo puedes tú no creer?

Si ninguna de estas cosas resulta, entonces hay algo mal en ti, y mi última palabra es, ¡sométete a Dios! En el fondo de esta incredulidad hay prejuicio u orgullo. Que el Espíritu de Dios quite tu enemistad y te haga ceder. Eres un rebelde, un rebelde orgulloso, y es por eso que no crees a tu Dios. Renuncia a tu rebelión; depón tus armas; cede a la prudencia, ríndete a tu Rey. Creo que nunca ha levantado un hombre las manos en desesperación y exclamado: «Señor, me rindo», y que la fe no se haya convertido pronto en algo fácil. No puedes creer porque aún tienes una disputa con Dios, y decides hacer tu propia voluntad y seguir tu propio camino. Cristo expresó: «¿Cómo podéis vosotros creer, pues recibís gloria los unos de los otros...?» (Juan 5:44). El ser orgulloso crea incredulidad. Sométete, oh hombre. Ríndete a tu Dios, y entonces creerás dulcemente en tu Salvador. ¡Que el Espíritu Santo obre ahora de manera secreta pero efectiva contigo, y te lleve en este mismo momento a creer en el Señor Jesús! Amén.

Capítulo 13

La Regeneración y el Espíritu Santo

«... *Os es necesario nacer de nuevo*» *(Juan 3:7)*

Esta palabra de nuestro Señor Jesús ha parecido flamear en el camino de muchos, cual la espada que el querubín blandía en la puerta del paraíso. Ellos han perdido la esperanza, pues aunque se esfuerzan al máximo no logran este cambio. El nuevo nacimiento es de arriba, y por lo tanto va más allá de las capacidades del ser humano. Ahora, lejos está de mi mente negar u ocultar una verdad para crear un falso consuelo. Admito con toda libertad que el nuevo nacimiento es sobrenatural, y que el pecador mismo no puede producirlo. Sería de poca ayuda para mi lector que yo fuera tan malvado como para intentar animarlo, persuadiéndolo de que rechace u olvide algo que es incuestionablemente cierto. Pero ¿no es notable que el mismo capítulo en el cual nuestro Señor hace esta declaración contundente también contiene la declaración más explícita en cuanto a la salvación por la fe? Lee el tercer capítulo del Evangelio de Juan y no te quedes solo en las primeras oraciones. Es cierto que el tercer versículo afirma: «Respondió Jesús y le dijo: De cierto, de cierto te digo, que el que no naciere de nuevo, no puede ver el reino de Dios». Pero entonces, los versículo catorce y quince expresan: «Y como Moisés levantó la serpiente en el desierto, así es necesario que el Hijo del Hombre sea levantado, para que todo aquel que en él cree, no se pierda, mas tenga vida eterna». El versículo dieciocho repite la misma doctrina en términos más amplios: «El que en él cree, no es condenado; pero el que no cree, ya ha sido condenado, porque no ha creído en el nombre del unigénito Hijo de Dios». Para todo lector, está claro que estas dos afirmaciones deben concordar, ya que proceden de los mismos labios, y se registran en la misma página inspirada. ¿Por qué deberíamos crear una dificultad donde no puede existir? Si una declaración nos asegura que para salvarnos necesitamos algo que solo Dios puede otorgar, y si otra declaración nos asegura que el Señor nos salvará al creer en Jesús, entonces podemos concluir con seguridad que, a los que creen, el Señor dará todo lo que se declara como necesario para la salvación. De hecho, el Señor sí produce el nuevo nacimiento en todos los que creen en Jesús; y esa creencia es la evidencia más clara de que han nacido de nuevo. Confiamos en qué Jesús hará lo que nosotros mismos no podemos hacer; pero si estuviera a nuestro alcance,

LA REGENERACIÓN Y EL ESPÍRITU SANTO

¿qué necesidad habría de buscar ayuda en Él? A nosotros nos toca creer; y al Señor le toca crearnos de nuevo. Él no va a creer por nosotros, y nosotros tampoco podemos hacer la obra de regeneración por Él. Nos basta con obedecer el mandato misericordioso; le toca al Señor obrar el nuevo nacimiento en nosotros. Jesús incluso llegó a morir en la cruz por nosotros; por consiguiente, Él puede y nos dará todas las cosas necesarias para nuestra seguridad eterna. «Pero un cambio salvador de corazón es obra del Espíritu Santo». Esto también es muy cierto, y lejos esté de nosotros cuestionarlo u olvidarlo. Pero la obra del Espíritu Santo es secreta y misteriosa, y solo puede ser percibida por sus resultados. Nuestro nacimiento natural alberga misterios en los cuales husmear sería una curiosidad impía; cuanto más no lo será si hacemos esto con la obra sagrada del Espíritu de Dios. «El viento sopla de donde quiere, y oyes su sonido; mas ni sabes de dónde viene, ni a dónde va; así es todo aquel que es nacido del Espíritu» (Juan 3:8). Sin embargo, esto sí lo sabemos, el proceder misterioso del Espíritu Santo no puede ser motivo para negarse a creer en Jesús, de quien el mismo Espíritu da testimonio. Si a un hombre se le ordenara sembrar un campo, no podía excusar su negligencia diciendo que sería inútil sembrar a menos que Dios haga crecer la semilla. Si para no labrar, él planteara que la energía secreta de Dios puede crear una cosecha por sí sola, no sería justificado. A nadie se le impide llevar a cabo los quehaceres ordinarios de la vida porque si Jehová no edificare la casa, en vano trabajan los que la edifican. Es cierto que ningún hombre que crea en Jesús va a descubrir que el Espíritu Santo se niega a obrar en él; de hecho, su fe es la prueba de que el Espíritu ya está obrando en su corazón. Dios obra en la providencia, pero los hombres no se quedan quietos por esto. Ellos no podrían moverse sin el poder divino que les otorga vida y fuerza; sin embargo, continúan su camino sin ninguna duda; y Aquel en cuya mano está su aliento, y de quien son todos sus caminos, les otorga el poder día a día. Lo mismo sucede con la gracia. Nos arrepentimos y creemos, aunque no podríamos hacer nada de esto si el Señor no nos lo permitiera. Abandonamos el pecado y confiamos en Jesús, y luego percibimos que el Señor ha obrado en nosotros el querer como el hacer, por Su buena voluntad.

Es inútil hacer creer que existe una dificultad real en el asunto. Algunas verdades que son difíciles de explicar con palabras son bastante sencillas en la experiencia real. No hay discrepancia entre la verdad de que el pecador cree, y que el Espíritu Santo produce la fe en él. Solo la insensatez puede llevar a los hombres a enredarse en asuntos sencillos cuando sus almas están en peligro. Ningún hombre se negaría a subir a un bote salvavidas por no conocer la gravedad específica de los cuerpos; como tampoco un hombre que muere de hambre se negaría a comer hasta haber comprendido todo el proceso de nutrición. Lector mío, si tú no vas a creer hasta que entiendas todos los misterios, nunca llegarás a ser salvo; y si permites que las dificultades inventadas por ti mismo te impidan aceptar el perdón a través de tu Señor y Salvador, perecerás en una muy merecida condenación. No cometas suicidio espiritual por la pasión de discutir sutilezas metafísicas.

Capítulo 14

«Mi redentor vive»

❦

He hablado con el lector de manera continua sobre Cristo crucificado, quien es la gran esperanza de los culpables; pero es sabio recordar que nuestro Señor ha resucitado de entre los muertos y vive eternamente. No se te pide que confíes en un Jesús muerto, sino en Aquel que, aunque murió por nuestros pecados, ha resucitado para nuestra justificación. Puedes acudir de inmediato a Jesús como a un amigo vivo y presente. Él no es un mero recuerdo, sino una Persona existente todo el tiempo, que escuchará tus oraciones y las contestará. Él vive con el propósito de continuar la obra por la cual una vez entregó Su vida. Él intercede por los pecadores a la diestra del Padre, por lo cual puede también salvar perpetuamente a los que por Él se acercan a Dios. Ven y prueba a este Salvador vivo, si nunca antes lo has hecho. Este Jesús viviente también es elevado a una posición sublime de gloria y poder. Ahora no se aflige como un hombre humilde ante Sus enemigos, ni trabaja como el hijo del carpintero; sino que es exaltado muy por encima de los principados y las potestades, y de todo nombre que se nombra. El Padre le ha dado toda potestad en el cielo y en la tierra, y ejerce esta alta posición para llevar a cabo Su obra de gracia. Escucha lo que Pedro y los demás apóstoles testificaron sobre Él ante el sumo sacerdote y el concilio: «El Dios de nuestros padres levantó a Jesús, a quien vosotros matasteis colgándole en un madero. A éste, Dios ha exaltado con su diestra por Príncipe y Salvador, para dar a Israel arrepentimiento y perdón de pecados» (Hech. 5:30-31).

La gloria que rodea al Señor ascendido debe infundir esperanza en el corazón de cada creyente. Jesús no es una persona cualquiera; Él es «… salvador y príncipe…» (Isa. 19:20). Él es el redentor coronado y entronizado de los hombres. La prerrogativa soberana de la vida y la muerte le ha sido conferida a Él; el Padre ha puesto a todos los hombres bajo el gobierno mediador del Hijo, para que Él dé vida a quien quiera. Lo que Él abre, ningún hombre puede cerrar. Con una palabra Suya, el alma atada por las cadenas del pecado y la condenación puede ser desatada en un momento. Extiende el cetro de plata, y quienquiera que sea tocado vivirá. Para nosotros es una bendición que, mientras el pecado viva, y la carne viva, y el diablo viva, Jesús también vive; y también es bueno que, independientemente de lo que estos puedan tener para arruinarnos, Jesús tiene un poder aún mayor para salvarnos. Toda Su exaltación y capacidad nos han sido acreditadas. Él es exaltado para ser y para otorgar. Él es exaltado para ser Príncipe y Salvador, de modo que pueda dar todo lo que se necesita para lograr la salvación de todos los que están bajo Su gobierno.

Jesús no tiene nada que no usará para la salvación del pecador, y en Él no hay nada que no mostrará en Su gracia abundante. Él enlaza Su posición como Salvador y como Príncipe, como si no tuviera lo uno sin lo otro; y expone Su exaltación como si estuviese diseñada para traer bendiciones a los hombres, como si esta fuera la flor y la corona de Su gloria. ¿Podría haber algo mejor pensado para aumentar las esperanzas de los pecadores que buscan a Dios y miran a Cristo?

Jesús soportó una gran humillación, y por lo tanto, hubo lugar para que fuera exaltado. Mediante esa humillación, Él cumplió y soportó toda la voluntad del Padre, y por lo tanto, fue recompensado al ser llevado a la gloria. Él usa esa exaltación a favor de Su pueblo. Oh, que mi lector levante sus ojos a estas colinas gloriosas, de donde debe venir su ayuda. Que contemple las excelsas glorias del Príncipe y Salvador. ¿No es la mayor esperanza de los hombres, que un Hombre esté ahora en el trono del universo? ¿No es glorioso que el Señor de todo sea el Salvador de los pecadores? Tenemos un Amigo en la corte; sí, un Amigo en el trono. Él usará toda Su influencia a favor de aquellos que ponen sus asuntos en Sus manos. Bien canta uno de nuestros poetas: «Él vive por siempre para interceder ante el rostro de Su Padre; entrégale, alma mía, tu causa para que sin duda Él ruegue por la gracia del Padre. Ven, amigo, y encomienda tu causa y tu caso a aquellas manos que una vez fueron traspasadas, y que ahora son glorificadas con los anillos de sello del poder y honor reales. Nunca se ha perdido un caso que haya sido confiado a este gran Abogado».

Capítulo 15

El arrepentimiento y el perdón deben ir de la mano

El texto que hemos citado recientemente nos deja claro que el arrepentimiento está ligado al perdón de los pecados. En Hechos 5:31, leemos que Jesús es exaltado para dar arrepentimiento y perdón de pecados. Estas dos bendiciones provienen de esa mano sagrada que una vez fue clavada al madero, pero que ahora ha sido elevada a la gloria. El arrepentimiento y el perdón se encuentran unidos por el propósito eterno de Dios. Por tanto, lo que Dios juntó, no lo separe el hombre. El arrepentimiento debe ir con la remisión, y si piensas un poco sobre el asunto verás que es así. No puede ocurrir que se otorgue la remisión de pecados a un pecador no arrepentido; pues lo confirmaría en sus malos caminos, y le enseñaría a tener en poco el mal. Si el Señor dijera: «Te gusta el pecado, y vives en él, y vas de mal en peor, pero, de todos modos, te perdono», con esto le otorgaría una licencia pavorosa para continuar en la iniquidad. Se derrumbarían los fundamentos del orden social, y a esto seguiría la anarquía moral. No puedo expresar cuántos innumerables males sin duda ocurrirían si pudieras separar el arrepentimiento y el perdón, y pasaras por alto el pecado cuando el pecador se encuentra aún tan ligado a este como de costumbre. Es algo completamente natural, que si creemos en la santidad de Dios, y continuamos en nuestro pecado y no nos arrepentimos de él, ocurrirá que no podremos ser perdonados, sino que cosecharemos la consecuencia de nuestra obstinación. De acuerdo con la bondad infinita de Dios, se nos promete que si abandonamos nuestros pecados, los confesamos y por fe aceptamos la gracia que nos es dada en Cristo Jesús, Dios es fiel y justo para perdonar nuestros pecados, y limpiarnos de toda maldad. No obstante, mientras Dios viva, no puede haber ninguna promesa de misericordia para aquellos que continúan en sus malos caminos, y se niegan a reconocer sus iniquidades. De seguro, ningún rebelde puede esperar que el rey perdone su traición mientras permanece en abierta rebelión. Nadie puede ser tan tonto como para imaginar que el Juez de toda la tierra alejará nuestros pecados si nosotros mismos nos rehusamos a dejarlos. Además, así debe ser por la integridad de la misericordia divina.

EL ARREPENTIMIENTO Y EL PERDÓN DEBEN IR DE LA MANO

Esa misericordia que podría perdonar el pecado y, no obstante, dejar que el pecador viva en él, sería una misericordia pobre y superficial. Sería una misericordia desigual y deforme, que cojea de uno de los pies y tiene una mano seca.

¿Cuál crees tú que es el privilegio mayor, la limpieza de la culpa del pecado o la liberación del poder del pecado? No intentaré colocar en la balanza dos misericordias tan sublimes. Ninguna de ellas podría haber llegado a nosotros sino fuera por la preciosa sangre de Jesús. Pero si es necesario hacer una comparación, me parece que ser librado del dominio del pecado, ser santificado, ser hecho semejante a Dios, debe ser considerada la misericordia más grande de las dos. Ser perdonado es un favor inconmensurable, por lo que hacemos de este uno de los versículos favoritos de los salmos de alabanza: «Él es quien perdona todas tus iniquidades...» (Sal. 103:3). Pero si pudiéramos ser perdonados, y luego se nos permitiera amar el pecado, amotinarnos en iniquidad y revolcarnos en la lujuria, ¿de qué serviría tal perdón? ¿No se convertiría en un dulce envenenado, que nos destruiría con toda seguridad? Ser lavado, y aún estar en el fango; ser declarado limpio, y aún tener las manchas de lepra en la frente, sería una burla perfecta de la misericordia. ¿Para qué sacar al hombre de su sepulcro si lo dejas muerto? ¿Por qué guiarlo a la luz si todavía está ciego? Agradecemos a Dios, que Aquel que perdona nuestras iniquidades, también sana nuestras enfermedades. El que nos lava de las manchas del pasado, también nos eleva por encima de los malos caminos del presente y nos guarda de fracasos en el futuro. Debemos aceptar con gozo tanto el arrepentimiento como el perdón; ambos no pueden estar separados. El patrimonio del pacto es uno e indivisible, y no puede fraccionarse. Dividir la obra de la gracia sería cortar al niño vivo en dos partes, y aquellos que lo permitan es porque no les interesa.

A esos que buscan al Señor, yo les preguntaré: ¿estarían satisfechos con solo una de estas misericordias? ¿Te contentaría, lector mío, si Dios te perdonara tu pecado y luego te permitiera ser tan mundano y perverso como antes? ¡Oh no! El espíritu vivificado tiene más miedo al pecado mismo que a los resultados penales que este acarrea. El clamor de tu corazón no es: «¿Quién me librará del castigo?», sino: «¡Miserable de mí! ¿quién me librará de este cuerpo de muerte?». «¿Quién me capacitará para vencer la tentación y llegar a ser santo, como Dios es santo?». Dado que la unidad del arrepentimiento y el perdón concuerdan con la voluntad misericordiosa de Dios, y que es necesaria para la consumación de la salvación y para alcanzar la santidad, puedes descansar seguro de que esa unidad permanecerá.

El arrepentimiento y el perdón van unidos en la experiencia de todos los creyentes. Nunca hubo una persona que se haya arrepentido sinceramente de su pecado con un arrepentimiento certero, que no haya sido perdonado; por otro lado, nunca hubo una persona perdonada que no se haya arrepentido de su pecado. No dudo en afirmar que debajo del cielo nunca hubo, no hay y nunca habrá, ningún caso de pecado que sea borrado, a menos que al mismo tiempo ese corazón fuera conducido al arrepentimiento y a la fe en Cristo. El odio al pecado y el sentido del perdón llegan juntos al alma, y permanecen juntos mientras vivamos. Estos dos elementos actúan y reaccionan entre sí: el hombre es perdonado, por tanto se arrepiente; y el hombre que se arrepiente también es perdonado con toda certeza. Ante todo recuerda que el perdón lleva al arrepentimiento. Como cantamos en palabras de Hart: «La ley y los terrores no hacen más que endurecer, mientras obran por sí mismos; pero una sensación de un perdón comprado con sangre, pronto derrite el corazón de piedra».[4]

Cuando estamos seguros de que somos perdonados, entonces aborrecemos la iniquidad; y supongo que cuando la fe crece hasta alcanzar plena seguridad, de modo que no albergamos la más pequeña duda de que la sangre de Jesús nos ha hecho más blancos que la nieve, es entonces cuando el arrepentimiento alcanza su mayor estatura. El arrepentimiento crece a medida que la fe crece. No cometas ningún error al respecto; el arrepentimiento no es cosa de días y semanas, ¡no es una penitencia temporal que ha de terminar lo más rápido posible! No; es la gracia de toda una vida, como la fe misma. Los hijos de Dios se arrepienten de niños, y también de jóvenes y como padres. El arrepentimiento es el compañero inseparable de la fe. Todo el tiempo que caminamos por fe y no por vista, la lágrima del arrepentimiento brilla en el ojo de la fe. No hay verdadero arrepentimiento que no provenga de la fe en Jesús, y no hay

---

[4] Joseph Hart, "Great High Priest, We See Thee Stooping," [Magnificat Gran Sacerdotal, te vemos humillarte] Biglow y Main, 1884.

verdadera fe en Jesús que no esté teñida de arrepentimiento. La fe y el arrepentimiento, como gemelos siameses, están vitalmente unidos. En la misma medida en que creemos en el amor perdonador de Cristo, nos arrepentimos; y en la misma medida en que nos arrepentimos del pecado y odiamos el mal, nos regocijamos en la plenitud de la absolución que Jesús nos otorga en Su exaltación. Nunca valorarás el perdón, a menos que sientas arrepentimiento; y nunca experimentarás el más profundo espíritu de arrepentimiento, hasta que sepas que eres perdonado. Puede parecer algo extraño, pero así es: la amargura del arrepentimiento y la dulzura del perdón se mezclan en el sabor de toda vida llena de gracia y establecen una felicidad incomparable. Estos dos dones del pacto constituyen una seguridad mutua entre sí. Si sé que me arrepiento, sé que soy perdonado. ¿Cómo puedo saber que soy perdonado, a no ser que también sepa que me he apartado de mi antiguo sendero pecaminoso? Ser creyente es ser un penitente. La fe y el arrepentimiento no son más que dos rayos en la misma rueda, dos agarraderas del mismo arado.

El arrepentimiento ha sido descrito adecuadamente como un corazón roto por el pecado y a causa del pecado; y también se puede hablar de girar y retornar. Es un cambio de mentalidad en su forma más completa y radical, y va acompañado de tristeza por el pasado y de una decisión de rectificar en el futuro. El himno de los niños nos recuerda que el arrepentimiento es abandonar «los pecados que amábamos antes; y demostrar que en verdad nos afligimos, al

EL ARREPENTIMIENTO Y EL PERDÓN DEBEN IR DE LA MANO

no practicarlos más».[5] Ahora, si ese es el caso, podemos estar seguros de que estamos perdonados; porque el Señor nunca hizo un corazón para que estuviera roto por el pecado y a causa del pecado, sin perdonarlo. Por otro lado, si estamos disfrutando el perdón, a través de la sangre de Jesús, y somos justificados por la fe, y tenemos paz con Dios, por medio de Jesucristo nuestro Señor, podemos estar seguros de que nuestro arrepentimiento y nuestra fe son legítimos. No consideres tu arrepentimiento como la causa de tu remisión, sino como su acompañante. No esperes poder arrepentirte hasta que veas la gracia de nuestro Señor Jesús y Su disposición de borrar tu pecado. Mantén estas benditas cosas en su lugar, y contémplalas en su relación mutua. Ellas son los Jaquín y Boaz de una experiencia de salvación; quiero decir que son comparables a las dos grandes columnas que Salomón erigió en el pórtico del templo del Señor, y que formaban una majestuosa entrada al lugar santo. Ningún hombre puede ir a Dios cabalmente excepto que pase entre las columnas del arrepentimiento y la remisión. El arcoíris de la gracia del pacto se despliega en toda su belleza sobre tu corazón cuando las lágrimas del arrepentimiento han sido iluminadas por la luz de la remisión plena. El arrepentimiento del pecado y la fe en el perdón divino son la urdimbre y la trama del tejido de la conversión real. Por estas señales conocerás a un verdadero israelita.

Para volver a la Escritura sobre la cual estamos meditando: tanto el perdón como el arrepentimiento fluyen de la misma

---

[5]Anne y Jane Taylor, "Repentance" [Arrepentimiento], 1812.

fuente, y son dados por el mismo Salvador. El Señor Jesús en Su gloria otorga ambas cosas a las mismas personas. No encontrarás remisión ni arrepentimiento en otro lugar. Jesús tiene ambos listos, y está preparado para otorgarlos ahora, y para otorgarlos abundantemente a todos los que los acepten de Sus manos. Nunca se debe olvidar que Jesús provee todo lo necesario para nuestra salvación. Es de suma importancia que todos los que procuran la misericordia lo recuerden. La fe es un regalo de Dios como lo es el Salvador en quien esa fe confía. El arrepentimiento del pecado es obra de la gracia, como la expiación por la cual el pecado es borrado. La salvación, de principio a fin, es solo por gracia. No me malinterpretarás. No es el Espíritu Santo quien se arrepiente. Él nunca ha hecho nada por lo cual deba arrepentirse. Si Él pudiera arrepentirse, no satisfaría el caso; nosotros debemos arrepentirnos de nuestro propio pecado, o no somos salvados por su poder. No es el Señor Jesucristo quien se arrepiente. ¿De qué debería arrepentirse? Nosotros mismos nos arrepentimos con el pleno consentimiento de cada facultad de nuestra mente. La voluntad, las emociones, los afectos, todos trabajan juntos enérgicamente en el bendito acto de arrepentimiento por el pecado; sin embargo, en el fondo de todo esto se encuentra nuestro acto personal, hay una influencia sagrada y secreta que derrite el corazón, provoca contrición y produce un cambio completo. El Espíritu de Dios nos ilumina para ver lo que es el pecado, y lo hace aborrecible a nuestros ojos. El Espíritu de Dios también nos dirige hacia la santidad, y nos hace apreciarla, amarla y desearla de buena gana, y así nos da el ímpetu por el cual somos

EL ARREPENTIMIENTO Y EL PERDÓN DEBEN IR DE LA MANO

conducidos hacia adelante de etapa en etapa en el proceso de la santificación. El Espíritu de Dios obra en nosotros el querer como el hacer por Su buena voluntad. Sometámonos a ese buen Espíritu de inmediato, para que nos guíe a Jesús, quien nos dará la doble bendición de arrepentimiento y remisión, según las riquezas de Su gracia.

«Porque por gracia sois salvos...» (Ef. 2:8).

Capítulo 16

Cómo se otorga el arrepentimiento

❧

Volvemos al gran texto: «A éste, Dios ha exaltado con su diestra por Príncipe y Salvador, para dar a Israel arrepentimiento y perdón de pecados» (Hech. 5:31). Nuestro Señor Jesucristo ha ascendido para que la gracia descienda. Su gloria se emplea para difundir aún más Su gracia. El Señor no ha dado un paso hacia lo alto excepto con el propósito de llevar pecadores creyentes hacia arriba con Él. Él es exaltado para otorgar arrepentimiento; y esto lo veremos si recordamos algunas grandes verdades. La obra que nuestro Señor Jesús llevó a cabo ha hecho que el arrepentimiento sea posible, aceptable y que esté disponible. La ley no menciona el arrepentimiento, sino plantea claramente que: «… el alma que pecare, esa morirá» (Ezeq. 18:4).

Si el Señor Jesús no hubiera muerto y resucitado, e ido al Padre, ¿de qué valdría tu arrepentimiento o el mío? Podríamos sentir remordimiento con sus horrores, pero nunca arrepentimiento con sus esperanzas. El arrepentimiento, como sentimiento natural, es un deber común que no merece gran alabanza; de hecho, por lo general está tan ligado a un temor egoísta al castigo, que la valoración más favorable no le aprovecha de mucho. Si Jesús no hubiese mediado y ganado un mérito inmenso, nuestras lágrimas de arrepentimiento habrían sido solo agua derramada en tierra. Jesús es exaltado a lo alto, para que a través de la virtud de Su intercesión, el arrepentimiento pueda tener un lugar delante de Dios. En este sentido, Él nos da arrepentimiento, porque lo coloca en una posición de aceptación, que de otro modo nunca podría haber ocupado. Cuando Jesús fue exaltado a lo alto, el Espíritu de Dios fue derramado para obrar en nosotros todas las gracias necesarias. El Espíritu Santo crea arrepentimiento en nosotros mediante la renovación sobrenatural de nuestra naturaleza, y al sacar el corazón de piedra de nuestra carne.

¡Oh, no te sientes a forzar los ojos para producir lágrimas imposibles! El arrepentimiento no proviene de la naturaleza renuente, sino de la gracia libre y soberana. No entres en tu aposento a golpear tu pecho para sacar sentimientos que no existen en un corazón de piedra; sino ve al Calvario y mira cómo murió Jesús. Alza tus ojos a los montes de donde viene tu socorro. El Espíritu Santo ha venido con el propósito de ensombrecer el espíritu de los hombres y generar arrepentimiento dentro de ellos, así como una vez Él se movió sobre el caos y produjo orden. Susurra una oración a Él: «Espíritu bendito, mora conmigo. Hazme tierno y humilde de corazón, para que yo pueda odiar el pecado y arrepentirme de él sinceramente». Él escuchará tu clamor y te responderá.

Recuerda también que cuando nuestro Señor Jesús fue exaltado, no solo nos dio arrepentimiento al enviar al Espíritu Santo, sino que consagró todas las obras de la naturaleza y de la providencia para el gran propósito de nuestra salvación, de modo que cualquiera de ellas puede llamarnos al arrepentimiento, ya sea que cante como el gallo de Pedro, o sacuda la prisión como el terremoto en la cárcel de Filipos. A la diestra de Dios, nuestro Señor Jesús gobierna todas las cosas aquí abajo, y las hace obrar en conjunto para la salvación de Sus redimidos. El usa tanto lo malo como lo bueno de esta vida, y produce una disposición mental sagrada que llegará a ti sigilosamente cuando menos lo esperas. Debes estar seguro de esto, que Aquel que se fue a Su gloria, elevado a todo el esplendor y la majestad de Dios, tiene muchísimas formas de producir arrepentimiento en aquellos a quienes Él les concede el perdón. Incluso ahora mismo, Él está esperando para darte arrepentimiento. Pídeselo en el acto. Observa con gran consuelo que el Señor Jesucristo otorga este arrepentimiento a las personas más indignas del mundo. Él es exaltado para dar arrepentimiento a Israel. ¡A Israel! En los días cuando los apóstoles pronunciaron estas palabras, Israel era la nación que más burdamente había pecado contra la luz y el amor, al atreverse a decir: «… Su sangre sea sobre nosotros, y sobre nuestros hijos (Mat. 27:25). ¡No obstante, Jesús es exaltado para darles arrepentimiento! ¡Qué maravillosa gracia! Si has sido criado en la luz cristiana más brillante y aun así la has rechazado, todavía hay esperanza para ti. Si has pecado contra el Israel de antaño, todavía puedes ser ablandado, pues Jesús ha sido exaltado y revestido de ilimitado poder. Para aquellos que fueron más lejos en la iniquidad, y pecaron más gravemente, el Señor Jesús es exaltado para darles arrepentimiento y perdón de pecados. ¡Soy feliz de proclamar un evangelio tan completo! ¡Feliz eres tú de poder leerlo! Los corazones del pueblo de Israel se habían vuelto duros como una roca inamovible. Lutero solía pensar que era imposible que un judío se convirtiera. Estamos lejos de compartir esa opinión; no obstante, debemos admitir que la simiente de Israel ha sido extremadamente obstinada en su rechazo al Salvador durante estos numerosos siglos. En verdad, el Señor afirmó: «... Israel no me quiso a mí» (Sal. 81:11); «A lo suyo vino, y los suyos no le recibieron» (Juan 1:11). Sin embargo, nuestro Señor Jesús es exaltado para dar arrepentimiento y remisión a favor de Israel. Probablemente mi lector es gentil; sin embargo, puede tener un corazón muy obstinado, que se ha opuesto al Señor Jesús por muchos años; pero aun así, en él, nuestro Señor puede producir arrepentimiento. Puede ser que aún te sientas obligado a escribir como lo hizo William Hone cuando cedió al amor divino. Él fue el autor de ese ameno volumen titulado *Everyday Book* [El libro cotidiano], pero antes era un infiel resuelto. Cuando fue sometido por la gracia soberana, escribió: «El corazón más orgulloso que jamás haya latido ha sido vencido en mí; la voluntad más salvaje que se haya levantado para repudiar tu causa y ayudar a tus enemigos es dominada por ti, mi Señor. Tu voluntad, y no mi voluntad, sea hecha; mi corazón será tuyo por siempre; confesarte a ti, la Palabra poderosa, a Cristo mi Salvador, mi Dios, mi Señor, tu cruz será mi emblema».[6]

El Señor puede dar arrepentimiento a los más indignos, y convertir leones en corderos y cuervos en palomas. Miremos a Él para que este gran cambio pueda producirse en nosotros. Ciertamente, la contemplación de la muerte de Cristo es uno de los métodos más seguros y rápidos para obtener arrepentimiento. No te sientes e intentes sacar arrepentimiento del pozo seco de tu naturaleza corrupta.

Suponer que puedes forzar tu alma para alcanzar ese estado de gracia es contrario a las leyes de la mente. Eleva tu corazón en oración a Aquel que lo entiende, y di: «Señor, límpialo. Señor, renuévalo. Señor, produce arrepentimiento en él». Mientras más trates de producir emociones penitentes en ti mismo, más te decepcionarás; pero si piensas en que Jesús murió por ti y lo haces con fe, el arrepentimiento florecerá. Medita en que el Señor derramó la sangre de Su corazón por amor a ti. Coloca ante los ojos de tu mente la agonía y el sudor ensangrentado, la cruz y la pasión; y al hacerlo, el que soportó todo este dolor te mirará, y con esa mirada Él hará por ti lo que hizo por Pedro, para que tú también salgas y llores amargamente. El que murió por ti puede —por Su Espíritu de

---

[6] «The Local Preacher's Magazine and Christian Family Record for the Year 1865» [La revista local del pastor y el registro familiar cristiano para el año 1865] (London: Nelson and Co., 1865).

gracia— hacerte morir al pecado; y Él que ha ido a la gloria por ti puede atraer tu alma en pos de Él, alejarla del mal y guiarla en dirección a la santidad. Me sentiré contento si solo dejo en ti esta idea: no mires debajo del hielo para encontrar fuego, ni confíes en tu propio corazón natural para hallar arrepentimiento. Mira al que vive para encontrar vida. Mira a Jesús para todo lo que necesitas entre las puertas del infierno y las puertas del cielo. Nunca busques en ninguna otra parte lo que Jesús ama otorgar; pero recuerda, Cristo es todo.

Capítulo 17

El temor a la caída final

❦

Un sombrío temor acecha las mentes de muchos que vienen a Cristo; ellos temen no poder perseverar hasta el fin. A esos que buscan a Dios les he escuchado expresar: «Si yo le entregara mi alma a Jesús, puede ser que después de todo vuelva a la perdición. He tenido buenos sentimientos en el pasado, y han desaparecido. Mi bondad ha sido como la nube de la mañana y como el rocío temprano. Ha aparecido repentinamente, ha durado por un tiempo, ha hecho grandes promesas, y luego ha desaparecido».

Creo que a menudo este temor engendra el hecho; y que algunos que han tenido miedo de confiar en Cristo para todo tiempo, y por toda la eternidad, han fracasado porque tuvieron una fe temporal, que nunca fue lo suficientemente lejos como para salvarlos. Al comienzo de su travesía confiaron en Jesús en cierta medida, pero luego buscaron en sí mismos continuidad y perseverancia para el camino del cielo; y por eso su andar se hizo imperfecto y, como consecuencia natural, regresaron al poco tiempo. Si confiamos en que nosotros mismos podemos resistir, no resistiremos. Si descansamos en Jesús para una parte de nuestra salvación, pero confiamos en nosotros mismos para cualquier otro aspecto, de seguro fracasaremos. La cadena siempre se rompe por su eslabón más débil; si Jesús es nuestra esperanza para todo, excepto para una cosa, fracasaremos por completo, porque en ese punto nos frustraremos. No tengo duda alguna de que un error en cuanto a la perseverancia de los santos ha impedido que muchos que corrieron bien perseveraran. ¿Qué les impidió seguir corriendo? Confiaron en sí mismo para esa carrera, y se detuvieron antes de la meta. Ten cuidado de mezclar incluso un poco del yo en el mortero con que edificas, o producirás un mortero desproporcionado, y los ladrillos no se mantendrán unidos.

Si al comienzo pones tu mirada en Cristo, ten cuidado que al final pongas tu mirada en ti mismo. Él es el Alfa. Asegúrate de que también lo hagas el Omega. Si comienzas en el Espíritu, no debes esperar ser perfeccionado por la carne. Comienza de la forma que quieres continuar, y continúa como comenzaste, y deja que en ti el Señor sea el todo en todo. ¡Oh, que Dios, el Espíritu Santo, nos dé una idea muy clara en cuanto a la procedencia de la fortaleza por la cual seremos preservados hasta el día en que nuestro Señor se manifieste! Esto es lo que Pablo una vez le planteó a los Corintios al escribirles sobre este tema: «De tal manera que nada os falta en ningún don,

EL TEMOR A LA CAÍDA FINAL

esperando la manifestación de nuestro Señor Jesucristo; el cual también os confirmará hasta el fin, para que seáis irreprensibles en el día de nuestro Señor Jesucristo. Fiel es Dios, por el cual fuisteis llamados a la comunión con su Hijo Jesucristo nuestro Señor» (1 Cor. 1:7-9). Este lenguaje reconoce implícitamente una gran necesidad, al decirnos cómo esta se satisface. Siempre que el Señor hace una provisión, podemos estar seguros de que existía una necesidad, pues el pacto de la gracia no se ocupa de trivialidades. En los atrios de Salomón colgaban escudos de oro que nunca fueron utilizados, pero en la armería de Dios esto no sucede. Lo que Dios ha provisto, de seguro lo necesitaremos. Entre esta hora y la consumación de todas las cosas, toda promesa de Dios y toda provisión del pacto de gracia serán necesarias. La necesidad urgente del alma creyente es confirmación, continuación, perseverancia final, preservación hasta el fin. Esta es la gran necesidad de los creyentes más maduros, porque Pablo le escribía a los santos en Corinto, que eran hombres de alto rango, de los cuales podía expresar: «Gracias doy a mi Dios siempre por vosotros, por la gracia de Dios que os fue dada en Cristo Jesús» (1 Cor. 1:4). Esos hombres son las mismas personas que con toda seguridad sienten que cada día necesitan una gracia renovada, si quieren aferrarse, resistir y finalmente salir victoriosos. Si ustedes no fueran santos, no tendrían gracia, y no sentirían la necesidad de más gracia; pero debido a que son hombres de Dios, entonces sienten las exigencias diarias de la vida espiritual. La estatua de mármol no necesita comida; pero el hombre de carne y hueso tiene hambre y sed, y se regocija de tener seguro su pan y su agua, porque de lo contrario ciertamente desfallecería en el camino. Las necesidades personales del creyente hacen que a diario acuda de manera inevitable a la gran fuente de todos los suministros; porque, ¿qué podría hacer si no pudiera recurrir a su Dios? Esto se cumple para los santos más dotados, aquellos hombres de Corinto que fueron enriquecidos en toda palabra y en toda ciencia. Necesitaban ser confirmados hasta el final, o sus dones y logros serían su ruina.

Si hablásemos las lenguas humanas y angelicales, y no recibiéramos gracia cotidiana, ¿dónde estaríamos nosotros? Si tuviéramos toda la experiencia hasta que fuésemos padres de la Iglesia, y si Dios nos hubiera enseñado para entender todos los misterios; aun así, no podríamos vivir ni un solo día sin la vida divina que fluye hacia nosotros desde nuestra Cabeza del Pacto. ¿Cómo podríamos esperar sostenernos por una hora, por no decir toda una vida, a menos que el Señor nos sostenga? El que comenzó en nosotros la buena obra la perfeccionará hasta el día de Jesucristo, o será un fracaso doloroso.

Esta gran necesidad tiene su origen en nosotros mismos. Algunos experimentan un penoso temor a no perseverar en la gracia porque conocen su propia volubilidad. Ciertas personas son inestables por constitución. Algunos hombres por naturaleza son conservadores, por no decir obstinados; pero otros son naturalmente variables y volátiles. Cual mariposas, revolotean de flor en flor, hasta que visitan todas las bellezas del jardín y no se posan en ninguna de ellas. Nunca permanecen en un lugar el tiempo suficiente como para hacer algo de provecho; ni siquiera en sus negocios, ni en sus actividades intelectuales. Tales personas suelen temer que diez, veinte, treinta, cuarenta, tal vez cincuenta años de vigilia religiosa continua es algo demasiado grande para ellos. Vemos hombres que primero se unen a una iglesia y luego a otra, hasta que las recorren todas. Prueban todo sucesivamente pero no perduran en nada. Los tales tienen doble necesidad de orar para que Dios los confirme, y pueden llegar a ser no solo constantes sino inamovibles, o de lo contrario no serán hallados «… creciendo en la obra del Señor siempre…» (1 Cor. 15:58).

Todos nosotros, incluso si no tenemos la tentación constitucional a ser inconstantes, debemos sentir nuestra propia debilidad, si es que realmente Dios nos ha vivificado. Querido lector, ¿no encuentras suficientes cosas en un solo día que te pueden hacer tropezar? Tú, que deseas caminar en perfecta santidad —como espero que así sea—, tú, que te has puesto una norma alta de lo que debería ser un cristiano, ¿no te parece que antes de que los platos del desayuno hayan sido retirados de la mesa, has exhibido suficiente insensatez como para avergonzarte de ti mismo? Si nos encerrásemos en la celda solitaria de un ermitaño, la tentación nos seguiría; porque mientras no podamos escapar de nosotros mismos no podremos escapar de las incitaciones al pecado. Allí, dentro de nuestros corazones, hay algo que debería mantenernos humildes y vigilantes ante Dios. Somos tan débiles que si Él no nos confirma, tropezaremos y caeremos; no derrotados por un enemigo, sino por nuestro propio descuido. Señor, sé tú nuestra fortaleza. Somos la debilidad misma.

Además de eso, está el cansancio que aparece con una vida larga. Cuando comenzamos nuestra carrera cristiana, nos elevamos como con alas de águila, y más adelante corremos sin cansarnos; pero en nuestros mejores días caminamos sin desmayar. Nuestro ritmo parece más lento, pero es más útil y mejor sostenido. Ruego a Dios que la energía de nuestra juventud continúe con nosotros, siempre y cuando sea la energía del Espíritu y no la mera fermentación de la carne orgullosa. El que ya ha transitado un largo tiempo por el camino al cielo, encuentra que había buenas razones para que se le prometiera que sus zapatos deberían ser de hierro y bronce, pues el camino es escabroso. Él ha descubierto que hay «collados de dificultades» y «valles de humillación»; que existe un «valle de sombra de muerte», y lo que es peor, una «feria de vanidades», y todos estos deben ser atravesados. Si hay «montañas de delicias» (y, gracias a Dios, las hay), también hay «castillos de desesperación», cuyo interior los peregrinos han visto con demasiada frecuencia. Al considerar todas las cosas, aquellos que se mantienen hasta el final en el camino de la santidad serán «… varones simbólicos…» (Zac. 3:8). Repito las palabras de Cristiano en *El progreso del peregrino*: «Oh, mundo de maravillas, no puedo decir menos».

Los días de la vida de un cristiano son como un collar de misericordia con muchas perlas ensartadas en la cuerda dorada de la fidelidad divina. En el cielo les contaremos a los ángeles, a los principados y a las potestades, las inescrutables riquezas de Cristo que tuvimos a nuestra disposición, y que disfrutamos mientras estuvimos aquí abajo. Estas nos han mantenido vivos al borde de la muerte. Nuestra vida espiritual ha sido una llama ardiente en medio del mar, una piedra que ha permanecido

EL TEMOR A LA CAÍDA FINAL

suspendida en el aire. El universo se sorprenderá al vernos entrar por la puerta de perlas, irreprensibles en el día de nuestro Señor Jesucristo. Deberíamos estar llenos de asombro y agradecimiento de ser guardados durante una hora; y confío en que lo estamos.

Si esto fuera todo, habría suficientes razones para estar ansiosos; pero hay mucho más. Tenemos que considerar el lugar en el que vivimos. El mundo es un páramo salvaje para muchas personas de Dios. Algunos de nosotros nos complacemos en gran medida en la providencia de Dios, pero otros tienen una dura batalla con ella. Comenzamos nuestro día en oración, y con frecuencia en nuestras casas escuchamos cantos de alabanzas sagradas; pero muchas personas buenas apenas acaban de orar en la mañana y reciben blasfemias como saludos. Ellos van a trabajar, y los temas sucios de conversación los asedian todo el día, como al justo Lot en Sodoma. ¿Puedes caminar por las calles sin que un lenguaje grosero aflija tus oídos? El mundo es enemigo de la gracia. Lo mejor que podemos hacer con este mundo es pasar por él lo más rápido posible, ya que vivimos en terreno enemigo. Detrás de cada arbusto hay un ladrón al asecho. Necesitamos ir a todas partes con una «espada desenvainada» en la mano, o al menos con esa arma que se llama «oración sin cesar» siempre a nuestro lado; porque tenemos que luchar por cada centímetro de nuestro camino. No te equivoques en cuanto a esto, o una brusca sacudida te sacará de tu ingenua ilusión. Oh Dios, ayúdanos y confírmanos hasta el final, o ¿dónde caeremos?

La verdadera religión es sobrenatural en su comienzo, sobrenatural en su continuación y sobrenatural en su final. Es obra de Dios de principio a fin. Hay una gran necesidad de que la mano del Señor esté extendida constantemente; mi lector siente esa necesidad ahora, y me alegro de que la sienta; porque ahora buscará su preservación en el Señor, el único que puede impedir que fracasemos y que puede glorificarnos con Su Hijo.

Capítulo 18

Confirmación

❧

Quiero que noten la convicción de Pablo en cuanto a la seguridad disponible para todos los santos. Él afirma: «El cual también os confirmará hasta el fin, para que seáis irreprensibles en el día de nuestro Señor Jesucristo» (1 Cor. 1:8). Este es el tipo de confirmación que está por encima de todo lo que podamos desear. Pero te darás cuenta que esto supone que la persona esté en lo correcto, y plantea confirmarlas en lo correcto. Sería horrible confirmar a un hombre en caminos de error y pecado. Imagina a un borracho confirmado, un ladrón confirmado o un mentiroso confirmado. Sería deplorable que un hombre fuera confirmado en su estado de incredulidad e impiedad. Solo aquellos a quienes la gracia de Dios ya se ha manifestado pueden disfrutar de la confirmación divina. Es obra del Espíritu Santo.

El que da fe, la fortalece y la establece; el que aviva el amor en nosotros, lo preserva y aumenta su llama. Lo que Él nos da a conocer por medio de Sus primeras enseñanzas, el buen Espíritu nos lo hace saber con mayor claridad y certeza mediante instrucciones adicionales. Las acciones santas se confirman hasta que se convierten en hábitos, y los sentimientos santos se confirman hasta que se convierten en condiciones permanentes. La experiencia y la práctica confirman nuestras creencias y nuestras resoluciones. Tanto nuestras alegrías como nuestras angustias, nuestros éxitos y nuestros fracasos, son santificados con el mismo fin; al igual que las suaves lluvias y los vientos tempestuosos ayudan a que el árbol eche raíces. La mente es instruida, y en su conocimiento creciente, ella reúne razones para perseverar en el buen camino; el corazón es consolado, y por lo tanto está listo para aferrarse más a la verdad reconfortante. El agarre se hace más fuerte, y el andar se vuelve más firme, y el hombre mismo se torna más sólido y sustancial. Esto no es simplemente un crecimiento natural, sino que es una obra tan inequívoca del Espíritu como lo es la conversión. De seguro el Señor lo dará a aquellos que confían en Él para vida eterna. Mediante su obra interior, Él te librará de ser «Impetuoso como las aguas...» (Gén. 49:4), y nos hará enraizarnos y fundamentarnos. Esta edificación en Cristo Jesús y el hacernos permanecer en Él es parte del método por el cual Él nos salva.

Querido lector, esto lo puedes procurar a diario y no te decepcionarás. Aquel en quien confías te hará ser como árbol plantado junto a corrientes de aguas, tan bien preservado que

CONFIRMACIÓN

ni tus hojas se marchitarán. ¡Qué fortaleza para una iglesia es un cristiano confirmado! Es un consuelo para los afligidos y una ayuda para los débiles. ¿No te gustaría ser así? Los creyentes confirmados son pilares en la casa de nuestro Dios. Estos no son llevados por doquiera de todo viento de doctrina, ni derrocados por una tentación repentina. Son un gran sostén para los demás, y actúan como anclajes en tiempos de problemas en la iglesia. Tú que estás comenzando la vida santa, difícilmente te atreves a pensar que llegarás a ser como ellos. Pero no debes temer; el buen Dios obrará en ti como lo ha hecho en ellos. Uno de estos días tú, que ahora eres un «bebé» en Cristo, serás un «padre» en la Iglesia. Algo así tan grandioso lo puedes esperar; pero espéralo como un regalo de la gracia, y no como salario por tu trabajo, o como el producto de tu propia energía. Pablo, el apóstol inspirado, habla de estas personas como confirmadas hasta el fin. Él esperaba que la gracia de Dios los preservara hasta el fin de sus vidas, o hasta que el Señor Jesús regresara. De hecho, él esperaba que toda la Iglesia de Dios, en todo lugar y en todo tiempo, fuera guardada hasta el final de la dispensación, hasta que el Señor Jesús venga como Esposo a celebrar la fiesta de bodas con su Novia perfeccionada. Hasta ese grandioso día, todos los que están en Cristo serán confirmados en Él. ¿No afirmó Jesús: «... porque yo vivo, vosotros también viviréis» (Juan 14:19)? Él también expresó: «Y yo les doy vida eterna; y no perecerán jamás, ni nadie las arrebatará de mi mano» (Juan 10:28).

El que ha comenzado la buena obra en ti la confirmará hasta el día de Cristo. La obra de la gracia en el alma no es una reforma superficial; la vida implantada, como el nuevo nacimiento, proviene de una simiente viva e incorruptible, que vive y permanece para siempre; y las promesas de Dios hechas a los creyentes no son de carácter transitorio, sino que implican que para su cumplimiento el creyente ha de mantenerse en su camino hasta que llegue a la gloria eterna.

Somos guardados por el poder de Dios, mediante la fe para salvación. «No obstante, proseguirá el justo su camino, y el limpio de manos aumentará la fuerza» (Job 17:9). Esto no es el resultado de nuestro propio mérito o fortaleza, sino un regalo de favor libre e inmerecido para aquellos que creen que son «… guardados en Jesucristo» (Jud. 1:1). Jesús no perderá a ninguna de las ovejas de Su redil; ningún miembro de Su cuerpo morirá; no faltará ninguna gema de Su tesoro en el día en que Él reúna Sus joyas. Querido lector, la salvación que se recibe por la fe no es cosa de meses y años; ya que nuestro Señor Jesús ha obtenido la salvación eterna para nosotros; y lo que es eterno no puede llegar a su fin.

Pablo también declara su expectativa de que los santos corintios serían confirmados irreprensibles hasta el final (1 Cor. 1:8). Ese estado irreprensible es una parte preciosa del cuidado del que gozamos. Ser mantenidos en santidad es mejor que ser simplemente guardados a salvo. Es algo espantoso ver a gente religiosa caer en deshonra una y otra vez; estos no han creído en el poder de nuestro Señor para hacerlos irreprensibles. La vida de algunos cristianos profesantes no es más que una serie de tropiezos; nunca están del todo caídos, sin embargo, rara vez se mantienen en pie. Esto no es algo apropiado para un creyente; a él se le invita a caminar con Dios, y por fe puede perseverar constantemente en santidad; y así debería hacerlo. El Señor no solo puede salvarnos del infierno, sino también evitar que caigamos. No tenemos que ceder a la tentación. ¿No está escrito que «... el pecado no se enseñoreará de vosotros...» (Rom. 6:14)?

El Señor puede guardar los pies de Sus santos; y lo hará si confiamos en que Él es capaz de hacerlo. No tenemos que manchar nuestras vestiduras; por Su gracia, podemos mantenerlas sin mancha del mundo; y estamos obligados a hacerlo, porque sin santidad «... nadie verá al Señor» (Heb. 12:14). El apóstol profetizó para estos creyentes, lo que él quiere que busquemos, de manera que podamos ser preservados, «... irreprensibles en el día de nuestro Señor Jesucristo» (1 Cor. 1:8).

La Biblia Latinoamericana lo traduce como «sin tacha», en lugar de «irreprensibles». Posiblemente una mejor traducción sería «irreprochables». Que Dios permita que en ese último gran día podamos estar libres de todo reproche, que nadie en todo el universo se atreva a desafiar nuestra afirmación de que somos redimidos del Señor. Tenemos pecados y flaquezas que lamentar, pero no son el tipo de faltas que demostrarían que estamos fuera de Cristo. Ahora, debemos estar libres de hipocresía, engaño, odio y deleite en el pecado; pues estas cosas serían acusaciones fatales. A pesar de nuestros defectos, el Espíritu Santo puede desarrollar en nosotros un carácter impecable ante los hombres; de modo que, como Daniel, no daremos lugar alguno a las lenguas acusadoras, excepto en el tema de nuestra religión.

Multitudes de hombres y mujeres piadosos han presentado vidas tan transparentes, tan consistentes en todo, que nadie podría impugnarlas. El Señor podrá afirmar de muchos creyentes, lo mismo que afirmó de Job, cuando Satanás se presentó delante de Él: «... ¿No has considerado a mi siervo Job, [...], varón perfecto y recto, temeroso de Dios y apartado del mal?» (Job 1:8). Esto es lo que mi lector debe procurar en las manos del Señor. Este es el triunfo de los santos: continuar siguiendo al Cordero a donde quiera que Él vaya, manteniendo nuestra integridad como ante el Dios viviente. Que nunca nos apartemos por caminos torcidos, ni demos causa al adversario para blasfemar.

Del verdadero creyente está escrito: «... Aquel que fue engendrado por Dios le guarda, y el maligno no le toca» (1 Jn. 5:18). ¡Que esto se escriba también sobre nosotros!

Amigo que recién comienzas la vida divina, el Señor puede darte un carácter irreprochable. A pesar de que en tu vida pasada puedas haber ido muy lejos en el pecado, el Señor puede liberarte completamente del poder de los viejos hábitos, y hacerte un ejemplo de virtud. Él no solo puede hacerte moral, sino que puede hacerte aborrecer cada camino falso y seguir todo lo santo. No lo dudes. El más grande de los pecadores no tiene porqué estar detrás del más puro de los santos. Cree en esto, y de acuerdo a tu fe será hecho.

¡Oh, qué gozo será ser hallado irreprensible en el día del juicio! No estamos equivocados, cuando nos unimos a cantar este himno encantador: «Audaz me pararé en ese gran día,

¿quién me acusará?; pues a través de tu sangre absuelto estoy, de la tremenda maldición y vergüenza del pecado».[7]

¡Qué dicha será disfrutar de esa tenaz valentía, cuando el cielo y la tierra huyan delante del rostro del Juez de todo! Esta dicha será la porción de todos los que miran solo a la gracia de Dios en Cristo Jesús, y en ese sagrado poder hacen la guerra continua a todo pecado.

---

[7] John Wesley, "Galilee or Gethscmane" [Galilea o Getsemaní], 1740.

Capítulo 19

Por qué perseveran los santos

❦

Ya hemos visto que la esperanza que colmaba el corazón de Pablo con respecto a los hermanos de Corinto estaba llena de consuelo para aquellos que temblaban de inseguridad en cuanto a su futuro. Pero ¿por qué creía él que los hermanos serían confirmados hasta el fin? Quiero que notes que él expone sus razones. Aquí están: «Fiel es Dios, por el cual fuisteis llamados a la comunión con su Hijo Jesucristo nuestro Señor» (1 Cor. 1:9). El apóstol no señala: «Ustedes son fieles». ¡Ay! la fidelidad del hombre es una razón muy poco confiable; es pura vanidad. Él no expresa: «Tienen ministros fieles que los guiarán y orientarán, y por lo tanto, confío en que estarán a salvo». ¡Oh, no! si los hombres son los que nos guardan, estaremos mal cuidados. Él lo expresa así: «Fiel es Dios...». Si somos hallados fieles, será porque Dios es fiel. En la fidelidad de nuestro Dios de pacto debe descansar todo el peso de nuestra salvación.

Todo el asunto depende de este glorioso atributo de Dios. Somos variables como el viento, frágiles como una telaraña, débiles como el agua. No podemos depender para nada de nuestras cualidades naturales, o nuestros logros espirituales; pero Dios es fiel. Él es fiel en Su amor; en el cual no hay mudanza, ni sombra de variación. Él es fiel a Su propósito; Él no comienza una obra y luego la deja sin terminar. Él es fiel a Sus relaciones; como Padre, no renunciará a Sus hijos; como amigo, no negará a Su pueblo; como Creador, no abandonará la obra de Sus propias manos. Él es fiel a Sus promesas y nunca permitirá que una de ellas le falle a un solo creyente. Él es fiel a Su pacto que hizo con nosotros en Cristo Jesús, y lo ratificó con la sangre de Su sacrificio. Él es fiel a Su Hijo, y no permitirá que Su preciosa sangre sea derramada en vano. Él es fiel a Su pueblo, a quien ha prometido vida eterna, y de quien no se apartará. Esta fidelidad de Dios es el fundamento y la piedra angular de nuestra esperanza de perseverancia hasta el final.

Los santos perseverarán en santidad, porque Dios persevera en gracia. Él persevera en bendecir, y por lo tanto, los creyentes perseveran en ser bendecidos. Él sigue guardando a Su pueblo, por esto, ellos continúan guardando Sus mandamientos.
Este es un buen terreno sólido sobre el cual apoyarse, y es agradablemente compatible con el título de este pequeño libro, *Todo gracia*. De esta forma, la gracia como regalo y la infinita

misericordia resuenan en los albores de la salvación, y las mismas dulces campanas repican melodiosamente durante todo el día de la gracia.

Ahora ves que las únicas razones para esperar ser confirmados hasta el fin, y ser hallados irreprensibles al final, se encuentran en nuestro Dios; pero en Él estas razones son más que suficientes. Primero, estas descansan en lo que Dios ha hecho. Él ha ido tan lejos en bendecirnos que ya no le es posible regresar. Pablo nos recuerda que nos ha llamado «... a la comunión con su Hijo Jesucristo nuestro Señor» (1 Cor. 1:9). ¿Nos ha llamado? Entonces el llamado no puede ser revocado: «Porque irrevocables son los dones y el llamamiento de Dios» (Rom. 11:29). El Señor nunca se vuelve del llamado eficaz de Su gracia. «Y a los que predestinó, a éstos también llamó; y a los que llamó, a éstos también justificó; y a los que justificó, a éstos también glorificó» (Rom. 8:30). Esta es la regla invariable del procedimiento divino. Hay un llamado común, sobre el cual se plantea: «Porque muchos son llamados, y pocos escogidos» (Mat. 22:14), pero ese, en el cual ahora estamos pensando, es otro tipo de llamado, que anuncia un amor especial, y requiere que poseamos aquello a lo que somos llamados. En tal caso, con la persona llamada sucede lo mismo que con la simiente de Abraham, de quien el Señor expresó: «Porque te tomé de los confines de la tierra, y de tierras lejanas te llamé, y te dije: Mi siervo eres tú; te escogí, y no te deseché» (Isa. 41:9).

En lo que el Señor ha hecho, vemos razones de peso para nuestra preservación y gloria futura, porque el Señor nos ha llamado a la comunión de Su Hijo Jesucristo. Esto significa ser parte de una asociación con Jesucristo, y me gustaría que meditaras cuidadosamente en lo que esto significa. Si de hecho eres llamado por la gracia divina, has venido a tener comunión con el Señor Jesucristo, para ser copropietario con Él de todas las cosas. De ahora en adelante, a los ojos del Altísimo, tú eres uno con Él. El Señor Jesús cargó tus pecados en Su propio cuerpo sobre el madero, al ser hecho maldición por ti; y al mismo tiempo Él se ha convertido en tu justicia, para que seas justificado en Él. Tú perteneces a Cristo y Cristo es tuyo. Como Adán representaba a sus descendientes, también Jesús representa a todos los que están en Él. Como el esposo y la esposa son uno, también Jesús lo es con todos los que están unidos a Él por la fe; son uno por una unión conyugal que nunca se puede romper. Más que esto, los creyentes son miembros del cuerpo de Cristo, y por lo tanto son uno con Él mediante una unión amorosa, viva y duradera. Dios nos ha llamado a esta unión, a esta comunión, a esta asociación, y por este mismo hecho nos ha dado la señal y la garantía de ser confirmados hasta el final.

Si se nos considerara separados de Cristo, seríamos pobres y perecederos, pronto deshechos y llevados a la destrucción; pero al ser uno con Jesús somos hechos partícipes de Su naturaleza, y estamos dotados con Su vida inmortal. Nuestro destino está vinculado con el de nuestro Señor, y como Él no pueda ser destruido, tampoco nosotros podemos perecer. Medita mucho en esta asociación con el Hijo de Dios, a la cual has sido llamado, porque toda tu esperanza yace allí. Nunca podrás ser pobre mientras Jesús sea rico, ya que estás en una misma sociedad con Él. Las carencias nunca pueden asediarte, ya que eres copropietario con Aquel que es el Poseedor del cielo y la tierra. Nunca puedes fracasar; porque aunque uno de los socios de la empresa es más pobre que las ratas, y en sí mismo está en bancarrota total, incapaz de pagar ni siquiera una pequeña cantidad de sus excesivas deudas, el otro socio es inconcebible e inagotablemente rico. En una asociación así, tú te elevas por encima de la depresión de la época, los cambios del futuro y el impacto del fin de todas las cosas.

El Señor te ha llamado a la comunión con Su Hijo Jesucristo, y por ese acto y obra Él te ha puesto en un lugar de resguardo infalible. Si en verdad eres un creyente, eres uno con Jesús y, por lo tanto, estás seguro. ¿No comprendes que así debe ser? Si realmente has sido hecho uno con Jesús por el acto irrevocable de Dios, entonces debes ser confirmado hasta el final; hasta el día de Su aparición.

Cristo y el pecador creyente están en el mismo barco, y a menos que Jesús se hunda, el creyente nunca se ahogará. Jesús ahora tiene una conexión tal con Sus redimidos, que primero Él debe ser herido, vencido y deshonrado, antes de que el menor de los que ha comprado pueda ser lastimado. Su nombre está al frente de la empresa, y a menos que este pueda ser deshonrado, nosotros estamos seguros contra todo temor al fracaso. Entonces, prosigamos al futuro desconocido con la mayor confianza, vinculados eternamente con Jesús. Si los hombres del mundo exclamaran: «¿Quién es ésta que sube del desierto, recostada sobre su amado? […]» (Cant. 8:5), confesaremos con gozo que nosotros sí nos recostamos sobre Jesús, y eso es lo que queremos expresar con recostarnos en Él más y más.

Nuestro fiel Dios es un pozo de deleite continuo, y nuestra comunión con el Hijo de Dios es un río lleno de gozo. Si conocemos estas cosas gloriosas, no podremos desanimarnos. No, más bien clamamos con el apóstol: «¿Quién nos separará del amor de Cristo? [...]» (Rom. 8:35).

Capítulo 20

Conclusión

Si mi lector no me ha seguido paso a paso al leer estas páginas, lo siento mucho. La lectura de un libro es de poco valor a menos que las verdades que pasan ante la mente sean captadas, apropiadas y puestas en práctica. Es como si uno viera abundante comida en una tienda y aun así se quedara con hambre, solo por no comer algo de lo que ve. Querido lector, que tú y yo nos hayamos encontrado sería completamente en vano, a menos que en realidad te hayas aferrado a Cristo Jesús, mi Señor. Por mi parte, hubo un deseo marcado de beneficiarte, e hice todo lo posible para ese fin. Me duele no haber sido capaz de lograrlo, porque deseaba tener ese privilegio.

Al escribir esta página yo pensé en ti, y puse a un lado mi pluma y doblé solemnemente mis rodillas en oración por todos los que podrían leerla. Tengo la firme convicción de que una gran cantidad de lectores serán bendecidos, aunque tú te niegues a ser parte de ese grupo. Pero ¿por qué habrías de negarte? Si no deseas la opción de bendición que yo te hubiera traído, al menos sé justo conmigo y admite que la culpa de tu perdición final no caerá sobre mí. Cuando los dos nos encontremos ante el gran trono blanco, no podrás acusarme de haber usado en vano la atención que con gusto me prestaste mientras leías mi pequeño libro. Dios sabe que escribí cada línea para tu bien eterno.

En espíritu, ahora te tomo la mano y la estrecho firmemente. ¿Sientes mi empuñe fraternal? Por mis ojos corren lágrimas cuando te miro y señalo: ¿por qué morirás? ¿No pensarás en tu alma por un momento? ¿Perecerás por puro descuido? ¡Oh, no lo hagas; sino considera estos asuntos solemnes y construye un cimiento firme para la eternidad! No rechaces a Jesús, Su amor, Su sangre, Su salvación. ¿Por qué deberías hacerlo? ¿Puedes hacerlo? ¡Te ruego que no te alejes de tu Redentor!

Por otro lado, si mis oraciones son escuchadas, y tú, lector mío, has sido guiado a confiar en el Señor Jesús y a recibir de Él la salvación por gracia, entonces mantente siempre en esta doctrina y estilo de vida. Deja que Jesús sea tu todo en todo, y deja que la gracia sea el único camino en el que vives y te mueves. No hay vida como la de alguien que vive con el favor de Dios. Recibirlo todo como un don gratis preserva la mente del orgullo farisaico, y de la desesperación producto de las acusaciones a uno mismo. También hace que el corazón se avive con amor agradecido, y crea así un sentimiento en el alma, que es infinitamente más aceptable ante Dios que cualquier cosa que

CONCLUSIÓN

pueda provenir del miedo servil. Aquellos que esperan ser salvos al intentar hacer lo mejor que pueden, no saben nada de ese fervor rebosante, ese entusiasmo sagrado, ese gozo devoto en Dios, que viene con la salvación otorgada libremente según la gracia del Señor.

El espíritu servil de la autosalvación no puede compararse con el espíritu gozoso de la adopción. Hay más virtud real en el sentimiento más pequeño de la fe, que en todos los esfuerzos de los esclavos de la ley, o en toda la pesada maquinaria de los devotos que desearían subir al cielo a través de toda una serie de ceremonias. La fe es espiritual, y Dios, que es Espíritu, se deleita en ella por esa razón. Años enteros de oración, de ir a la iglesia o a la capilla, de ceremonias y de actuaciones, pueden ser no más que una abominación ante los ojos de Jehová; sin embargo, una mirada con los ojos de la fe verdadera es espiritual y, por lo tanto, muy apreciada por Él: «... porque también el Padre tales adoradores busca que le adoren» (Juan 4:23).

Primero mira al hombre interior, y al espiritual, y el resto vendrá a su debido tiempo. Si tú ya eres salvo, vela por las almas de los demás. Tu propio corazón no prosperará a menos que esté lleno de una preocupación intensa por bendecir a sus semejantes. La vida de tu alma está en la fe; su salud está en el amor. Aquel que no anhela llevar a otros a Jesús, nunca ha estado bajo el hechizo del amor.

Ocúpate en la obra del Señor, la obra del amor. Comienza por casa. Luego visita a tus vecinos. Ilumina el pueblo o la calle donde vives. Extiende la Palabra del Señor a donde sea que tu mano pueda llegar.

TODO DE GRACIA

Lector, ¡encuéntrate conmigo en el cielo! No bajes al infierno. De esa morada de miseria no hay regreso. ¿Por qué deseas entrar al camino de la muerte cuando la puerta del cielo está abierta delante de ti? No rechaces el perdón gratuito, la salvación plena que Jesús concede a todos los que confían en Él. No lo dudes ni lo dilates. Ya has tenido suficiente tiempo para meditar, pasa a la acción. Cree en Jesús ahora, con una decisión plena e inmediata. Toma palabras contigo y ven a tu Señor hoy, incluso hoy. Recuerda, oh alma, puede ser ahora o nunca para ti. Que sea ahora; sería horrible que fuera nunca. Nuevamente te encargo, encuéntrate conmigo en el cielo.